川畑直人・大島剛・郷式徹［監修］
公認心理師の基本を学ぶテキスト

5

心理学統計法

データを読み解き、正しい理解につなげるために

郷式 徹・浅川淳司［編著］

ミネルヴァ書房

公認心理師の基本を学ぶテキスト
監修者の言葉

　本シリーズは，公認心理師養成カリキュラムのうち，大学における必要な科目（実習・演習は除く）に対応した教科書のシリーズです。カリキュラム等に定められた公認心理師の立場や役割を踏まえながら，これまでに積み上げられてきた心理学の知見が，現場で生かされることを，最大の目標として監修しています。その目標を達成するために，スタンダードな内容をおさえつつも，次のような点を大切にしています。

　第一に，心理学概論，臨床心理学概論をはじめ，シリーズ全体にわたって記述される内容が，心理学諸領域の専門知識の羅列ではなく，公認心理師の実践を中軸として，有機的に配列され，相互連関が浮き出るように工夫しています。

　第二に，基礎心理学の諸領域については，スタンダードな内容を押さえつつも，その内容が公認心理師の実践とどのように関係するのか，学部生でも意識できるように，日常の生活経験や，実践事例のエピソードと関連する記述を積極的に取り入れています。

　第三に，研究法，統計法，実験等に関する巻では，研究のための研究ではなく，将来，公認心理師として直面する諸課題に対して，主体的にその解決を模索できるように，研究の視点をもって実践できる心理専門職の育成を目指しています。そのために，調査や質的研究法の理解にも力を入れています。

　第四に，心理アセスメント，心理支援をはじめとする実践領域については，理論や技法の羅列に終わるのではなく，生物・心理・社会の諸次元を含むトータルな人間存在に，一人の人間としてかかわる専門職の実感を伝えるように努力しています。また，既存の資格の特定の立場に偏ることなく，普遍性を持った心理専門資格の基盤を確立するよう努力しています。さらに，従来からある「心理職は自分の仕事を聖域化・密室化する」という批判を乗り越えるべく，多職種連携，地域連携を視野に入れた解説に力を入れています。

　第五に，保健医療，福祉，教育，司法・犯罪，産業といった分野に関連する

心理学や，関係行政の巻では，各分野の紹介にとどまるのではなく，それぞれの分野で活動する公認心理師の姿がどのようなものになるのか，将来予測も含めて提示するように努力しています。

　最後に，医学に関連する巻では，心理職が共有すべき医学的知識を紹介するだけでなく，医療領域で公認心理師が果たすべき役割を，可能性も含めて具体的に例示しています。それによって，チーム医療における公認心理師の立ち位置，医師との連携のあり方など，医療における心理職の活動がイメージできるよう工夫しています。

　心理職の仕事には，①プロティアン（状況に応じて仕事の形式は柔軟に変わる），②ニッチ（既存の枠組みではうまくいかない，隙間に生じるニーズに対応する），③ユビキタス（心を持つ人間が存在する限り，いかなる場所でもニーズが生じうる），という３要素があると考えられます。別の言い方をすると，心理専門職の仕事は，特定の実務内容を型通りに反復するものではなく，あらゆる状況において探索心を持ちながら，臨機応変に対処できること，そのために，心理学的に物事を観察し理解する視点を内在化していることが専門性の核になると考えます。そうした視点の内在化には，机上の学習経験と「泥臭い」現場の実践との往還が不可欠であり，本シリーズにおいては，公認心理師カリキュラムの全科目において，学部生の段階からそうした方向性を意識していただきたいと思っています。

　公認心理師の実像は，これから発展していく未来志向的な段階にあると思います。本シリーズでは，その点を意識し，監修者，各巻の編集者，執筆者間での活発な意見交換を行っています。読者の皆様には，各巻で得られる知識をもとに，将来目指す公認心理師のイメージを，想像力を使って膨らませていただきたいと思います。

　　2019年2月

　　　　　　　　監修者　川畑直人・大島　剛・郷式　徹

目　次

公認心理師の基本を学ぶテキスト　監修者の言葉

序　章　心理学統計法を学ぶ目的と概要 ……………………浅川淳司…1
1　心理学統計法を学ぶ目的……1
2　本書の構成……3

第Ⅰ部　統計に関する基礎知識

第1章　データの整理と視覚化 …………………………郷式　徹…9
1　測定結果の整理……9
2　変数の種類……11
3　尺度水準……13
4　データの要約と可視化——度数分布表とヒストグラム……16
5　代表値……21

第2章　データの散らばりと分布 ………………………郷式　徹…25
1　データの散らばり（散布度）……25
2　標本と母集団……29
3　正規分布……31
4　中心極限定理と標準誤差……36

第3章　統計的推定 ……………………………………………郷式　徹…41
1　点推定と区間推定……41

2 心理学の科学性……45

3 検定の考え方……47

第**4**章 相 関 ··· 郷式 徹…57

1 散布図と相関関係……57

2 相関係数……60

3 相関関係の注意点……62

4 因果関係と相関関係……65

5 回帰直線と回帰係数……67

第Ⅱ部 心理学で用いられる統計手法

第**5**章 平均値の比較──分散分析 ······················ 郷式 徹…73

1 t 検定……73

2 1要因分散分析……76

3 分散分析と多重比較……83

コラム 分散分析と多重比較 86

第**6**章 2要因以上の分散分析と交互作用 ········· 郷式 徹…89

1 2要因分散分析と交互作用……89

2 線形モデルとしての2要因以上の分散分析の考え方……96

3 3要因以上の分散分析……98

4 4要因以上の分散分析……103

第7章　ノンパラメトリック検定Ⅰ
── 2×2までのクロス表の分析手法
………………………………山田真世・浅川淳司・郷式　徹…106

1　二項検定── 1 変数で 2 カテゴリーの比率の比較……107

2　χ^2 検定（適合度の検定）── 1 変数で 3 カテゴリー以上の比率の比較
……109

3　2×2のクロス表の分析── 2 変数の対応のない 2 条件の検定……111

4　フィッシャーの直接法……116

5　マクネマーの検定── 2 変数の対応のある 2 条件の検定……118

第8章　ノンパラメトリック検定Ⅱ
── 2×2を超えるクロス表の分析手法
………………………………浅川淳司・山田真世・郷式　徹…122

1　2×2を超えるクロス表の分析──対応のない 2 変数で少なくとも 1
つの変数が 3 条件以上の検定……122

2　コクランの Q 検定──一方の変数が対応のある 3 条件以上で，もう一方
の変数が 2 条件以上の検定……126

3　下位検定……127

4　3 変数以上の比率の差の検定方法……131

第Ⅲ部　多変量解析

第9章　重回帰分析………………………………………水野君平…139

1　説明変数と目的変数の関連──偏回帰係数と標準化偏回帰係数……139

2　重回帰分析によるモデルの説明力（予測力）……145

3　様々な説明変数……148

4　重回帰分析の結果の読み方……150

第10章　因子分析 ···································· 郷式　徹···156

1　因子分析の概要と目的······156

2　因子分析の結果の読み方······160

3　確証的（確認的）因子分析······167

4　因子分析と主成分分析の違い······170

第11章　様々な多変量解析 ································ 水野君平···173

1　媒介分析······173

2　一般化線形モデル······175

3　階層線形モデル······182

4　その他の多変量解析······187

第12章　共分散構造分析 ·································· 徳岡　大···190

1　共分散構造分析の概要······190

2　パス図の見方とモデル適合度······192

3　パス解析や構造方程式モデリングと結果の見方······196

4　パス解析や構造方程式モデリングの留意事項······200

第13章　心理統計のパラダイムシフト ·············· 郷式　徹···205

1　古典的テスト理論と項目反応理論······205

2　メタ分析······210

3　ベイズ統計学······216

索　引

序　章　心理学統計法を学ぶ目的と概要

浅川淳司

1　心理学統計法を学ぶ目的

　心理学統計法は，公認心理師養成カリキュラムの中で必修科目として位置づけられている。つまり，公認心理師資格を取得するためには，必ず統計法について学ばなければならない。

　しかし，心理学を学び始めた多くの人がぶつかる壁の一つが統計法であろう。人間の心について学びたいと思っていたのに，なぜ数学を今さら勉強しなければいけないのか，統計法を勉強しなくてはいけないなんて聞いていなかったと不満を漏らす人もいるかもしれない。かくいう編者の一人も心理学を学び始めた頃は同じような気持ちであった。

　心理学を学習するために，統計法をなぜ学ばなければいけないのか。その理由は，「先行研究の論文や書籍を読み解くため」に集約される。心理学を学習する過程で，先行研究を読むことは避けられない。また，大学院修了後に公認心理師資格を取得して心理職となってからも，論文や書籍を読み続けることになるだろう。先行研究を読むことは，心理学に関わり続けていく限りずっと続く。

　自分は質的な研究をしていて統計法を使うような量的な研究をしていない，量的な先行研究は読まないという人がいるかもしれない。他にも，自分は実践家だから，実践に関わる内容の研究を参照するだけで，統計法を使うような研究を読むことはないと主張する人もいるかもしれない。しかし，研究も実践も

1人で行っているわけではない。今ある研究のテーマや実践には歴史があり，膨大な知見のうえに成り立っている。現在の私達はその歴史の突端に存在しているにすぎない。自分が質的な研究していたり，実践家であったりしても，先行研究を調べていくうちに，量的なデータを扱っている文献に出会うかもしれない。その時に，統計法が分からないから量的なデータを扱っている文献は読まないという態度では，本来得ることができたはずの知見をとりこぼすことになってしまう。研究においては，偏った先行研究しか参照できなくなってしまう。実践においては，本当は有効だと思われるアプローチをクライアントに提供できないという事態が生じてしまうかもしれない。そのような状況に陥らないようにするために，また，先行研究の知見を正しく理解できるようになるためにも，統計法を学んでおく必要がある。

　そのため本書では，先行研究の論文や書籍内で書かれている統計的な分析結果について，読んで理解できることを目指している。別の言い方をすれば，自分で実際に統計手法を使えるようになることまでは目指していない。先行研究を読んだ時に，この分析は「"ここ"と"ここ"の差を見るために行っているんだな」とか，「"ここ"と"ここ"の関係を見るために行っているんだな」といったことが理解できるようになることや，最終的に示された結果について読み取ることができることを目指している。

　本書を読むだけでも，いくつかの基本的な統計手法は自分で実行できるだろう。しかし，自分で様々な統計法を使いこなしたいと思った方は，ぜひ各章末の「もっと深く，広く学びたい人への文献紹介」に記載されている文献を手にとって学んでほしい。統計に関する書籍は非常に多く出版されている。動画サイトにも参考になる動画がたくさんアップされている。また，現在では，統計手法を手計算する必要はほとんどなく，代わりに実行してくれる統計ソフトウェアがあり，無料のソフトも充実している。そういう意味では，現代は統計法を学びやすい環境が整っているともいえる。統計法の内容をひと通り学んだ後には，心理学の論文をより理解でき，その研究の面白さをより感じられるようになるかもしれない。

2　本書の構成

　本書は，大きく分けて 3 部構成となっている。第 1 章から第 4 章までは，得られたデータを整理し，そのデータの傾向や性質を読み取る**記述統計**を中心に，統計に関する基礎知識を扱っている。第 5 章から第 8 章までは，得られたデータ（標本）から全体のデータ（母集団）の傾向や性質を確率的に調べる**推測統計**を中心に，心理学で用いられる統計手法を扱っている。第 9 章から第13章までは，複数の異なるデータの関係を調べたり，データ間の関係をモデル化する多変量解析に関連する内容となっている。この 1 冊で基本的な事項から応用的な内容まで学ぶことができ，先行研究を読んだ時に用いられている分析について理解できることを想定している。また，公認心理師試験で出題される統計に関わる内容も網羅したものとなっている。

　第 1 章では，データの整理の仕方，数値化の仕方，視覚化の仕方を説明する。何らかの方法でデータをとって，まず行うのがデータの整理である。この整理の仕方を間違えていたら，この後いくら高度な分析をしていても無意味である。加えて，**変数の種類**や**尺度水準**についても説明している。普段の生活では聞き慣れない，独立変数や従属変数，名義尺度や間隔尺度などの言葉が出てくるが，これらの用語は，研究計画の立案や分析手法の選択の際に考慮する必要があることに加え，先行研究を読む中でも頻繁に出てくるため，それぞれの用語が何を意味するのか瞬時に答えられるようにしておく必要がある。

　第 2 章では，データを 1 つの数値に集約する**代表値**と，収集したデータがどのぐらい散らばっているかを示す**散布度**について説明する。代表値や散布度は複数種類があり，どの代表値や散布度を用いるかは尺度水準によって変わるので，対応関係をよく理解してほしい。代表値や散布度が分かると，収集したデータの分布の仕方がおおよそ分かることになるが，多くの統計手法は収集したデータに関して，**正規分布**を想定している。そこで，第 2 章では正規分布がどのような分布なのかついても取り上げる。

　第 3 章では，収集した標本データから**母集団**の特徴を推測する際の推定の仕

方について，**点推定と区間推定**に焦点を当てて説明している。加えて，心理学の研究では，データに基づいて仮説を検証し結論を導く手法として，**統計的仮説検定**を用いていることから，統計的仮説検定に関連する用語，検定の手順・考え方も紹介する。

第4章では，2種類のデータの間の関係を知るための最も基本的な方法である相関を取り上げている。最も基本的と書いたが，非常に誤解もされやすい。例えば，相関と因果は別物であるが，両者を混同してしまっていることや，書き手や読み手が相関を勝手に因果として解釈してしまっていることが度々ある。加えて，相関がないと思っていたら実はあったり，相関があると思っていたら実はなかったり，といった場合もあり，慎重に解釈することが求められるものである。

第5章以降から，具体的な統計手法を取り上げて説明していく。第5章では，条件間の差について検討する t 検定や**分散分析**について説明する。t 検定も分散分析も，条件への参加者の振り分け方や条件の数によって，さらに用いられる分析が細分化されている。どのような時に，どの分析が用いられているのか理解してもらいたい。さらに，分散分析は，原因となる変数が2つ以上になると新たにこの2つの変数の組み合わせの効果（交互作用）について検討することになる。1つの変数だけで見ていた時に分からなかったことが明らかにできる点が特徴であり，**交互作用**については，第6章で取り上げる。

上述した t 検定や分散分析は，収集したデータが平均値を算出できるようなデータの場合に使用できる分析である。しかし，収集されるデータはいつも平均値を算出できるわけではない。例えば，小学1年生，2年生，3年生を対象に3種類のおやつ（アイス，スナック菓子，煎餅）から好きなものを1つ選んでもらい，学年によって選択するおやつに偏りがあるかを検討したいとする。学年ごとに集計されたデータは，いずれかのおやつを選んだその学年の子どもの人数であり，このようなデータを度数データという。度数データを対象とした検定を**ノンパラメトリック検定**といい，t 検定や分散分析を行うことはできないので，データの性質にあった分析手法を選択しなければならない。さらに，ノンパラメトリック検定で用いられる分析手法は複数あるため，第7章と第8

章を通じて網羅的に説明する。

　第9章以降は，応用的な分析について取り上げる。心理学の，特に質問紙を使用するような研究では，いくつもの変数を設定し，それらを同時に扱うことも多い。そうした中で，複数の原因と考えられる変数が1つの結果となる変数にどのように関係しているか知りたい場合に用いる分析手法が**重回帰分析**であり，第9章で説明している。重回帰分析は，近年，その使用方法や論文への記載の仕方について注意喚起も行われていることから（吉田・村井，2021），誤解が生じやすいポイントや結果の読み方についても取り上げている。

　第10章では，収集したデータを集約したり，データの構造を探索する**因子分析**について説明している。因子分析は，イギリスのチャールズ・スピアマンによって開発された（Spearman, 1904）。スピアマンは人間の知能について調査しており，人間の知能には，認知的処理が必要なあらゆる場面に（ものを記憶する場面にも，計算をする場面にも，文章を理解する場面にも）共通して作用する一般知能因子 g があると考え，因子分析によって一般知能因子 g を取り出そうとした。因子分析の計算過程は複雑すぎるため，第10章では，主に因子分析の概要とその結果の読み方に焦点を当てて説明している。

　第11章では，重回帰分析や因子分析以外の**多変量解析**を取り上げている。特に，重回帰分析の発展として，媒介分析，一般化線形モデル（ロジスティック回帰分析やポアソン回帰分析），階層線形モデルなどについて説明している。応用的な分析手法であり，自分で使用する機会はあまり多くないかもしれないが，先行研究で使用されていてもおかしくない手法であるため，内容を把握しておいてほしい。

　第12章では，**共分散構造分析**を説明している。端的にいえば，共分散構造分析では重回帰分析と因子分析を統合した分析を行うことができる。また，分析する際には，変数間の関係をパス図としてモデル化することになり，自身が収集したデータがそのモデルにどのぐらい当てはまりが良いのかについて複数の指標を用いて検討することもできる。取り扱われている変数の数や結果の指標が多くなるということは，その分，結果の読み取りも複雑になるということである。具体例を示して説明しているので，結果の読み取り方も学んでほしい。

最後の第13章では，心理学で新しく用いられるようになってきた統計手法として，**テスト理論，メタ分析，ベイズ統計**について紹介する。新しく用いられるようになってきた経緯も含めて説明しているため，心理統計をめぐる近年の動向についても把握することができるだろう。統計法は統計法で1つの学問領域を構成しているため，今後も新しい分析手法や，今使われているものよりもより適切な分析手法が出てくる可能性は大いにある。本書を足がかりに，紹介してある文献等も参考にしながら，さらに統計への理解を深めてもらえれば幸いである。

引用文献

Spearman, C. (1904). 'General Intelligence,' objectively determined and measured. *American Journal of Psychology, 15*(2), 201-292.

吉田　寿夫・村井　潤一郎 (2021). 心理学的研究における重回帰分析の適用に関わる諸問題　心理学研究, *92*(3), 178-187.

第Ⅰ部

統計に関する基礎知識

第1章 データの整理と視覚化

郷 式　　徹

心理学では，観察や実験を行って，人間の行動や反応を数値化したデータとして取り出すのが一般的である（序章も参照）。例えば，生徒が40人のクラスで，国語のテストを行ったとする。生徒一人ひとりの採点された得点を並べてみる。しかし，40個の数字の羅列を漠然と眺めても，そこから何か意味のある内容を取り出すことは難しい。

得られたデータから意味のある内容を取り出すために，データを整理し，要約することが必要になる。そのため，データからヒストグラムや散布図といった図を作成（可視化）するとともに，平均値といった少数の数値に要約したりする（記述統計）。対象に対する観察や測定によって得られた多数の数値化可能なデータから，数量的特徴を抽出するのが記述統計である。

1　測定結果の整理

1-1　コーディング（数値化）

心理学では，刺激に対する反応（正解や不正解），反応の回数，反応時間などを測定したり，質問紙の質問に対して回答してもらったりする。測定された反応や質問への回答を**変数**と呼ぶ（厳密には従属変数。本章第2節参照）。

反応の回数や反応時間は測定された時点で数値である。一方，刺激に対する正解，不正解といった反応は正解を1，不正解を0といった数値に置き換えることがある。また，（質問紙の）質問の「当てはまらない，やや当てはまらない，どちらともいえない，やや当てはまる，当てはまる」といった選択肢への

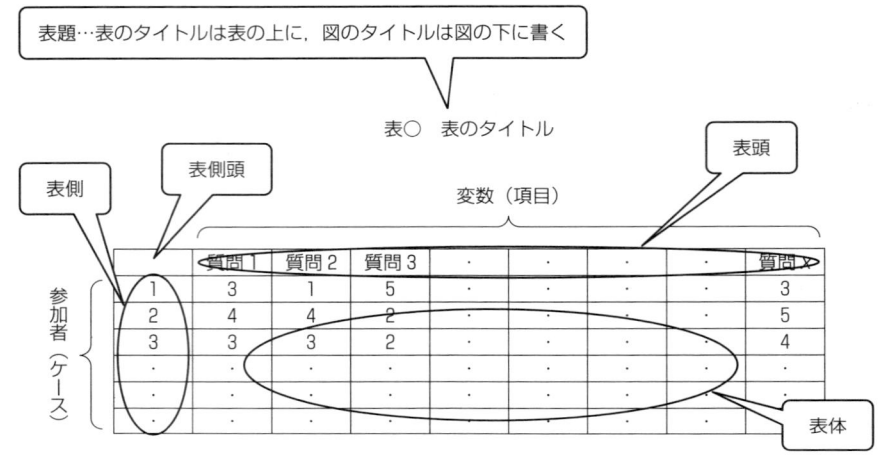

図1-1　測定結果の整理の例（ローデータ）

（注）例えば，表頭の次の行を1行目とすると，n行目には参加者番号nさんのデータが質問（項目）順に横に並んでおり，表側の次の列を1列目とすると，m列には質問（項目）mのデータが参加者番号順に縦に並んでいる。n行m列のセルには参加者番号nさんの質問mの回答（をコーディングした）データが入っている。

回答の選択は，それぞれ「1，2，3，4，5」といった数値に置き換えることがある。こうした反応や回答の数値への置き換えを**コーディング**と呼ぶ。

　実験や調査を行ったら，対象者の反応や回答に対して必要に応じてコーディングを行い，対象者ごと，および変数ごとに（数値）データを並べた表をつくる（図1-1）。並べられた数値は**ローデータ**（raw data）と呼ばれる。

1-2　ローデータの整理

　実験や調査を実施した時点では，多くの場合，実験や調査の参加者一人ひとりの反応や回答が，それぞれ1枚（もしくは1冊）の記録用紙や質問紙に記入されているだろう。その反応や回答の記録を，縦に各参加者，横に変数が並ぶ形式で1つの表にまとめる（図1-1）。一般的に，表の一番左（列）に各個人（参加者）を区別するための参加者番号を記入し，ある個人（例えば，参加者番号1の人）のデータは横（行）に並べていく習慣がある。[1]

　各個人（参加者）を識別するためには氏名ではなく，任意の数値や記号によ

る参加者番号とすべきであり，通常は1から順番に振っていく。これは個人情報の保護のためであり，こうしておくことで，この表からだけでは個人（参加者）の特定が難しくなる。なお，どの参加者が何番なのかが分からないといけない場合にも，測定結果を整理した表には名前などの個人を特定できる情報を記載せず，別に参加者番号と名前等の個人情報の対応を整理した表をつくり，厳重に管理すべきである。

　また，20問の計算問題の結果を整理するような場合，正答の場合には1，誤答の場合には0とコーディングし，問題ごとにローデータとして記録していくべきである。正答数をローデータにしてしまうと，問題それぞれの難易度といった情報が失われてしまう。

　コーディングにおいては，測定結果をどのように数値に置き換えるかが重要である。どのような事象がどのような数値に置き換えることができるのかについては，尺度水準という観点から考える（本章第3節参照）。

2　変数の種類

　心理学では，刺激に対する反応や質問紙の回答を**従属変数**と呼ぶ。**変数**とは何らかのデータの項目や要素を指す。変数には従属変数以外のものもある。

2-1　独立変数

　独立変数は，実験や調査の計画・実施者が設定する要素のことである。例えば，心理学の実験では，課題の正答に導く手がかりを与える群と与えない群の平均正答率の比較により，手がかりの効果を検討するといったものがある。この手がかりの有無は実験者が設定した独立変数である。

　また，質問紙による性格検査の結果に関して，男女に分けて分析を行うといった場合，男性・女性の群分けを決定するのは実験者であり，これも独立変数

➡1　ローデータの表においては，ある個人のデータは必ず1行に入力する。ほぼすべての統計用ソフトウェアやデータベース・アプリケーションが特定の個人のデータを1行に並べる仕様になっているためである。

である。独立変数は他の変数の影響を受けない一方，結果（従属変数）には影響を与える（ことが仮定されている）。研究では通常，独立変数によって他の変数（従属変数）がどのように変化するかを調べる。なお，統計学では独立変数を**説明変数**と呼ぶことがある。

2-2　従属変数

　心理学の実験や調査では，**従属変数**とは測定対象者の反応や（調査）結果のうち，独立変数に応じて変わる変数のことである[2]。独立変数は従属変数に影響するが，従属変数は独立変数に影響しない。したがって，独立変数を原因，従属変数を結果と見なすことができる。心理学の研究（特に実験）では，従属変数が独立変数（の条件）の違いによって，どのように異なるかを明らかにすることを目的にする。統計学では従属変数を**目的変数**と呼ぶことがある。

2-3　剰余変数

　実験や調査を計画・実施する人が設定する独立変数以外にも，実験や調査の結果（従属変数）に影響を与える要素（変数）は数多くある。こうした変数を**剰余変数**と呼ぶ。実験や調査の結果（従属変数）に影響するため，研究の成否を左右するが，その研究にとっては邪魔な要素である。とはいえ，剰余変数を完全に排除することはできない。剰余変数の影響を可能な限り減らし，できるだけ独立変数だけが従属変数に影響するように実験や調査の方法を整えることを**統制**という[3]。心理学の研究において剰余変数の統制は必須である。どのように剰余変数を統制したかについて記載されていないレポートや論文は，研究結果の信頼性や妥当性に疑問がもたれることになる。

➡ 2　独立変数が設定されていないデータ（測定値）は，実験・調査の結果（としての変数）ではあるが，従属変数とはいえない。

➡ 3　剰余変数の統制には，除去（剰余変数を取り去る），恒常化（状況を常に一定にする），無作為化（剰余変数の条件に測定対象者をランダムに割り当てる）などがある。

3　尺度水準

3-1　尺度の種類

　コーディングで割り当てられた数値は，対象となる現象に応じて，名義尺度，順序尺度，間隔尺度，比率尺度の 4 つの水準に分けられる（Stevens, 1946）。

名義尺度

　名義尺度とは，観察対象をカテゴリに分類するために，数値（数字）をラベルとして恣意的につけたものである。例えば，「 1 」組，「 2 」組といったクラス（学級）や出席番号などである。名義尺度のデータは必ずしも数値である必要はなく，A，B，C……といった記号や名称でも良い。そのため，数値の大きさを比べたり，計算したりすることはできない。

順序尺度

　順序尺度とは，観察対象の順序（順位）を示すためのラベリングである。 1 位， 2 位， 3 位……といった数値は，ある人が 1 位であることを示すとともに， 2 位の人よりも順位が高いことを示している。すなわち，対象が何かというカテゴリの情報に加えて，他の対象に対する順序の情報をもつ。順序尺度のデータも数値ではなく，優，良，可のように記号や名称で表すことができる。そのため，大きさ（順位）を比べることはできるが，計算はできない。

間隔尺度

　間隔尺度とは，順序尺度のもつカテゴリと順序の情報に加えて，単位の情報をもつような数値である。単位の情報とは，温度のように 1 度と 2 度の間が，50度と51度といった他の温度の間と等しい（どちらも 1 度の違いであるような）数値であることを意味する。

　ただし，間隔尺度の数値における 0 （原点）は便宜的なものであり，絶対的なものではない。例えば，温度（摂氏）の場合，水が凍り始める温度を 0 度，沸騰し始める温度を100度とし，等間隔に分割し数値を割り振っているだけである。そのため，水の体積が最も小さくなる温度（摂氏 − 4 度）を 0 度，水が沸騰し始める温度を100度とすることも可能で，この場合，水が凍り始める温

13

度（摂氏0度）は約3.85度となる。

　間隔尺度のデータ（数値）同士は足したり，引いたりすることはできる。しかし，あるデータ（数値）が他のデータ（数値）の何倍かといった計算（掛け算や割り算）はできない。

比率尺度

比率尺度は，間隔尺度のもつカテゴリ，順序，単位の情報に加え，0が絶対原点の数値である。絶対原点とは0が「ない」ことを意味する。例えば，長さや重さや速さ（時間）は0の時には，大きさが「ない」。絶対原点をもつ数値は，6cmが3cmの倍であるというように数値間の比率を考えることができる。そのため，比率尺度のデータ（数値）同士では足し算や引き算に加え，あるデータが他のデータの何倍かという計算（掛け算や割り算）も可能である。

3-2　質的データと量的データ

　名義尺度と順序尺度のデータは計算することができず，数値ではなく記号や名称で表すこともできることから，**質的データ**（属性データ）と呼ばれることもある。一方，間隔尺度や比率尺度のデータのように，数値でしか表すことのできないものは**量的データ**と呼ばれる。

　量的データのうち，人数（1人，2人，3人……）や回数（1回，2回，3回……）のように整数でしか表せないデータを**離散変量**と呼び，時間（例えば，12.28秒）や学校のテストの得点などのように連続的な値をとるデータを**連続変量**と呼ぶ。

3-3　尺度水準

　心理学でよく用いられる知能指数や性格検査の結果（例えば，外向性，うつ傾向など）などは比率尺度ではなく，間隔尺度として扱われている。それは心理的な対象の多くは大きさのない0の状態を定義することができないからである（知能や性格が「ない」状態とはどのような状態を指すのだろうか）。ただし，比率尺度のデータに適用できる統計手法のほとんどが，間隔尺度のデータにも適用可能なので，実用上の問題はそれほどない。

表1-1　あるテストの結果データを間隔，順序，名義尺度で表した場合

受験番号 （名義尺度）	得　点 （間隔尺度）	順　位 （順序尺度）	合否判定結果 （名義尺度）
1	72点	3 位	合　格
2	85点	1 位	合　格
3	39点	7 位	不合格
4	69点	4 位	合　格
5	44点	6 位	不合格
6	67点	5 位	合　格
7	75点	2 位	合　格

　また，間隔尺度として扱われているデータ（数値）の場合も，厳密には単位（の間隔）が一定であると仮定しているにすぎないことが多い。例えば，知能指数90と91の間が110と111の間と等しいといえるのかは，はっきりしない。データ（数値）について，間隔尺度として扱って良いかどうかが不明確な時には，順序尺度や名義尺度として扱う方が慎重な態度ではある。なお，ある尺度で表されたデータを，より情報量の少ない尺度で表すように変換することは可能であるが，逆はできない。具体的には，間隔尺度のデータを順序尺度や名義尺度のデータに変えたり，順序尺度のデータを名義尺度のデータに変えることはできるが，逆はできない。

　表1-1は得点が 0 ～100点，60点以上が合格で60点未満が不合格のテストを 7 人の受験者が受けた結果である。受験番号と合否判定結果は名義尺度，順位は順序尺度，得点は間隔尺度である。

　尺度が重要なのは，尺度水準によってデータの情報量が異なるためである。従属変数となるデータに関して，一般的には情報量は多い方が良い。情報量が多いほど，読み取れる内容が多くなる可能性がある。また，情報量が多い尺度水準であるほど，適用可能な統計手法の制限が少ないことからも，より高次の尺度で数値化することが望ましい。

3-4　尺度水準とコーディング

　心理学の卒業論文では質問紙を用いた調査を行うことも多いだろう。多くの場合，質問項目に対して「当てはまる，やや当てはまる，どちらともいえない，あまり当てはまらない，当てはまらない」といった選択肢から回答するような形になっている。そして，この回答を「当てはまる＝5」「やや当てはまる＝4」といった数値にコーディングする。ただし，コーディングした数値に関しては注意が必要である。「当てはまる＝5」という回答と「やや当てはまる＝4」という回答の間には，順序はある。しかし，「当てはまる＝5」と「やや当てはまる＝4」の差が，「やや当てはまる＝4」と「どちらともいえない＝3」の差と等しいという保証はない。質問項目の回答（をコーディングした数値）は順序尺度の数値ではあるが，間隔尺度の数値とはいえない。多くの場合，あくまで「当てはまる，やや当てはまる，どちらともいえない……」の間を等間隔と見なして，間隔尺度のように扱っているにすぎない。

　論文やレポートでは，どのようなデータをどのようにコーディングしたのかを明示することが求められる。心理学の実験や調査においては，どのようにコーディングを行ったかについて，きちんと記録が残されていないことも多い。こうした点は改善していく必要があり，そのためには理系の実験ノートのようなものが一般化される必要があるだろう。

4　データの要約と可視化──度数分布表とヒストグラム

　コーディングやローデータの整理ができたら，次に行うのはデータの要約と要約された情報に基づくグラフを描くことである。データの要約のための様々な方法を**記述統計**と呼ぶ。記述統計によって，データの傾向を読み取ることが可能となり，観察や測定された現象を理解できるようになる。

4-1　度数分布表とグラフ

　得られたデータがすべて同じ（数値），ということはほとんどない。普通，実験参加者（調査対象者）から得られたデータ（数値）には，参加者ごとに違

表1-2　名義尺度のローデータ（好きなアイスクリームの場合）

番号	性別	選んだアイス	番号	性別	選んだアイス	番号	性別	選んだアイス	
1	男子	B	11	女子	C	21	女子	E	
2	男子	D	12	男子	B	22	女子	B	
3	女子	B	13	女子	A	23	男子	D	

（注）このローデータは，A～Eの5種類のアイスクリームの中から一番好きなものを調査参加者に1つ選んでもらった結果を記録したものである。表中の番号は調査参加者に任意に振り分けた識別のための番号であり，名義尺度である。また，選択されたアイスクリーム（A～E）も数字ではないが，名義尺度である。

表1-3　どのアイスクリームが好きかについての度数分布表

アイスクリームの種類	A	B	C	D	E
人数（人）	20	49	26	27	15
相対度数（%）	14.60	35.77	18.98	19.71	10.95

（注）相対度数とは全参加者（全度数）に対する，あるカテゴリの度数の割合を表したもの。

いがある（もちろん，同じ数値のデータもあるだろう）。こうした数値の違い，すなわち，色々な大きさの数値の散らばり方を**分布**と呼ぶ。そして，分布がどのような状態であるかを知ることは，現象を理解するために重要なことの一つである。

　表1-2のように，得られたデータが名義尺度の場合，データ（の数値）に順序はないので，各カテゴリに含まれる対象（者）の数を任意に並べた表1-3のような**度数分布表**をつくる。度数分布表の内容は図1-2のように棒グラフやヒストグラムで表すと直観的に分布を捉えることができる。

　もう少し複雑な場合を考えてみよう。表1-2のローデータについて，好きなアイスクリームの種類というカテゴリに含まれる参加者の数を男女別でまとめた（表1-4）。表1-4は列がアイスクリームの種類，行が性別で，男女別にそれ

➡4　ある課題に全員が正答，もしくは誤答という形で，得られたデータがすべて同じというケースはありうる。この場合，すぐに（対象者にとって）課題が易しすぎる，もしくは難しすぎる，という解釈が可能なので，それ以上の分析は必要ない。

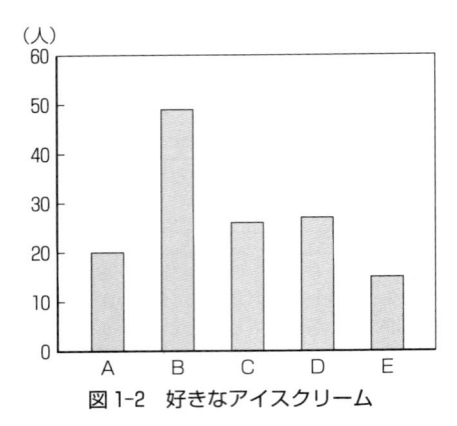

図1-2　好きなアイスクリーム

ぞれのアイスクリームを何人が選んだか分かるようになっている。このように行と列の交差によって，2つの要素の関係を示した表を**クロス表**と呼ぶ。

　表1-4 の内容について，図1-3 左はそれぞれのアイスクリームを選択した人数，図1-3 右は相対度数（％）をグラフにしたものである。図1-3 左ではBを選んだ人数は女性の方が男性よりも多く，Cを選んだ人数の男女差は小さいように見える。しかし，対象者の人数は女性の方が男性よりも多いので，図1-3 右のように相対度数（％）で表すとBを選んだ相対度数（％）の男女差はそれほど大きくなく，Cを選んだ相対度数（％）の男女差の方が大きいことが分かる。このようにグループ（群）ごとに度数の合計が異なる場合には，度数（分布）よりも相対度数のほうが比較しやすい。しかし，図1-3 右の相対度数では，全体の人数や男性と女性の人数がそれぞれ何人かという情報が，グラ

表1-4　男女別のアイスクリーム選択の度数表

アイスクリームの種類		A	B	C	D	E
男　性	人数	13	21	15	4	10
	相対度数（％）	20.63	33.33	23.81	6.35	15.87
女　性	人数	7	28	11	23	5
	相対度数（％）	9.46	37.84	14.86	31.08	6.76

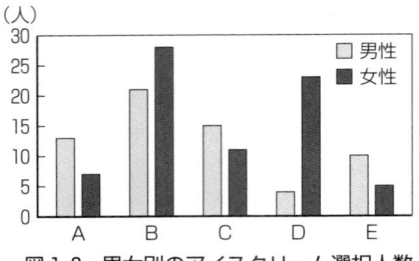
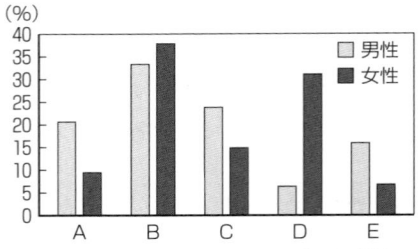

図 1-3　男女別のアイスクリーム選択人数（左）と男女別のアイスクリーム選択率（右）

フから失われていることに注意が必要である[5]。

　図1-3左のように度数をグラフにするか，図1-3右のように相対度数（%）をグラフにするかは，そもそも何のためにデータ収集を行ったかによる。また，データの状態や内容によっても，どのようなグラフを用いるべきかは異なる。例えば，3回テストを行い，各回の合格者の数に関する時間に伴う変化を示すデータの場合には，棒グラフでなく折れ線グラフの方が合格者数の変化（合格者が増えていく様子）が分かりやすい。

4-2　順序尺度以上のデータの整理

　得られたデータが順序尺度以上のデータ，特に間隔尺度や比率尺度のような量的データの場合には，度数分布表をつくったり，**ヒストグラム**を描いてみるという方法がある。

　順序尺度や間隔尺度（以上）のデータを適当な大きさで等間隔に分けた範囲を階級，もしくはクラスと呼ぶ。その範囲に含まれるデータに新たに数値を振り直すことで，順序尺度以上のデータを名義尺度のデータに変換できる。

　例えば，40人の学級で各生徒の財布の中の現金の額について，所持金額（比率尺度）を2000円の幅で所持金額のクラス（名義尺度）に変えてみた（表1-5）。

表1-5　名義尺度へのデータの変換

出席 番号	所持金額 （比率尺度）	所持金クラス （名義尺度）	所持金クラス（コード） （名義尺度）
1	8250円	7000～9000円未満	5
2	15000円	9000円以上	6
3	4783円	3000～5000円未満	3
4	5294円	5000～7000円未満	4
5	276円	1000円未満	1
6	3101円	3000～5000円未満	3
7	1899円	1000～3000円未満	2

➡ 5　データの総数が少ない時にも，比率で考えることは意味がなくなる。

表1-6　ある学級のメンバーの所持金の度数分布表

	所持金額のクラス	度数（人）	相対度数（％）
1	1000円未満	4	10.0
2	1000〜3000円未満	8	20.0
3	3000〜5000円未満	12	30.0
4	5000〜7000円未満	9	22.5
5	7000〜9000円未満	6	15.0
6	9000円以上	1	2.5
	合計	40	100

　名義尺度の場合，表1-5の3列目のように文字表記のままにしておいてもよい
し，4列目のように数値（コード）に置き換えてもよい。

　表1-5のデータに関して，各所持金額のクラスに含まれるメンバーの人数に
ついての度数分布表をつくってみた（表1-6）。

　表1-6の度数分布表から縦軸に度数，横軸に階級（クラス）をとったグラフ
を描くことができる。こうしたグラフは**ヒストグラム**と呼ばれる。表1-6につ
いてヒストグラムを描くと図1-4のようになる。棒グラフとヒストグラムの違
いは，棒グラフが棒の長さ（高さ）で度数を表現しているのに対し，ヒストグ
ラムは棒の面積（横軸の幅〈間隔〉×棒〈柱〉の高さ〈間隔当たりの度数〉）で度
数を表していることである（稲葉，2012）。

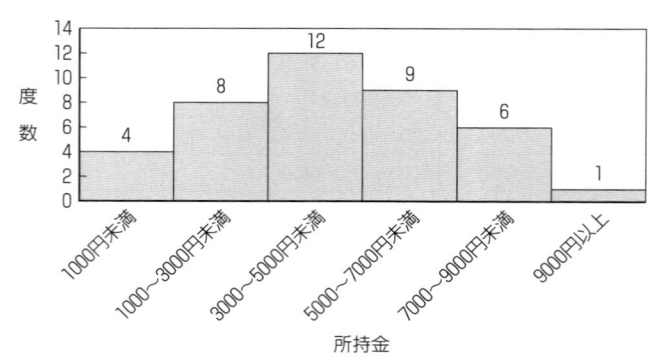

図1-4　ある学級のメンバーの所持金のヒストグラム

　データ数が少ない場合，階級の幅を変えると階級の数が変わるとともにヒストグラムの形が変わってしまうことがある。階級数はヒストグラムの各階級の度数を示すグラフの棒のてっぺんの中央を結んだ時にスムーズな曲線になるものが望ましい。そして，スムーズな曲線が描ける場合，中央あたりが頂上となり左右に広がる山形の図形となることが多い（第2章第3節を参照）。

5　代表値

　実験や調査で得られたデータをカテゴリごとの度数にまとめてクロス表をつくることや，度数分布表およびヒストグラムをつくることを前節で紹介した。それ以外に，データの状態や特徴を知るために，データを少ない数値に集約することが多い。集約された数値の中で，データの中心的な位置を示す数値が**代表値**（要約統計量[6]）である。代表値には**平均値**，**中央値**，**最頻値**（モード）などがある。

5-1　平均値

　平均値はすべてのデータの値（観測値）を合計したものをデータの個数で割った値である[7]。平均（値）は間隔尺度以上のデータ（量的データ）に利用可能である。

　平均値は最もよく用いられる代表値である。例えば，5人の所持金がそれぞれ100円，50円，70円，80円，150円の時には，それぞれの所持金すべてを合計した金額450円（＝100円＋50円＋70円＋80円＋150円）をデータ数（この場合は5人）で割った値90円（＝450円／5人）が平均値となる。

　平均値は，算出する時にすべてのデータを用いるので，データ全体を配慮しているという点が代表値として優れている。その反面，極端な値のデータ（外

➡ 6　平均値のように統計データを要約して，数式として表したものを統計量，その数式にデータを入力した計算結果の（具体的な）値を統計値と呼ぶ。

➡ 7　一般に「平均」と呼ばれるのは，厳密には算術平均，もしくは相加平均といわれるものである。他にも相乗平均，調和平均といった特殊な平均がある。

れ値）の影響を受けやすいという欠点がある。先ほどの例のように5人の所持金がそれぞれ100円，50円，70円，80円，150円の時には平均値は90円となり，データの中心的な位置を示しているといえる。しかし，5人の所持金が100円，50円，70円，80円，2000円だと，平均値は460円となり，5人のうち4人は100円以下しかもっていないのに，平均値は400円を超えてしまう。これは1人だけ飛び抜けた2000円という金額が外れ値となっているためである。このように平均値は極端な値のデータ（外れ値）に引きずられる傾向がある。そのため，データ（観測値）の中に外れ値がある場合，その影響を受けにくい中央値や最頻値といった代表値を用いた方が良い。

　平均値が代表値として頻繁に使われるのは，平均値が**正規分布**に従うデータの分布（散らばり方）の中心を表す指標として適切だからである（第2章参照）。そのため，データ（観測値）が正規分布に従う場合には，平均値は使いやすい。

5-2　中央値

　データ（観測値）を小から大へと並べた時の順番が真ん中（中央）の値が中央値である。中央値は順序尺度以上のデータで利用可能である。

　平均値の例と同じく，5人の所持金がそれぞれ100円，50円，70円，80円，150円の時，真ん中（この場合は3番目）の数値が中央値であり，80円となる。

　データの数が偶数個の時には，「データの個数／2」番目のデータと「（データの個数／2）＋1」番目のデータを足して2で割った値を中央値とする。例えば，6人の所持金が100円，50円，70円，80円，150円，90円の時には，3（＝データの個数6／2）番目のデータ80円と4（＝〈データの個数6／2〉＋1）番目のデータ90円を足して2で割った85円が中央値である。

　中央値は外れ値に影響されないという長所の反面，中央値から離れたデータが反映されないという問題がある。

5-3　最頻値

　データ（観測値）全体の中で度数分布において最も度数が多かった値が最頻値である（「モード」とも呼ばれる）。最頻値は名義尺度以上のデータで利用可

能である。

　例えば，6人の所持金が100円，50円，70円，70円，150円，70円の時，70円もっている人が3人と最も多いので最頻値は70円となる。データ数が多い場合や連続変数のデータを対象とする場合には，データを度数分布表にしたうえで度数が最も大きい階級の階級値を最頻値とすることもある。

　最頻値はデータの中心として直感的に分かりやすい。一方で，データ数が少ないと，直感的なデータの中心と最頻値がずれてしまうことがある。例えば，6人の所持金が100円，50円，50円，80円，150円，70円の時，最頻値は50円となってしまい，データの端（最も小さい値）が代表値という奇妙なことが起こる。また，データ数が少ないと2つの値が同じ度数となって最頻値が1つに決まらないことがある。最頻値は中央値と同様に，外れ値に影響されにくいという長所をもつが，ある程度以上のデータ数が必要となる。

5-4　平均値と外れ値

　外れ値が存在するデータにおいて，平均値は代表値として適切ではない。外れ値を含むデータに関しては，外れ値の影響を受けにくい中央値や最頻値を代表値とすることが考えられる。ただし，外れ値が観測対象として明らかに異常であると考えてもよい場合には，外れ値をデータから除くことで平均値を代表値として用いることができる場合がある。例えば，反応時間を測定するような心理学実験で，刺激に対する判断をする前に「うっかり」ボタンを押してしまったデータが含まれる場合などが考えられる。

　ただし，どのくらい平均値から外れていれば「異常」といえるのかは分からない。例えば，上位・下位10%程度のデータを削る，または平均から2標準偏差（標準偏差については第2章参照）以上離れたデータを削るといった方法がある。上位・下位の任意の割合のデータを削ったデータを対象に計算した平均値を**刈り込み平均**と呼び，上位・下位50%を削った（つまり，真ん中の順位のデータ〈測定値〉しか残っていない）場合の刈り込み平均は中央値である。

> **❖考えてみよう**
> 　心理学の質問紙調査では質問項目に対して，「とても当てはまる」「やや当ては
> まる」……「全く当てはまらない」といった5つとか7つの段階で構成された選
> 択肢から回答を選ぶ形式になっていることが多い。この方法による回答データは
> 名義尺度，順序尺度，間隔尺度，比率尺度のどれだろうか？　その尺度であると
> いえる根拠や問題点も含めて考えてみよう。

もっと深く，広く学びたい人への文献紹介

高橋　信（著）トレンド・プロ（マンガ制作）井上　いろは（作画）（2004）．マン
ガでわかる統計学　オーム社
　　☞マンガ形式なので，統計学の入門書として最も敷居が低いだろう。マンガ
　　で概要を簡単に説明し，解説文で補足という構成になっている。解説が少
　　ないので，この本だけでは統計学を理解するには不十分だが，最初の1冊
　　としてはおすすめ。なお，第1〜4章が記述統計に関する内容となってい
　　る。シリーズには他に「回帰分析編」「因子分析編」「ベイズ統計学」など
　　があり，入門としてはいいかもしれない。
稲葉　由之（2012）．プレステップ統計学Ⅰ：記述統計学　弘文堂
　　☞本書は統計学の教科書である。統計学の教科書は数多くあるが，記述統計
　　だけに絞ってあるものは意外と少ない。本書は記述統計について必要な事
　　項が網羅されている。だからといって内容が難しいわけではなく，図や表
　　を用いた具体的な説明が多く，文系の人にも分かりやすい。

引用文献

稲葉　由之（2012）．プレステップ統計学Ⅰ：記述統計学　弘文堂

Stevens, S. S. (1946). On the theory of scales of measurement, *Science, 103*,
　　677–680.

第2章　データの散らばりと分布

郷式　徹

　心理学の実験や調査で集めたデータの多くは代表値に要約される。しかし，代表値は多くのデータを1つの数値に集約したものであるため，そこで失われる情報がある。その一つがデータの散らばり具合（散布度）である。そのため，代表値を考える時には散布度も考える必要がある。本章では，散布度について学ぶ。代表値の中で最も用いられるのは平均値である。そのため，特に平均値の代表的な散布度である分散および標準偏差について詳しく見ていく。

1　データの散らばり（散布度）

　代表値である平均値や中央値を見れば，収集したデータの真ん中がおよそどの位置かが分かる。しかし，代表値だけでは分布と呼ばれるデータの状態，つまりデータの数値がどのくらい散らばっているか，もしくは，まとまっているかについては分からない。例えば，図2-1上と図2-1下のグラフではどちらのデータも平均値は等しいが，散らばり具合は異なる。

　データ（の数値）の散らばり具合を示す指標（数値）は**散布度**と呼ばれる。散布度には，分散もしくは標準偏差，範囲，四分位範囲などいくつかの種類があるが，どの散布度を用いるかは尺度水準によって変わる。尺度水準，代表値，散布度の関係は表2-1の通りである。

1-1　分散と標準偏差

　もっぱら平均値を代表値とした場合のデータの散らばり具合を示す指標は，

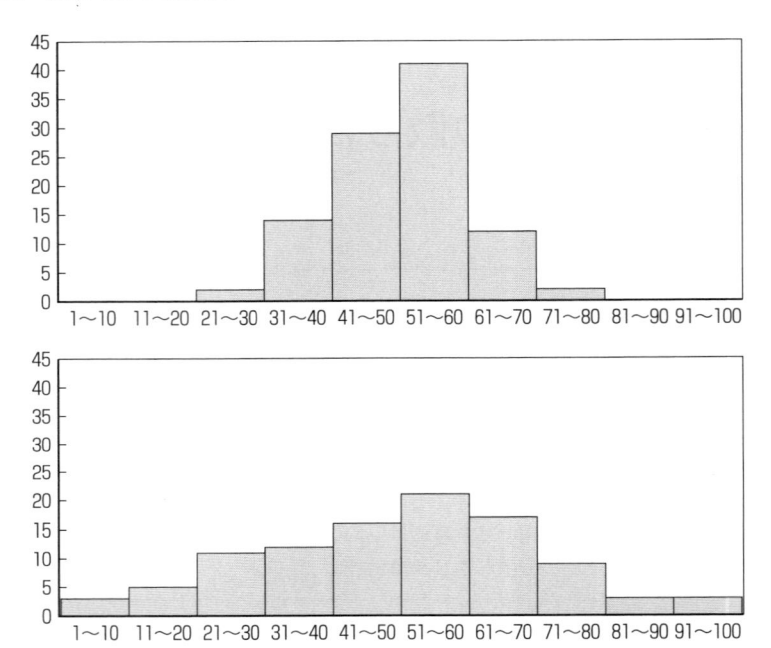

図 2-1　平均50，標準偏差10のデータ数100個のヒストグラム（上）と平均
50，標準偏差20のデータ数100個のヒストグラム（下）

表 2-1　尺度水準，代表値，散布度の関係

尺度水準	代表値	散布度
間隔尺度，比率尺度	平均値	分散，標準偏差
順序尺度	中央値	範囲，四分位範囲，四分位偏差
名義尺度	最頻値	情報量

分散および**標準偏差**（standard deviation：SD）である。分散や標準偏差はおおまかには「各データの平均値からの離れ具合の平均値」である。分散は次の式で表される。

$$\text{分散}：V = \frac{(x_1-M)^2+(x_2-M)^2+(x_3-M)^2+\cdots\cdots+(x_n-M)^2}{n}$$

M：平均値　　　n：データ数　　　$x_1, x_2, x_3\cdots\cdots x_n$：各データ

分散は「各データの平均値からの離れ具合（x_1-M, x_2-M, x_3-M……x_n-M）」の二乗（各得点と平均値の差の平方：$(x_1-M)^2$, $(x_2-M)^2$, $(x_3-M)^2$……$(x_n-M)^2$）の平均値である。二乗しているのは，データの中には，平均値よりも低いものと高いものがあり，各データ（の数値）と平均値の差をそのまま合計すると，正の数と負の数が打ち消し合って0になってしまうからである。そこで，各データ（の数値）と平均値の差をすべて正の数に合わせるために，各データ（の数値）と平均値の差を二乗している。

　分散はデータの散らばりの指標であるが，計算途中で各データ（の数値）と平均値の差を二乗しているため，単位が平均値の単位の二乗になる。例えば，平均値の単位が「点」の場合，単純に考えると分散の単位は「点^2」である。しかし，「点^2」という単位が何を意味するのかはイメージしにくい。そこで，分散の平方根をとることで単位を平均値と一致させることができる。分散の平方根の数値を**標準偏差**と呼ぶ[1]。

1-2　範囲

　中央値と共に示される散布度が，**範囲**（レンジ）である。範囲はデータの最大値と最小値の差である。範囲は分かりやすく，簡単に求めることができるが，極端な値のデータ（外れ値）がある場合，その影響を受けやすい。

1-3　四分位範囲

　データに外れ値がある場合には，上位1/4と下位1/4のデータを取り除き，残ったデータの範囲を散布度とすることがある。このような散布度を**四分位範囲**と呼ぶ。四分位範囲は範囲に比べて外れ値の影響を受けにくい。なお，平均値に対する散らばりの指標は標準偏差であるが，中央値に対する散らばりの指標は四分位範囲（稲葉，2012）が一般的である。また，四分位範囲以外に四分位偏差という散布度を用いることもある。

➡1　標準偏差：$SD = \sqrt{V} = \sqrt{\dfrac{1}{n}\sum_{i=1}^{n}(x_i - M)^2}$

V：分散　　　M：平均値　　　n：データ数　　　x_i：各データ

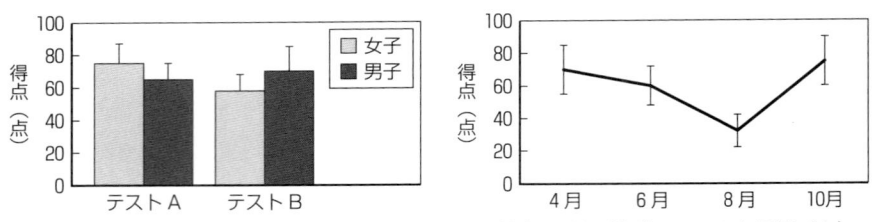

図2-2　平均値と標準偏差の棒グラフでの表示例（左）と折れ線グラフでの表示例（右）

1-4　散らばりのグラフ表現

　代表値として平均値を求め，散布度として標準偏差を求めたグラフを描く場合，標準偏差はひげ（エラーバー）で表されることが多い（図2-2）。

　そもそも平均値と標準偏差は収集したデータが間隔尺度以上で，データに外れ値が存在せず，データの度数が，平均値付近が最も多く，左右対称な分布である（データが正規分布に従う）場合に意味をもつ。つまり，データの分布が正規分布ではない場合には，平均値と標準偏差もしくは図2-2のようなグラフから，正しくデータの分布を把握することは難しい。

　データの分布を把握するためのグラフ表現として役に立つのは**箱ひげ図**である。箱ひげ図は，データを大きさ順に並べた時の分布を示す。図2-3のように，箱ひげ図は長方形の「箱」と「ひげ」と呼ばれる直線で構成される。箱の下側（底）は下位1/4のデータ（第1四分位値），箱の中の横線は中央値（第2四分位値），上側（天井）は上位1/4のデータ（第3四分位値）を表していて，長方形の長さ（高さ）は四分位範囲，つまり，データの約50％が含まれる範囲を表している。ひげの下側の末端が最小値（第1四分位値－四分位範囲×1.5より大きい最小の観測値），ひげの上側の末端が最大値（第3四分位値＋四分位範囲×1.5より小さい最大の観測値）を表している。最小値や最大値の外部に示されている点は外れ値である。なお，箱ひげ図では平均値を表現することもでき，図2-3では×で示されているのが，平均値である。

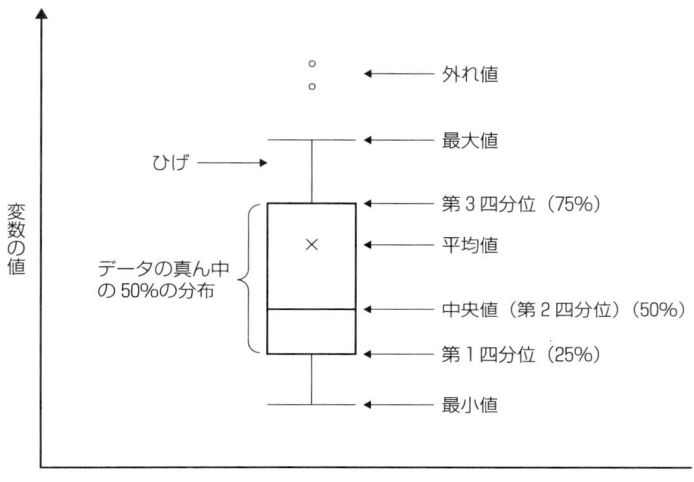

図 2-3　箱ひげ図の模式図

2　標本と母集団

2-1　標本と母集団

　データを集める目的は，多くの場合，特定の対象（例えば，A小学校5年3組の生徒30人の国語の点数）ではなく，測定の対象となった人たちを含む全体（例えば，日本中の小学5年生の国語の点数）の状態を知ることである。測定対象を含むような集団全体を**母集団**，測定対象そのものを**標本**と呼ぶ。例えば，日本中の小学5年生（の国語の点数）が母集団で，測定対象となったA小学校5年3組の30人（の国語の点数）が標本である。

　母集団全体を測定すれば完全に現象を把握することができるが，コストがかかりすぎたり，不可能な場合もある。そこで，一般的に母集団から一部（標本）を取り出して，全体（母集団）の状態を推測する。母集団と標本の関係は味見に例えられる。味見では，鍋の味噌汁（母集団）の味（状態）を確かめるために，少しだけ小皿に味噌汁（標本）を取り分ける。[2]

2-2　母集団の平均の推定

先の例を用いれば，A小学校 5 年 3 組の生徒30人の国語のテストの平均値75点，標準偏差10.45点（分散109.25）というのは，標本の得点の中心と散らばりを示している。しかし，知りたいのは日本中の小学 5 年生の得点分布の中心（平均）と散らばり（分散）である。

幸いにも，標本の平均（標本平均と呼ぶ）と母集団の平均（母平均と呼ぶ）の推定値は一致することが分かっている。標本のデータから推定される統計値は不偏量と呼ばれる。母平均が推定値である場合，不偏平均と呼んでも良いが，標本平均と母平均の推定値（不偏平均）は一致するため，特に区別せずに，単に平均（値）ということが多い。[3]

2-3　母集団の分散の推定（不偏分散）

平均値と違って，分散では標本の分散と母集団の分散（の推定値）は一致しない。ただし，母集団の分散は標本（データ）から推定することができる。そのため，標本（データ）の分散を**標本分散**，母集団の分散の推定値を**不偏分散**と呼び分ける。[4]不偏分散の式は次のようになる。

$$不偏分散：\mu^2 = \frac{(x_1-M)^2+(x_2-M)^2+(x_3-M)^2+\cdots\cdots+(x_n-M)^2}{n-1}$$

> M：平均値　　n：データ数　　$x_1, x_2, x_3\cdots\cdots x_n$：各データ

標本分散の式（本章第 1 節第 1 項参照）と変わらないように見えるが，標本分散が各データ（の数値）と平均値の差の平方の合計を n（データ数）で割っていたのに対して，不偏分散では $n-1$（データ数−1）で割る。そのため，データ数が多い場合には標本分散と不偏分散の値はそれほど変わらないが，デー

➡ **2**　この例えは非常にうまく標本抽出の特徴を表しており，様々なところで用いられている。しかし，最初にこの例えを用いたのが誰かは不明である。

➡ **3**　数式では母平均（不偏平均）を μ と書き，標本平均を m もしくは M と書いて区別する場合がある。

➡ **4**　数式で標本分散，標本標準偏差，母分散，不偏分散を表す記号は論文や書籍によって異なるが，一般的に，標本分散は s^2，標本標準偏差は s，母集団の分散（母分散）は σ^2，不偏分散は μ^2 や v^2 であることが多い。

タ数が少ない場合には不偏分散は標本分散よりも大きくなる。つまり，データ数が多い場合には，実際のデータ（標本）から推定される母集団の分散の推定値（不偏分散）は，実際のデータの分散（標本分散）に近くなるが，データ数が少ない場合には，推定値である不偏分散は大きめに見積もっておくのだと理解しておけば良い。

2-4　不偏分散と標準偏差

　母集団の分散の推定値である不偏分散の平方根は，母集団の標準偏差の推定値（不偏標準偏差）ではない[5]。統計ソフトや表計算ソフトで計算される分散は，不偏分散の場合と標本分散の場合がある。また，標準偏差も標本の標準偏差の場合や不偏分散の平方根の場合や不偏標準偏差の場合がある。そのため，自分の用いた統計ソフトや表計算ソフトの出力結果がどのような分散や標準偏差なのかを確認する必要がある。

3　正規分布

3-1　正規分布

　データを要約した代表値のうち，最もよく用いられるのは平均値である。その理由は，人間を対象とした測定データの多くは，平均値を中心とし，平均値から離れるほどデータ数が減る**正規分布**（normal distribution）と呼ばれる分布をしていることが多いためである。現在の統計学は正規分布に基づいて成り立っているといっても過言ではない。身近なところでは，模試で用いられる偏差値は，受験者の得点が正規分布に従うと見なしたうえで，得点を平均50点，標準偏差10に換算したものである。また，平均値には**中心極限定理**と呼ばれる強

➡ **5**　不偏標準偏差の式は $SD = \sqrt{\dfrac{(n-1)\mu^2}{2}} \dfrac{\gamma\left(\dfrac{n-1}{2}\right)}{\gamma\left(\dfrac{n}{2}\right)}$ （γ はガンマ関数）であるが，

データ数が大きい場合には $SD \approx \sqrt{\dfrac{1}{n-1.5}\sum\limits_{i=1}^{n}(x_i-M)^2}$ で近似できる。

力な性質がある（本章第4節参照）。例えば知能検査を実施しても，1回の検査には「たまたまその日は調子が悪かった」といった偶然性が含まれる。しかし，中心極限定理を用いることで，1回の知能検査の結果から実際に被検者の平均値が含まれる範囲を推定することができる（第3章参照）。

3-2　正規分布の性質

　例えば，テストの得点は通常，平均点の近くの人数が一番多く，平均点から離れた0点や100点に近づくほど人数が少なくなり，ヒストグラム（得点の分布）は左右対称の釣鐘型になることが多い。このように中央が一番高く，両側に向かってだんだん低くなっていき，左右対称の釣鐘型になる分布を**正規分布**と呼ぶ。なお，正規分布の場合，中央の一番高い位置に平均値がくる。例えば，あるテストで平均点が60点，標準偏差が10点の場合，図2-4のような正規分布のグラフになる。[6] なお，平均点が60点，標準偏差が10点の正規分布はN（60，10^2）と示すこともある。

　正規分布はデータ数（標本数）が同じ場合，標準偏差が小さいほど尖った形になり，標準偏差が大きいほどなだらかな形になる（図2-5）。また，平均値が変化するとグラフが左右に移動する。

　心理学で得られるデータの多くは正規分布に従う。なお，量的データに対する統計手法の中には，データの分布が正規分布であることを前提にしているものも多い。

　得られたデータが正規分布に従う（もしくは，従うと想定する）と都合の良いことがある。それはデータ数が十分に大きい時には，平均±標準偏差（$M\pm1SD$）の範囲に68.3%のデータが含まれることが分かっていることである。また，平均±2標準偏差（$M\pm2SD$）の範囲には95.4%のデータが含まれる。そのため，例えば，平均60点，標準偏差10点のテストでは，50～70点の人が約7割おり，80点ならば上位2，3%の成績であることが分かる。

　正規分布のこの性質を心理検査・テストの多くが用いている。例えば，知能

➡ **6**　テストの点の場合，0点未満や100点を超える得点はないことから厳密には正規分布とはいえない。

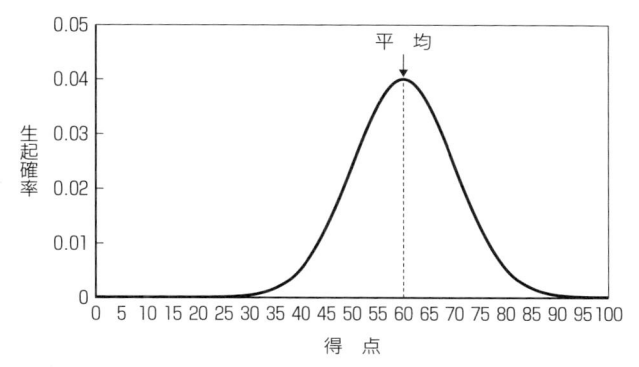

図 2-4　正規分布に従う平均60点, 標準偏差10点のテストの得点
　　　　の分布

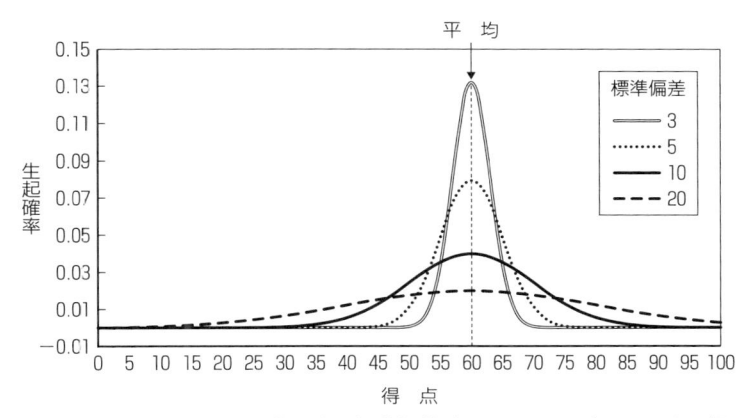

図 2-5　正規分布に従う平均60点, 標準偏差が3, 5, 10, 20点のテストの得
　　　　点の分布

　検査の場合, 知能指数は平均100・標準偏差15となっていたりする。そのため,
85〜115の範囲は標準的な知能とされている。また, 例えば, うつ傾向に関す
るテストの場合, 平均 ＋ 2 標準偏差以上の得点を, うつ傾向と判断する基準
(**カットライン**) と定めていたりする。

　代表値として平均を用いる時に散布度として標準偏差を共に示すことが多い
のは, このような正規分布の性質によるものである。一方, 標準偏差が散布度
として適切なのは, そのデータの分布が正規分布に近い時に限られることには

注意が必要である。

3-3　正規分布の式

正規分布を表す式は次のようになるが，覚える必要はない。式の中に平均（M）と標準偏差（σ）が含まれるということだけを見てほしい。式の中に平均と標準偏差が含まれることから，これらが分かると（正規）分布の形が決まり，グラフを描くことができる。

$$f(x) = \frac{1}{\sqrt{2\pi}\sigma} e^{-\frac{(x-M)^2}{2\sigma^2}}$$

> x：データの値　　　e：自然対数の底（2.718281828……）
> M：平均　　σ：標準偏差　　π：円周率

3-4　歪度と尖度

正規分布のグラフの形は平均値が一番高く，平均値から離れるほど両側に向かってだんだん低くなっていくが，他の特徴として左右対称であることが挙げられる。分布がどの程度左右対称かを示す指標は**歪度**である。歪度は分布がどの程度正規分布から歪んでいるかを表す統計量ともいえる[7]。

また，分布が正規分布からどれだけ尖っているか，もしくは横に平べったいかを表すのが，**尖度**である[8]。完全な正規分布は歪度も尖度も 0 である[9]。分布の

---

[7]　歪度は分布が左右対称であるほど 0 に近づき，左右対称でははない（歪んでいる）ほど 0 から離れる。歪度は右裾が長い（右に歪んだ，もしくは，左に偏った）分布の時は正の値をとり，左裾が長い分布の時には負の値をとる。歪みの程度の絶対的な基準はないが，目安として歪度の絶対値が 1 より大きい時には「ひどく歪んでいる」，0.5〜1 の間だと「やや歪んでいる」，0.5未満だとほぼ左右対称と判断して良い（鈴木，2021）。

[8]　尖度は正規分布に近い尖り具合の時は 0 に近づき，分布が正規分布より尖っている（データが平均付近に集中している）時には正の値を，正規分布より平べったい（データが平均付近から散らばっている）時には負の値をとる。また，尖度が正の場合には，外れ値があることがある。尖度に関しては絶対的な基準も目安も特にないので，グラフ（ヒストグラム）や歪度と合わせて，データが正規分布に従っているかを判断する。

[9]　正規分布の尖度を 3 とする（計算方法を用いる）場合もある。

歪度が0，尖度が0に近いほど正規分布に近い釣鐘型になる[10]。

　心理学で扱うデータは，基本的にはある程度以上のデータ数があれば，正規分布に従うことが多いので，それほど分布の形を気にする必要はないことも多い（第5章参照）。正規分布に近い形（分布）かを確かめる方法として，グラフ（ヒストグラム）を描いて分布の形を確認し，歪度の絶対値が0.5未満であることを確かめれば十分だろう。

3-5　標準化と偏差値

　あるテストでA君は数学が70点で，英語が60点だった。A君は数学の方が英語よりも得意だといえるだろうか？　もし数学の平均点が80点，英語の平均点が50点ならば，A君の数学は平均点以下だが，英語は平均点以上である。異なる平均値と標準偏差をもつ（正規）分布から取り出された数学と英語の得点を直接比べることはできない。そこで，数学と英語の得点を，どちらも平均0・標準偏差1の正規分布上に換算することで比較を行う。この換算を**標準化**と呼び，標準化によって換算されたデータを**標準化得点**もしくは**Z得点**と呼ぶ。

　標準化のための式は，データの数値から平均値を引いて（標本の）標準偏差で割ったものである。

$$Zi = \frac{Xi - M}{SD}$$

> Zi：データ i の標準化得点　　Xi：データ i （の得点）
> M：（標本）平均値　　SD：標本標準偏差

この式に当てはめると，平均80点・標準偏差15点の数学のテストで70点をとったA君の数学の標準化得点は -0.67 である。また，平均50点・標準偏差5点の英語のテストで60点をとったA君の英語の標準化得点は2である。したがって，返ってきたテストの点は数学の方が英語よりも高いが，標準化得点から考えると，A君は数学よりも英語の方が得意だと考えられる。

　平均0・標準偏差1の正規分布を特に**標準正規分布**と呼ぶ。標準化得点は標

➡10　左右対称の分布では歪度は0になるが，歪度が0でも左右対称の分布ではないこともある（小野寺・菱村，2005）。

準正規分布上の点であるが，多くの場合，0付近の小さな数字になり，使いにくい。そこで，平均50・標準偏差10の正規分布上の点への換算もしばしば行われ，換算された値は**偏差値**と呼ばれる。また，知能検査では得点を平均100・標準偏差15（もしくは16）の正規分布上の点へ換算することが多い（一般的に *IQ* といわれているものの多くがこの偏差値で，正確には偏差 *IQ* と呼ぶ）。偏差値や *IQ* の計算式は以下の通りである。先の例でいえば，A君の数学の偏差値は43.3，英語の偏差値は70.0となる。

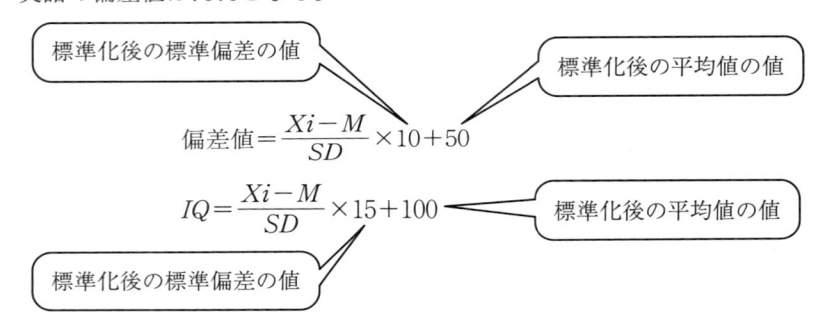

$$偏差値 = \frac{Xi - M}{SD} \times 10 + 50$$

$$IQ = \frac{Xi - M}{SD} \times 15 + 100$$

（標準化後の標準偏差の値）（標準化後の平均値の値）

4　中心極限定理と標準誤差

4-1　中心極限定理

　全国の高校生から無作為に10人を取り出して身長を測ってみると，10人分の身長の（標本）データが得られる。そして，その10人の身長の平均値を求めることができる（標本平均）。別の10人を取り出して身長を測れば，その10人分の身長のデータが得られ，平均値を求めることができる。最初の10人の平均値と次の10人の平均値は若干異なるだろう。このように母集団から次々に小さなグループ（標本）を取り出し，そのグループの測定値の平均値を次々に求めていく。すると各グループの測定値（標本）の平均値（標本平均）はそれぞれ異なっているものの，これらの標本平均は正規分布に従うことが知られている。この性質は**中心極限定理**と呼ばれる[11]。

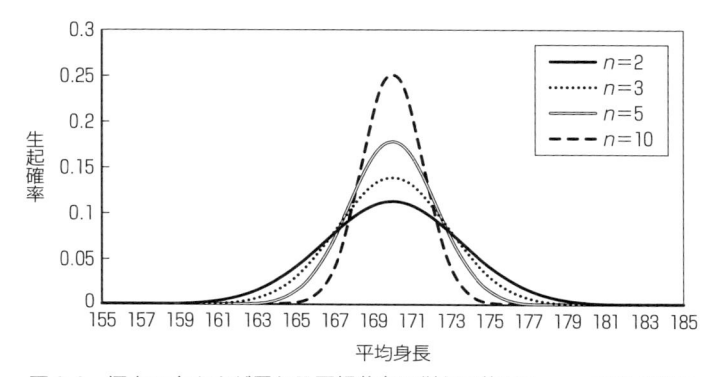

図2-6　標本の大きさが異なる正規分布に従う平均170 cm，分散が25の
　　　　平均身長の分布

4-2　中心極限定理と不偏平均

　母集団から無作為に取り出された小さなグループの測定値（標本）の平均値
（標本平均）は，中心極限定理により正規分布に従う。したがって，標本平均
は異なる多くの標本の平均値を要素とする母集団から取り出されたと考えるこ
とができる。この時，正規分布する母集団の平均値（不偏平均）は標本平均と
一致する。

　平均 μ，分散 σ^2 の母集団（この母集団は正規分布に従っていなくとも良い）か
ら取り出したデータ数 n の標本の平均値は平均 μ，分散は標本の大きさ（n）
によって決まり，σ^2/n の正規分布に従う（中心極限定理）。標本の大きさが大
きいほど，この分散は小さくなり，標本平均が母平均と一致している度合いが
大きいと見なせる（図2-6）。

　先ほどの高校生10人の平均身長が170 cm，（標本）分散が25の場合，次々に
10人のグループを取り出した場合の各グループの平均身長のデータは，平均
170 cm，分散2.5（標準偏差1.58 cm）の正規分布に従う。つまり，この後，
次々に10人のグループを取り出しても，各グループの平均身長は約 7 割が
170 cm±1.58 cm に収まるといえる。

➡11　母集団の分布が正規分布でなくても，そこから取り出された標本の平均値は，標
　　　本のデータ数がある程度（およそ10以上）大きければ，正規分布に近似する。

　また，$n=1$の時には，標本平均（標本数が1なので平均とはいえないが）の分散は母集団の分散と一致する。標本数（n）が大きくなるほど，尖った形の正規分布になる。

4-3　標準偏差と標準誤差

　標本ごとの標本平均のばらつきを表す標準偏差を特に**標準誤差**（standard error：SE）と呼ぶ。論文等を読むとデータの平均値を示したグラフで，共に標準偏差が示されている場合（図2-7左）と標準誤差が示されている場合（図2-7右）がある。そもそも標準偏差から標準誤差は計算できるし，その逆も可能なので，どちらでも構わないともいえる。[12]

　標準偏差と標準誤差のいずれを用いるべきかについては，そのデータを示す目的による。データの分布（散らばり）を示したい，もしくは，グループAのデータとグループBのデータを比べたい（それぞれのグループのデータの中心がどのあたりでどのような分布をしているのかを比較したい）場合には標準偏差を示す。

　一方，データは母集団から取り出された標本であり，知りたいのは標本の平均や分散（標準偏差）ではなく，母集団の平均（母平均）を推定したい，もしくは，グループAの母集団のデータとグループBの母集団のデータを比べたいといった時に示すのは，母平均（母集団の平均値の推定値）である（ただし，標本平均と母平均〈の推定値〉は一致する）。示されているのが（標本平均ではなく）母平均の推定値の場合には，ともに示される散布度は母平均の推定値の散らばりであろう。そして，それは不偏平均の標準偏差である標準誤差である。

　心理学において実験や調査を行う場合の多くは，得られたデータ（標本）について知りたいのではなく，母集団について知るために一部を標本として取り出している。また，ある群と別の群（の平均値）を比較するといったことがよくあるが，その場合，調査対象の群間の違いだけを知りたいわけではなく，そ

→12　標準誤差は標準偏差よりも小さくなるという理由で，標本データの散らばりを小さく見せるために標準誤差を用いたグラフを載せている場合があるが，そうした使用は適切とはいえない。

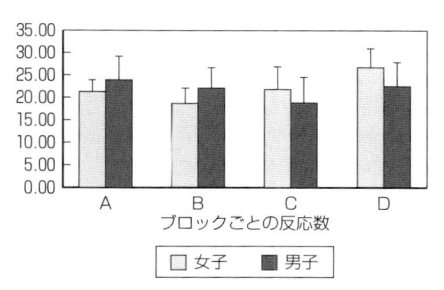 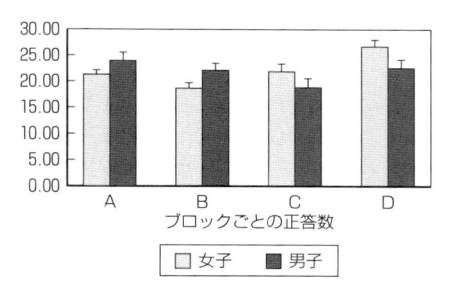

図2-7　散布度が標準偏差の場合のグラフ例（左）と散布度が標準誤差の場合のグラフ例
（右）

れぞれの群が所属する母集団の間に違いがあるかを知りたいのである。そうし
た場合には，標準誤差を示すほうが良いだろう。一方，得られたデータ（標
本）が適切なものであるかを判断するには標準偏差の方が分かりやすい。例え
ば，標準偏差が大きすぎる場合には，測定のミスで外れ値が含まれている可能
性もある。また，異なる群の（平均値の）比較を行う場合には，両群の分散
（標準偏差）が同程度であることが前提とされていることが多い。その場合に
も標準偏差の方が確認しやすい。

> ❖考えてみよう
> 　あるテストをA組，B組，C組に行った。その結果，A組の平均は65点で標準
> 偏差は13点だった。B組の平均は59点で標準偏差は22点だった。C組の平均は92
> 点で標準偏差は19点だった。A組，B組，C組の平均と標準偏差からいえること
> は何だろうか。また，その際に注意しなければならないことは何か，考えてみよ
> う。

 もっと深く，広く学びたい人への文献紹介

稲葉　由之（2012）．プレステップ統計学Ⅰ：記述統計学　弘文堂
　　☞記述統計だけに絞った統計学の教科書は少ない中で，本書は記述統計につ
　　　いて必要な事項が網羅されている。だからといって内容が難しいわけでは
　　　ない。平均や分散について，具体的なデータからの計算手順が示されてい
　　　るので，実際に手を動かして計算してみることをおすすめする。
ハフ，D.（著）高木　秀玄（訳）（1968）．統計でウソをつく法──数式を使わな

い統計学入門——　講談社（Huff, D.（1954）. *How to Lie with Statistics*. W. W. Norton & Company）

☞本書は自然科学や科学技術関連の新書であるブルーバックスシリーズの中の一冊である。本書の内容はデータの散らばりや分布に限るものではないが，（記述）統計の誤用や誤解を避けるためにぜひ読んでいただきたい。とはいえ，原著および日本語訳の出版年が古いにもかかわらず増刷が続けられていることから，半世紀以上にわたって，統計の誤用や誤解が改善していないことを意味しているのかもしれない。

引用文献

稲葉 由之（2012）．プレステップ統計学Ⅰ：記述統計学　弘文堂

小野寺 孝義・菱村 豊（2005）．文系学生のための新統計学　ナカニシヤ出版

鈴木 公啓（2021）．やさしく学べる心理統計法入門　ナカニシヤ出版

第 3 章　統計的推定

> 　心理学においてデータを収集する場合，興味があるのは，実際にデータを収集した標本集団ではなく，その母集団である日本人全体や人間全体の特徴や法則であるのが普通である。しかし，母集団全体のデータを測定したわけではないので，母集団の正確な姿は分からない。そのため，標本データから母集団の特徴（母数）を推定（推測）するのが推測統計学である。推測統計学では，実際に得たデータから母数（母集団の分布を示す平均や分散など）を推定するのだが，その際，これら推定量を確率によって表現する。本章では，具体的な推定方法として点推定と区間推定を理解する。
> 　また，心理学の学術論文の多くでは，データに基づいて仮説を検証し結論を導く手法として，統計的仮説検定を用いている。本章の後半では，統計的仮説検定に関連する用語，検定の手順・考え方を紹介する。

1　点推定と区間推定

1-1　点推定

日本中の小学 6 年生の中から，無作為に 8 人を取り出して，算数のテストを受けてもらい，その平均点（標本平均）を求めたものが表 3-1 である。

表 3-1　あるテストの得点（点）

名前	A	B	C	D	E	F	G	H	平均点	標準偏差
得点	59	64	71	73	75	79	85	94	75	10.45

　表 3-1 のデータでは，平均点75点は A ～ H の 8 人から成る標本集団の平均値であるとともに，母集団である日本中の小学 6 年生全員の平均得点（母平均）の推定値と見なすことができる。標本平均（M）を母平均（μ）の推定値とするように，ある統計値を未知の統計量の推定値とすることを**点推定**と呼ぶ。

1-2　区間推定

　母数を 1 つの数値，すなわち，ある 1 点として推定するのではなく，一定の範囲として推定する方法は**区間推定**と呼ばれる。区間推定でも標本から得られた値から母平均などの母数を推定する。ただし，点推定が，いわば決め打ちで，母数をたった 1 つの数値として推定するのに対して，区間推定は母数のおおよその範囲を見積もる。区間推定では，例えば，平均値（母平均）が95％の確率で入っている範囲を66.1～83.9点といったように幅で推定する。

信頼区間

　表 3-1 のデータの場合，区間推定では，日本中の小学 6 年生全員の平均得点の推定値（母平均）を「95％信頼区間は『66.1以上83.9以下』」というふうに示す。この「66.1以上83.9以下」という範囲のことを**信頼区間**（confidence interval：CI）と呼ぶ。表 3-1 のデータから推定される「95％信頼区間は『66.1以上83.9以下』」というのは，「日本中の 6 年生（母集団）から 8 人ずつ（標本）を取り出して平均点（標本平均）を求めるという作業を100回やった時，そのうちの95回は平均値が『66.1以上83.9以下』に含まれる」ということである。つまり，日本中の 6 年生（母集団）のはっきりとした平均点（母平均）は分からないが，ほぼ「66.1～83.9点」の範囲内にあると考えることができる。

　なお，95％信頼区間以外に「99％信頼区間」や「90％信頼区間」といった区間を求めることもある。この95％や99％，90％のような，ある区間に母数が含まれる確率のことを信頼係数とか信頼度と呼ぶ。

母平均の区間推定

　表 3-1 は，日本中の小学 6 年生の中から 8 人を無作為に取り出した算数のテストの得点であった。この時，日本中の小学 6 年生全員の平均得点（母平均：μ）の95％信頼区間は次の式で求められる。

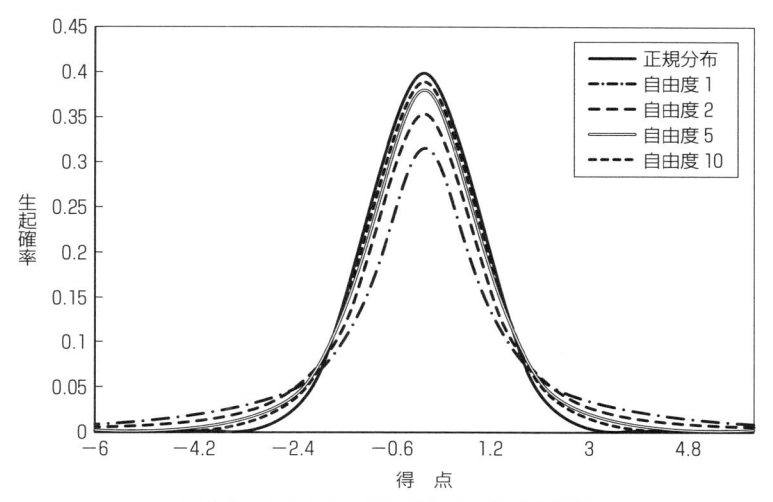

図 3-1　さまざまな自由度の t 分布のグラフ

$$M - 2.262 \times \sqrt{\frac{s^2}{n}} \leq \mu \leq M + 2.262 \times \sqrt{\frac{s^2}{n}}$$

M：標本平均　　s^2：不偏分散　　n：標本数

　不偏分散は標本のデータから求めることができる（本章第2節第3項を参照）。表3-1のデータの場合，124.86なので，次のようになる。

$$75 - 2.262 \times \sqrt{\frac{124.86}{8}} \leq \mu \leq 75 + 2.262 \times \sqrt{\frac{124.86}{8}} \quad \rightarrow \quad 66.1 \leq \mu \leq 83.9$$

　式の中に出てくる2.262という値は，自由度7の t 分布の上側2.5%点となる値である[1]。上側2.5%点とは，t 分布において，ある値より大きな値をとる確率が2.5%となる値である。この時，ある値より大きくなる確率のことを上側確率，小さくなる確率のことを下側確率と呼ぶ。t 分布は標準正規分布とよく似た形の分布で，自由度によって分布の形が変わる。図3-1は平均0（標準偏差1）で自由度を1，2，5，10と変化させた時の t 分布と標準正規分布であ

➡1　自由度は「自由に決めることができる値の数」と説明されたりするが，分かりにくい概念である。とりあえず，「観察値（データ）の数から推定値（平均値等）を除いた数」と考えておけばよい。

る。なお，t 分布の自由度は標本数 -1 で求められる。

　t 分布は自由度が大きくなるにつれて，標準正規分布に近づく。標本のデータ数がおおよそ30より多い（つまり自由度が約30以上）のであれば，t 分布と正規分布はほぼ一致する。そのため，データ数がある程度（30）以上あれば，信頼区間を求めるのに，t 分布の代わりに正規分布を適用した次の式を使っても良い。なお，式中の1.96という値は，標準正規分布の上側2.5％点となる値である。

$$M-1.96\times\sqrt{\frac{\sigma^2}{n}}\leq\mu\leq M+1.96\times\sqrt{\frac{\sigma^2}{n}}$$

M：標本平均　　　σ^2：母分散（不偏分散で代用）　　　n：標本数

1-3　信頼区間の利用

　最もよく使われる知能検査として，ウェクスラー式の知能検査がある（例えば，WISC-IV）。WISC-IV では知能の様々な側面に対して IQ[2]や指数が示されるとともに，それらの90％信頼区間と95％信頼区間を求めることができる。測定値は検査を繰り返すと誤差が生じるため，少しずつ異なる数値になることが想定される。ただし，WISC-IV において全検査 IQ（$FSIQ$）が90％信頼区間79-94である場合，100回検査を繰り返してもそのうち90回は測定値（検査結果）が信頼区間79-94の範囲内にあることを意味する。

　臨床の現場では，全検査 IQ が86で90％信頼区間79-94の場合，「全検査 IQ は86だが，90％の確率で79〜94の間に位置すると推定されます」といった説明がされることが多い。しかし，全検査 IQ86は点推定によるもの，90％信頼区間79-94は区間推定によるもので，異なる推定方法である。したがって，全検査 IQ86が90％の確率で79〜94の間に含まれるという意味ではない。点推定という観点からは，全検査 IQ86という数値は「全般的な知能偏差値が86であると推定する」ことを意味する。つまり，（点推定の観点からは）全検査 IQ は86

➡ **2**　正確には知能偏差値。すなわち，特定の年齢集団（正規分布する母集団）の中での被検者の位置を示す。

であるか，ないかのいずれでしかない。

　一方で，全検査 *IQ* が90％信頼区間79-94というのは，「全般的な知能偏差値は90％の確率で79〜94の間であると推測される（はっきりした点としてはわからない）」を意味する。点推定による全検査 *IQ*86という示し方はクライアントを含めた一般の人々に分かりやすい反面，どの程度誤差を含んでいるか分からない。他方，区間推定による90％信頼区間79-94という示し方は直感的には分かりにくい反面，測定において生じる誤差を含んでいる点で情報量が多い。

　WISC-IV のマニュアルでは，「一度の検査から得られた得点は，さまざまな要因による誤差を含んでいる可能性」があることから信頼区間を報告することが述べられている（ウェクスラー，2010）。なお，WISC-IV では知能の様々な側面に対して90％信頼区間と95％信頼区間が示されるが，95％信頼区間では推定区間の幅が広く，解釈が困難になることが多いことから，90％信頼区間を用いることが推奨されている（ウェクスラー，2010）。少なくとも，分かりにくいからといった理由で無視することなく，信頼区間を考慮した解釈や判断が行われることが望まれる。

2　心理学の科学性

　心理学は科学の一分野であり，科学的であることを目指している。心理学の研究の多くで，測定や調査の結果を数値化し，統計的な分析を行うのは，科学（的）であるための条件である反証可能性と実証性を満たすためである。

2-1　反証可能性

　ある主張（仮説）を否定する可能性が保証されていることを**反証可能性**と呼ぶ。なお，反証可能性がないのに科学的であると主張するのは，疑似科学である。ただし，学問は科学よりも広義なので，科学（的）ではない学問はありうる。

　反証可能性について次の事例を考えてみよう。

　昔，朝日新聞で作家の中島らもが「明るい悩み相談室」というコーナーを担

当していた。そのコーナーに届いた読者からの「祖母から『じゃがいもを焼いて味噌をつけて食べると死ぬ』と聞いたが，本当か？」という問いに，中島らもは「本当です。焼きじゃがいもに味噌をつけて食べると人は確実に死にます。……僕の友人の医者の話でも，やはりその実例を見たそうです。その患者さんは今年98歳になるおじいさんですが，12の時に焼きじゃがいもに味噌をつけて食べたのを悔やんで亡くなったそうです」と答えた（中島，2002）。もちろん，中島らものジョークである。しかし，「私は死ぬのか！」「科学的におかしい！」「味噌に対する侮辱だ（味噌会社から）」等々の騒ぎが起こり，現代でいうところの炎上となった。

　この話の何が問題なのだろうか？　「ジャガイモを焼いて味噌をつけて食べると死ぬ」という主張を科学的に否定するためには，反証として「ジャガイモを焼いて味噌をつけて食べたのに死なない人」を示さなければならない（少なくとも，その可能性があることが必要）。しかし，人は皆いずれ死ぬ存在なので，主張に対する反証を示すことはできない（味噌つき焼きジャガイモを食べても，食べなくても，人はいずれ死ぬ）。つまり，「ジャガイモを焼いて味噌をつけて食べると死ぬ」という主張は反証可能性を満たさないことから科学的ではない。一方で，「ジャガイモを焼いて味噌をつけて食べると『1週間以内に』死ぬ」という主張は，反証可能性（味噌つき焼きジャガイモを食べて1週間後も生きている人を見つければいい）を満たしているので，科学的な主張である。科学はある主張に対する反証を示すことで，その主張を否定するという営みを繰り返すことで成り立っている（本章第3節参照）。

　ちなみに，この騒ぎに対して朝日新聞は謝罪記事を載せ，中島らもも反省（？）して，「100年後かもしれないけど，死ぬのは確実！」という文章を載せた。再度，炎上したそうである。

2-2　実証性と再現性

　科学的であるためのもう一つの条件は**実証性**である。実証とは，事実を明らかにすることである。観察結果が事実であることを示す方法として，再現性がある。**再現性**とは，誰が見て（やって）も同じであることである。心理学にお

いては，全く同じ方法・状況で，ある刺激（環境）に対する反応（行動）を観察すれば，同じ観察結果が得られることを想定している。

2-3　操作的定義

実証性の要件である再現性を確保するためには，観測方法を詳細に示す必要がある。

心は観察可能な物理的存在ではないため，心理学が対象とする現象の多くは構成概念とならざるをえない。**構成概念**とは物理的に存在しない対象を説明するために頭の中で考えた抽象的な概念である。例えば，性格や学力などは構成概念である。性格や学力（といった構成概念）を用いることによって，何らかの現象を都合良く説明することができる。一方で，構成概念はその概念を考えた人によって内容が異なる可能性があり，一義的な定義が難しい。人によって構成概念（の内容）が食い違うことを避けるため，心理学においては多くの概念が操作的に定義される（操作的定義と呼ばれる）。**操作的定義**とは，ある概念を示す行動や反応の測り方によって，その概念を定義する方法である。観測方法の詳細な明示が再現性を確保するとともに，操作的定義を成立させ，研究者間の定義の食い違いを避けることを可能にする。

反証可能性と実証性を保証するためには，他の人が完全に同じ研究（データの収集方法）を再現できることが必要となる。もし，全く同じ方法で研究を行ったにもかかわらず，同じデータが得られなければ，反証が成立したことになり，その研究の主張（仮説）は否定される。

3　検定の考え方

心理学の研究においては，先に述べた通り，科学的であるための基準を満たす必要がある。そこで，仮説を立て，その仮説が正しいことを示すためのデータを集め，そのデータから仮説が正しいこと（厳密には「誤りではない」こと）を証明する，という手順を踏むことが多い。科学性の基準である実証性と反証可能性のうち，データの収集が実証性に，仮説が「誤りでない」ことを確かめ

る手順が反証可能性に関わっている。仮説が「誤りでない」ことを確かめる手順は，通常，検定（正確には，**統計的仮説検定**）と呼ばれる，得られたデータに対する統計学的な確認を通して行われる。

3-1　検　定

　検定（統計的仮説検定）は自らの主張が科学的に正しいことを説明する方法である。検定では，まず，（自分の）主張を支持するような結果の予想を行う。この予想を**仮説**と呼ぶ。そして，実際に得られたデータがその仮説に沿ったものかどうかを検証することで結論を導く。

　反証可能性から考えると，「自分の主張は正しい」ことを証明するためには，自分の主張から立てられる仮説（「**対立仮説**」と呼ばれる）に合うデータを示しても科学的な主張とはいえない。そこで，「自分の仮説は正しくない」という主張から予想される仮説（「**帰無仮説**」と呼ばれる）を考えてみる。得られたデータが帰無仮説にそぐわないもの，すなわち，反証となっていれば，帰無仮説（「自分の仮説は正しくない」という主張）は間違っている。ということは，反対に「自分の主張は正しい」という対立仮説が正しい。

　得られたデータが「仮説を支持するものかを検証」するために，次のような手順で検定を行う（**背理法**）。
　①「自分の仮説は正しい」ということを証明するために，もし自分の仮説（対立仮説）が正しくなければどのようなことが生じるかといった仮説（帰無仮説）を立てる。
　②（自分の仮説は正しくない，という）仮定のもとでデータを見た時に矛盾が生じるか，つまり「自分の仮説は正しくない」という前提と得られたデータが矛盾するかを確認する。
　③矛盾が生じた場合，（自分の仮説は正しくない，という）仮定は間違っている，すなわち，元々の「自分の仮説（対立仮説）が正しい」と考えることができる。

　ただし，「自分の主張は正しい」と考えられる場合も，正確には，現時点で自分の主張である対立仮説は「間違っているといえない」だけで，「正しい」

と言い切ることはできない。将来，対立仮説に反するデータ（反証）が示されるかもしれないからである。

3-2　対立仮説と帰無仮説

対立仮説と帰無仮説の関係について見ておこう。採択したい（支持されてほしい）仮説が対立仮説，否定したい（支持されてほしくない）仮説が帰無仮説である。

例えば，製薬会社がそれまで治療法のなかった病気に対する特効薬を開発したとする。この薬が本当に効果があるのかを確認したい。その場合，採択したい対立仮説として「H_1：この薬には効果がある（症状が改善する）」を立てる。対立仮説が正しいことは背理法によって示すことになる。背理法による手順では，対立仮説が誤っていると仮定する。そのように仮定した場合，「H_0：この薬には効果がない（症状は改善しない）」という結果が得られるはずである。もちろん，仮説 H_0 は否定されてほしい。この否定したい仮説 H_0 が帰無仮説である。

そこで，製薬会社は，特効薬を投与した患者のグループと偽薬（見た目は特効薬そっくりだが，有効成分が入っていない比較のためのもの）を投与した患者のグループを比較することにした。もし，帰無仮説「H_0：この薬には効果がない（症状は改善しない）」が正しいならば，特効薬を投与した患者と偽薬を投与した患者の間に症状の（改善の程度に）違いは見られないはずである。反対に，症状に差が見られれば（特効薬を投与した患者の症状の方が改善していれば），帰無仮説に対する反証となり，帰無仮説は誤りであるといえる。そして，背理法の手順で，帰無仮説「H_0：この薬には効果がない」が否定されることで，対立仮説「H_1：この薬には効果がある」は誤りではないと見なされる。

つまり，帰無仮説は誤りであることがはっきりすると，捨てられる（「棄却する」と表現される）。帰無仮説が誤りということは，対立仮説が正しいと考えることができる。そこで初めて，研究者は（対立仮説のような）主張ができるわけで，この意味で帰無仮説（無に帰される仮説）と呼ばれる。

なお，厳密には，帰無仮説が棄却された場合も，対立仮説は「正しい」とい

えるわけではなく，「対立仮説が『誤り』であると考えることは，誤り」といえるだけである。

　一方，帰無仮説が支持された（つまり，帰無仮説に対する反証が示されなかった）場合，対立仮説が正しい（厳密には「誤りでない」）ことが証明できなかっただけで，帰無仮説が正しいわけではない。帰無仮説が正しいと示すためには，先の例の場合，帰無仮説であった「この薬には効果がない（症状は改善しない）」を新たに対立仮説として，背理法による証明を行わなければならない。しかし，「この薬には効果がない（症状は改善しない）」に対する帰無仮説は「この薬には効果がある（症状が改善する）」となる。「ない」ことを反証として示すことはできないので，この証明は（科学的に）不可能である。

　そのため，帰無仮説が棄却されない場合，帰無仮説（H_0）は間違いとはいえないが，正しいともいえない。そして，対立仮説（H_1）も正しいといえないという状況になる。その場合，はっきりした主張ができない……ということになってしまう。以上のことから，統計的仮説検定を用いた主張においては，ほとんどの場合，帰無仮説が棄却されて対立仮説が採択されるという形で示される[3]。

3-3　主張と仮説

　次のような例を考えてみよう[4]。多くの大学では新入生に対して，大学での学び方を身につけるための初年次教育が行われるようになってきている。ある大学の初年次教育のクラスの一つで，試験的に時間管理能力を向上させるためのプログラムを実施した。このプログラムが時間管理能力の向上に有効ならば，大学全体で導入することも検討している。

　ここで主張したいことは，「時間管理能力向上プログラムは有効」ということである。では，時間管理能力向上プログラムの有効性について，どのように調べれば良いだろうか。そもそも，「時間管理能力向上プログラムが有効」であることを示すためにどのような根拠を示せば良いのかを考えてみよう。まず，

➡ 3　そのため，帰無仮説が棄却されなかった研究は公表されにくいというバイアス（出版バイアス〈publication bias〉）が問題となっている。

➡ 4　本例は武田ほか（2019）を参考に構成したものである。

時間管理能力が適切に測定できなければならないが，ここではその問題は時間管理能力測定尺度（仮想の尺度）によってクリアされているものとしよう。

　時間管理能力向上プログラムが有効であることを示すための方法として，1年次の夏休み前にプログラムを実施したクラスと実施しなかったクラスに時間管理能力測定尺度を用いた調査を実施し，その得点を比較する，ということが考えられる。プログラムが有効であるならば，プログラムを実施したクラスの方が実施しなかったクラスよりも時間管理能力測定尺度の得点が高い，すなわち，時間管理能力が高い，という結果が得られるだろう。したがって「プログラムを実施したクラスの方が実施しなかったクラスよりも得点が高い」というのが仮説である。

　今，知りたいのは「時間管理能力向上プログラムを実施したクラスの方が，実施しなかったクラスよりも時間管理能力測定尺度の得点が高い」という仮説が正しいかどうか，である。加えて，主張したいことは，「ある特定のクラス」にこの時間管理能力向上プログラムの効果があることではなく，「すべての新入生」に対してプログラムの効果がある，ということである。

　そこで，もう少し厳密に考えると，この仮説は次のことを意味している。日本中の大学で，ものすごくたくさんの新入生が時間管理能力向上プログラムを受けたとする。これが実施群の母集団である。一方，プログラムを受けなかった新入生も日本中の大学にたくさんいる。これが未実施群の母集団である。時間管理能力向上プログラムを実施したあるクラスは，実施群母集団から取り出された標本である。一方，未実施群母集団からも標本としてプログラムを実施しなかったクラスを1つ適当に取り出す。母集団から意図をもたず標本を取り出すことを**無作為抽出**と呼ぶ。

　実施群母集団の時間管理能力測定尺度の得点の（母）平均を $\mu1$，未実施群の得点の（母）平均を $\mu2$ とすると，知りたいのは $\mu1>\mu2$ かどうかである。すなわち，検証したいのは「H_1：実施群の母平均得点が未実施群の母平均得点よりも高い（$\mu1>\mu2$）」という（対立）仮説である（この仮説を H_1 とする）。しかし，どのくらい $\mu1$ が $\mu2$ より大きければ，仮説 H_1 が正しいといえるのだろうか。そこで，考え方を変えて「実施群の母平均得点と未実施群の母平均得

点は等しい（$\mu1＝\mu2$）」という仮説を考えてみる（この仮説を H_0 とする）。仮説 H_0 は対立仮説（H_1）を採択するために否定される前提で立てられた仮説なので，帰無仮説である。もし，この帰無仮説が否定されるならば，逆に対立仮説「H_1：実施群の母平均得点が未実施群の母平均得点よりも高い（$\mu1＞\mu2$）[5]」が正しいといえる。

帰無仮説（H_0：$\mu1＝\mu2$）が棄却されるかを確かめる方法が統計的仮説検定である。今回のケースでは，t 検定か分散分析といった手法が用いられることが多いだろう（第5章参照）。

統計的仮説検定では一般的に，帰無仮説が正しい（今回のケースだと H_0：$\mu1＝\mu2$）という前提のもとで，標本データ（時間管理能力向上プログラムの実施クラスと未実施クラスの平均得点の差）が得られる可能性（確率）を考える。実際にはそうした可能性の確率を計算するのが統計的仮説検定の手法である。帰無仮説が正しいという前提のもとで，標本のようなデータ（数値）が得られる可能性（確率）が5％未満であった場合，帰無仮説を含む特定の統計モデルと[6]得られたデータの矛盾が大きいことを示している。したがって，統計的な分析に必要な前提（無作為抽出など）が満たされていれば，H_0：$\mu1＝\mu2$ という帰無仮説を棄却し，H_1：$\mu1＞\mu2$ という対立仮説を採用することとする。これが統計的仮説検定の手順である。

なお，帰無仮説を棄却する確率を**危険率**とか**有意水準**と呼ぶ。心理学においては，有意水準は5％に設定されることが多いが，対象となる現象によっては1％に設定されることもある。

3-4　第一種の過誤と第二種の過誤

統計的仮説検定の考え方において，帰無仮説が正しいという前提のもとでは，

➡ 5　厳密には，帰無仮説 H_0 に対する対立仮説は「H_1：実施群の母平均得点が未実施群の母平均得点は等しくない（$\mu1≠\mu2$）」である。しかし，$\mu1≠\mu2$ の場合，$\mu1＞\mu2$ か $\mu1＜\mu2$ のいずれかであり，この場合，効果の有無を問題にしているために，「逆効果」は想定していないので，$\mu1≠\mu2$ であれば $\mu1＞\mu2$ と考える。

➡ 6　例えば，比較する2つの母集団が双方正規分布に従っており，（母）分散は同じだが，平均（値）だけが異なる，といった想定は（統計）モデルである。

現在手元にあるデータ（標本）は5％未満しか起こりえないようなめずらしい現象である。統計的な分析に必要な前提が満たされているならば，そんなめずらしいことが，偶然今回起こったとは思えないので，帰無仮説が誤りで，対立仮説が正しいと考える。しかし，もしかしたら，今回たまたま5％未満しか起こりえないようなめずらしいことが起こったのかもしれない。帰無仮説が正しいのに，（帰無仮説を誤っていると考えて）対立仮説を正しいとしてしまう「誤り」を**第一種の過誤**（タイプⅠエラー）と呼ぶ。その可能性は**危険率**（**有意水準**）と呼ばれ，通常 α で表す。

　一方，帰無仮説が誤っている（つまり対立仮説が正しい）のに，帰無仮説が正しいと考えて対立仮説を棄却してしまうような誤りを**第二種の過誤**（タイプⅡエラー）と呼ぶ（第二種の過誤を犯す確率は β で表す）。なお，$1-\beta$ を検出力と呼ぶことがある。

　第一種の過誤を犯す可能性を小さくしようとするならば，有意水準を小さくすれば良い。しかし，その場合，第二種の過誤を犯す可能性が大きくなる。仮説検定は常に第一種の過誤と第二種の過誤のバランスのうえに成り立っている。つまり，帰無仮説を含む特定の統計モデルのもとでは確率が3％（5％未満）の「滅多に生じないデータ」であったとしても，そのようなデータがたまたま得られた可能性は否定できないため，結論が絶対に正しいと考えることはできない。

3-5　危険率（有意水準）

　危険率は，心理学では「有意水準」と呼ばれることも多く，一般的に5％で設定される。「一般的に」ということは5％でなくてもいいのか，と疑問をもたれる方もいるだろう。結論からいうと，5％でなくてもいい。有意水準を何％にするかは研究者が決めることができる。もちろん勝手に決めることができるわけではなく，理論的背景や現象によって，どの程度の有意水準が妥当かを考えなければならない。心理学において有意水準を5％と設定していることが多いのは，経験則によるものにすぎない。しかし，心理学の対象は人間であるために個体差が大きく，実験室実験では特に，それほど大きな標本を得ること

ができないので，1％では厳しすぎる。一方，10％だと第一種の過誤を犯してしまう可能性が大きすぎる。

　繰り返しになるが，有意水準は研究者が決めることができる。ただし，その決定は先に，つまり，検定を行う前にしなければならない。例えば，検定を行って，標本によるデータの生じる確率が5.5％であることが分かった後で，有意水準を7％に設定するといったことが許されると，研究者の都合で恣意的に帰無仮説を棄却したり，採択したりできてしまう。これではデータを集めて，実証的な研究や主張をする意味がなくなってしまう。

　心理学で有意水準が一般的に5％で設定されるのは，有意水準の恣意的な変更を許さないためでもある。論文等で有意水準を5％にしていない場合（多くは10％に緩めてある），その理由（5％の有意水準では有意にならなかったので，著者が勝手に10％に変えた可能性）について考えながら読むべきだろう。

3-6　効果量

　ある心理プログラムを実施した後に，実施前と比べると数値が上昇していたとする。つまり，「プログラム実施前と実施後で数値は変わらない」という帰無仮説が有意水準5％で棄却された。その場合，この心理プログラムは効果があると解釈されていることが多い。しかし，そもそも，帰無仮説のもとで手元にあるようなデータが生じる確率である p 値は効果の大きさを表す量ではない。あくまで，効果がない（帰無仮説）とはいえないので，効果がある（と考えざるをえない）というだけである。もしかしたら効果はないわけではないが，微々たるもので，実用上は無意味な程度かもしれない。

　また，標本（数）が大きいと，ほんの少しの数値の違いで有意になってしまう（有意水準5％で「差がない」という帰無仮説が棄却されてしまう）。ビッグデータのような万単位のデータの場合，普通の人には感知できない違いですら，帰無仮説は棄却されてしまうだろう。

　そのため，「この心理プログラムを使うと，状態が偏差値にして平均4ポイント改善した。95％信頼区間は[2，6]だった」（[2，6]は2～6の範囲の偏差値の上昇という意味）といった示し方もされつつある。このように，具体的な数

値や偏差値，つまり「検出したい差の程度」や「変数間の関係の強さ」を示す**効果量**（effect size）と，その信頼区間とを報告することが推奨されるようになってきている（効果量については第13章参照）。また，危険率（有意水準）によって帰無仮説を棄却することで対立仮説を支持するという手順を伴う有意性検定を否定する主張も増えてきている（例えば，豊田〈2020〉）。

❖考えてみよう

WISC-V の全検査 *IQ* において90％信頼区間が79-94であることが何を意味するのかについて，被検者（子ども）の保護者に説明すると想定し，分かりやすい説明はどのようなものかを意識しながら考えてみよう。

もっと深く，広く学びたい人への文献紹介

高橋 信（著）トレンド・プロ（マンガ制作）井上 いろは（作画）（2004）．マンガでわかる統計学　オーム社

 ☞心理統計の中の推測統計と呼ばれる分野で用いられる検定の考え方や手順は背理法を用いたものである。背理法の考え方自体が人間の認知になじまないため，言葉で説明されてもなかなか腑に落ちない。そこで，とっかかりとして，マンガでわかるシリーズの1冊を紹介しておく。検定に触れているのは第7章だが，とりあえずざっくりと目を通して，雰囲気をつかんでほしい。

渡邊 洋（2016）．最速の推計統計——正規分布の徹底攻略——　コロナ社

 ☞本章の内容の前半もそうであるが，多くの心理統計の入門書で点推定や区間推定については触れられる。こうしたテーマは，測定された数値（データ）をもとに真の平均値や分散を予測する推計統計学と呼ばれる。しかし，十分に推計統計についてページを割いている入門書は少ない。もう少し推計統計学についてしっかりと理解したい読者はこの本を読んでみてほしい。

引用文献

中島 らも（2002）．中島らもの特選明るい悩み相談室　その2：ニッポンの常識篇　集英社

武田 俊信・小正 浩徳・郷式 徹（2019）．講義内での大学生へのオーガナイゼーション・スキル向上プログラムの効果研究　発達心理学研究，*30*(1)，1-10.

豊田 秀樹（2020）．瀕死の統計学を救え！——有意性検定から「仮説が正しい確率へ」——　朝倉書店

ウェクスラー，D.（著）日本版 WISC-IV 刊行委員会（訳編）(2010)．日本版 WISC-IV：実施・採点マニュアル　日本文化科学社
(Wechsler, D. (2003). *Administration and Scoring Manual for the Wechsler Intelligence Scale for Children-Fourth Edition*. NCS Pearson)

第4章 相 関

郷 式　徹

実験や調査で得られたデータが2種類ある場合，その2つのデータの関係を知りたいことがあるだろう。本章では，2つの量的変数の関係を検討する方法を学ぶ。例えば，身長と体重は両方とも量的変数（比率尺度）であり，一般的に身長が高いほど体重が重いという関係がありそうに見える。本章では，量的な2変数の関係を図に描いて可視化する方法（散布図）と2変数の関係（相関関係）を1つの統計値に集約する方法（相関係数）を中心に見ていく。

1 散布図と相関関係

1-1 散布図

実験や調査によって個人や現象に対して2つの側面について測定を行い，その2つのデータが両方とも量的変数である場合がある。そうした場合，x軸（横軸）に1つ目のデータの目盛りをとり，y軸（縦軸）に2つ目のデータの目盛りをとると，各個人を1つ目のデータと2つ目のデータの対応するところに点で示した図を描くことができる。こうした2つの量的変数（量）の関係を見るための図を**散布図**と呼ぶ。例えば，図4-1はあるクラスの各生徒の算数と国語のテストの点に関する散布図である。100点を満点とするテストの点は間隔尺度（以上）の量的データと見なせる。

図4-1を見ると算数の得点が高いほど国語の得点も高いという関係があるように見える。このように一方が変化した時に，連動してもう一方も変化すると

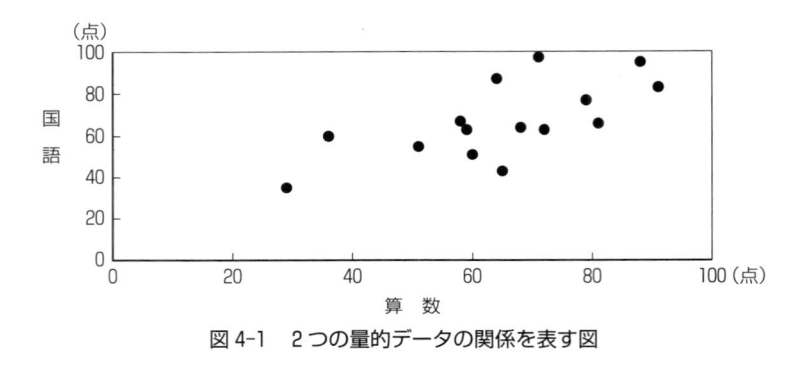

図4-1　2つの量的データの関係を表す図

いう直線的な（比例）関係を**相関関係**と呼ぶ。

1-2　相関関係

　図 4-1 のように x 軸（横軸）の得点が高いほど y 軸（縦軸）の得点が高くなるような，散布図で示すと右肩上がりのように見える関係を**正の相関**と呼ぶ（「正の相関〈関係〉がある」と表現する）。それに対し，x 軸（横軸）の得点が高いほど y 軸（縦軸）の得点が低くなるような，散布図で示すと右肩下がりのように見える相関を**負の相関**と呼ぶ。

　得られたデータを並べただけの表では，データが何を示しているかが分からないことも多い。特に量的なデータの場合には，数値の数も多いため，測定値をそのまま検討することはほぼ不可能である[1]。そのために，代表値を求めたりするが，数多くの測定値を 1 つの数値で表すことで多くの情報が失われる。その失われる情報の一つに 2 変数の関係がある。

　例えば，図 4-1 のデータの場合，国語と算数の平均値はそれぞれ67.1点（$SD=17.5$）と64.8点（$SD=16.7$）である。ここからは国語の方が算数よりも（平均）得点が高いということしか分からない。そのため，データの収集後に，得られたデータを代表値などにまとめるだけでは十分ではない。2 変数間の関係を知るためにも，散布図を描くといった視覚化は非常に重要になる。図 4-1

➡ 1　何の処理や加工も行っていない測定値をローデータ（raw data）と呼ぶ。

のように，一方の変数が変化した時にもう一方の変数が一定の割合で（比例して）変化しているように見える場合，これを**線形関係**ともいう。

　散布図で描かれるのは相関関係だけではなく，年齢と自動車事故の発生率のようなU字型の関係（若年層と高齢者では高く，その中間の年齢層では低い）や人間のライフサイクルや一部の学習の経過に当てはまるS字型の曲線（当初は増加が小さいが，途中では大きくなり，終盤ではまた小さくなる）のような関係が読み取れることもある。

1-3　順位相関

　図4-1に示したあるクラスの各生徒の算数と国語のテストの点を順位に直したものが表4-1で，表のデータは順位尺度である。

　順位尺度の場合も散布図を描くことができる（図4-2）。図4-2でもx軸（横軸）の順位が低いほどy軸（縦軸）の順位も低くなり，右肩上がりのように見えるので，算数と国語の順位の間には正の相関（関係）があると考えられる。このように，順位データ間の相関を**順位相関**と呼ぶ。量的データ間の相関は厳密には**積率相関**と呼ぶが，単に相関といった場合には積率相関を指すことが多い。

　図4-2のような2つの順位データについて，一方の変数が変化した時にもう一方の変数が一緒に増加，もしくは減少することを**単調関係**という。単調関係では2つの変数が一緒に変化するが，その変化は一定の割合とは限らない。

　図4-2で示した例では，国語の得点と算数の得点という量的変数を順位に変換したデータを用いた。通常，間隔尺度のデータを順位尺度に変換する（尺度の水準を下げる）と，情報量が減ってしまう（数値間の間隔の情報，単位が失われる）。情報量の損失を避けるためには，量的データはそのままの尺度で扱った方が良いが，単に両変数間の単調関係だけが知りたい時には，その限りでは

表4-1　各生徒の算数と国語の順位

出席番号	1	2	3	4	5	6	7	8	9	10	11	12	13	14	15
算　数	1	9	3	14	8	6	11	2	4	5	7	15	10	12	13
国　語	4	3	7	11	14	1	9	2	5	8	15	13	6	12

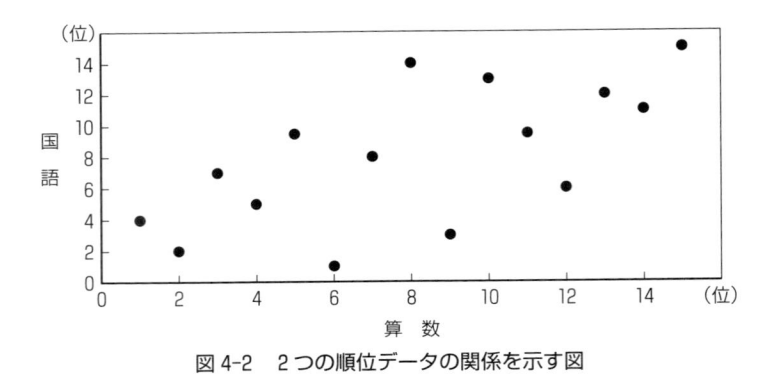

図4-2　2つの順位データの関係を示す図

ない。また，外れ値があり，量的データのままでは両変数間の相関関係が読み取りにくい場合に，順位データにすることで，単調関係については読み取ることができる。

2　相関係数

2-1　ピアソンの積率相関係数

　2つの量的データの間に直線的な関係，すなわち相関関係がある時，その関係性の強さを表す指標として**相関係数**がある。相関係数には多くの種類があるが，対象となるデータが2つとも量的変数（間隔尺度か比率尺度）の場合には，**ピアソン（Pearson）の積率相関係数**を用いる。心理学において相関係数という場合，多くはこのピアソンの積率相関係数である（本書でも以後，特に断りのない限り，「相関係数」はピアソンの積率相関係数を指す）。

　相関係数は −1〜1 の間の値をとる。2つの変数の関係は，相関係数が1に近いほど正の相関（右肩上がりの直線的なグラフになる）が強いといえる。一方，相関係数が −1 に近いほど負の相関（右肩下がりの直線的なグラフになる）が強い。0 に近いと2つの変数の間の相関関係は小さい，つまり，直線的な関係は（ほとんど）ないといえる。一般的な相関係数の値による相関の強さを表4-2に示した。[2] なお，相関係数は一般的に r の記号を用いて，$r = .28$ のように表

される（慣例として，小数点以上の0は表記を省略されることが多い）。

表4-2　相関係数と相関の強さ

相関係数 r （絶対値）	相関の強さ
0	相関はない（無相関）
$0 < r \leqq 0.2$	ほとんど相関はない
$0.2 < r \leqq 0.4$	弱い相関がある
$0.4 < r \leqq 0.7$	中程度の相関がある
$0.7 < r \leqq 1.0$	強い相関がある

2-2　無相関検定

　相関係数は相関の強さを表す（表4-2）が，「相関の強さ」はあくまで目安にすぎない。ただし，無相関でないかを確かめる，すなわち得られた相関係数が0ではないということに関する検定はあり，**無相関検定**と呼ばれる。多くの統計ソフトでは，相関係数を求めると，同時に示されることが多い。なお，無相関検定は t 値もしくは F 値という統計値を用いるが，慣例として論文中にこうした統計値を載せることは少ない[3]。したがって，相関および相関係数に関する表記は，「国語と算数の得点の間に中程度の相関が見られた（$r = .67$, $p < .05$）。」のように相関係数と無相関検定が有意であったかが示されることが多い。ここで注意が必要なのは，無相関検定の帰無仮説が「相関はない（$r = 0$）」である，ということである。そのため，無相関検定が有意であることは「相関はない（$r = 0$）」という帰無仮説を棄却できる，すなわち，$r \neq 0$ であることを示しているにすぎず，その相関が大きいことや意味があることを示しているわけではない。相関の強さは，あくまで相関係数の値の解釈に基づく。

2-3　順位相関係数

　2つの変数が共に順位（尺度）である時，2つの変数の順位の変動の関係を**順位相関**によって検討することができる。順位相関においても，ピアソンの積率相関係数と同様に相関係数を求めることができる。順位相関係数としてはス

➡2　研究分野や目的によって相関係数の評価は異なる。

➡3　無相関検定で用いる t 値の計算方法は次の通り（F 値は t 値を二乗したものと等しい）。

$$t = \frac{r\sqrt{N-2}}{\sqrt{1-r^2}}$$　　自由度は $N-2$　　$\boxed{r：相関係数　　N：全データ数}$

ピアマン（Spearman）の順位相関係数[4]とケンドール（Kendall）の順位相関係数[5]（ケンドールのτとも呼ばれる）の2つがよく知られている。

　また，名義尺度のデータに関しては，クロス表の行と列の関連の程度を示すϕ係数（2×2のクロス表が対象）やクラメール（Cramer）の連関係数（クラメールのV）（$r×c$のクロス表が対象）を用いることができる（第7章参照）。

3　相関関係の注意点

　ここまで相関関係について説明してきたが，相関関係には，解釈するうえで注意が必要な点が以下のように数多くある。

　①曲線的な関係

　相関関係は2つの変数の間の直線的な（比例）関係であることから，2つの変数の間に直線以外の曲線的な関係（U字や逆U字，S字など）があっても，相関係数自体は小さくなってしまい，相関関係はないと判断されてしまう。相関係数だけを見ていると，曲線的な関係を見逃してしまうので，必ず散布図を描いて確認する必要がある。

　②データの分布

　ピアソンの積率相関係数は，2つの変数のいずれもが正規分布であることを前提としている（稲葉，2012）。また，相関係数を用いる場合には（どの分析においても当てはまるが），十分な数の標本（データ）数が必要であり，100（組）以上の標本数があることが望ましい。

　③外れ値の影響

　ピアソンの積率相関係数は外れ値の影響を受けやすい。特に外れ値の外れている程度が大きい時と標本（データ）数が少ない時には，外れ値の影響は大きくなる。散布図ではデータのプロット（点）が描かれるが，多くの場合，それ

→ 4　スピアマンの順位相関係数は，変数の値を順位に変換した場合の順位（データ）について，ピアソンの積率相関係数を計算したものである。

→ 5　ケンドールの順位相関係数は，データのペアの順位の類似度を見る指標である。表4-1の場合，算数と国語の順位がどの程度似ているかを検討することになる。

らのプロット（点）は塊になっている。相関（係数）を算出する場合の外れ値とは，プロット（点）の塊から離れて，孤立したプロット（点）である。そのため，量的変数の相関を考える場合，散布図を描いて，相関係数に大きな影響を及ぼす外れ値が存在しないかを確認することは必須である。

④疑似相関

第3の変数の影響によって，2つの変数間の相関（係数）が見かけ上大きくなることを**疑似相関**という。例えば，マラリアの発生率と清涼飲料水の売上高に相関関係が見られるような場合である。真の原因（第3の変数）は気温の上昇であり，気温の上昇が蚊の発生を増加させ，増加した蚊がマラリアを媒介することでその発生率を上昇させる。同時に気温の上昇は清涼飲料水の売上高も押し上げる。しかし，気温の上昇を考慮しなければ，清涼飲料水を飲むとマラリアに感染しやすくなるといった誤った推測をしてしまう可能性が生じる。なお，第3の変数のことを**交絡変数**と呼ぶことがある。

また，全くの単なる偶然の場合にも相関関係は生じうる。例えば，アメリカの政治資金使用額とスポーツ新記録の出現数には相関関係があることが知られている。ただし，これは大統領選とオリンピックの年が4年ごとで同じという偶然によって生じており，政治資金使用額とスポーツ新記録の出現数という2つの現象の間に関係はない。

⑤疑似無相関

異なる集団を混同してしまったために，本当は相関があるにもかかわらず，ないように見えることがあり，**合併効果**という。例えば，図4-3のように算数と国語の得点の間に，1組では正の相関が見られるが，2組では負の相関が見られる場合，1組と2組は異質な集団であると考えられる。こうした場合に，異質な集団を合併してしまっている（1組と2組を区別できていない）と，まるで相関がないように見える。

また，ある集団の一部分だけを取り出してしまったために，相関があるのにないように見えることがあり，**切断効果**という。例えば，算数のテストの得点が35点未満の生徒に対して，追試を行った場合である。1回目のテストで成績が良かった生徒ほど追試の成績も良いように思える。しかし，実際には1回目

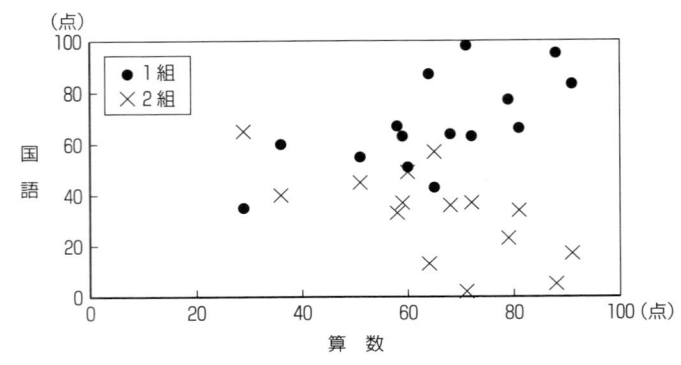

図 4-3　2つの量的データの関係（合併効果）を表す図

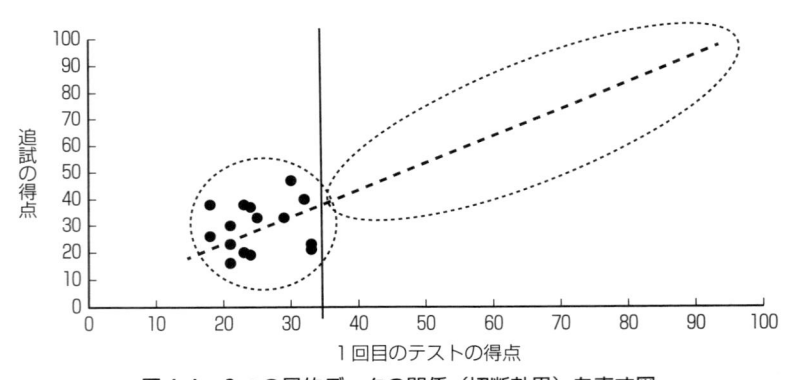

図 4-4　2つの量的データの関係（切断効果）を表す図

のテストの得点と追試の得点には相関が見られなかった（図 4-4）。もし，生徒全員に追試を行っていれば，相関があったのかもしれない。しかし，1 回目のテストで35点以上得点した生徒には追試を行わなかった。その結果，全生徒のうち，1 回目のテストの点数の低かった一部だけを対象としたために，まるで相関がないように見えることになった。

⑥相関係数の比較

　相関（係数）に関しては強さの比較しかできない。[6] 例えば，国語と算数の得

➡ 6　2 つの相関係数に違いがあるかを確かめる，すなわち，2 つの相関係数の差の検定については，森・吉田（1990）を参照。

点の相関係数が0.3で，国語と英語の相関係数が0.6だった場合，国語と英語の相関の方が国語と算数の相関よりも強いとはいえるが，２倍とはいえない。

⑦相関と因果の混同

　相関関係は２つの変数の間に関連があることを示しているが，その関係が**因果関係**であるとは限らない（本章第４節参照）。国語と算数の得点の間に相関関係がある場合，両者の間には関連はあるが，国語（力）が算数（能力）を決めているとはいえない。学会誌に載っている論文の中にも，相関関係しかない現象をあたかも因果関係があるように誤解しているものも数多くある。一度の質問紙調査によって得られたデータ間の関係はそのほとんどが相関関係であり，因果関係ではない。なお，因果関係を検討する方法として，近年，統計的因果推論という方法が発展している（例えば，パール〈2009〉，インベンス・ルービン〈2023〉など）。

4　因果関係と相関関係

　心理学では，刺激とそれに対する反応（行動）を観察することにより，「心」について推測する。ただし，そこで推測されるのは，因果関係の場合と相関関係の場合がある。因果関係とは原因と結果の関係（法則）であり，相関関係とは２つの現象（例えば，ある環境のもとで同時に生じるような２つの異なる行動）の規則的な関連（法則）である。

4-1　因果関係

　因果関係が成立していることの条件は，①２つの観察対象（例えば，刺激とそれに対する反応や行動）は共に関連して変化する，②原因が結果よりも先に生じている，③２つの観察対象間の関係を説明可能な他の可能性が存在しない，である。通常，刺激（環境）が原因であり，それに対する反応や行動が結果である。そのため，刺激（環境）と反応や行動の間に因果関係があれば，刺激（環境）を変化させると，それに伴って反応や行動は変化するはずである（因果関係の場合，反応〈行動〉を変化させても刺激〈環境〉は変わらないことに注意）。

多くの場合，心理学では刺激の操作に伴う反応（行動）の変化を観察する方法が用いられ，実験や介入と呼ばれる。なお，因果関係が分かれば，ある状況における行動の予測や問題（行動）の解決（操作）が可能となる。

4-2　相関関係

相関関係の成立条件においては，因果関係の成立条件のうち「①２つの観察対象（例えば，刺激とそれに対する反応や行動）は共に関連して変化する」のみが必須である。相関関係は２つの観察対象の間の規則的な関連を示している。したがって，２つの観察対象に因果関係がある場合には必ず何らかの関係がある。相関関係はそうした関係の一部である（他には曲線的な関係などもある）。例えば，経済力（例えば，GDP）が増すと初等・中等教育が普及するが，初等・中等教育が普及すると経済力が増すといった例のように，どちらが原因でどちらが結果であるかが不明確な相互的な因果関係の場合にも相関関係は生じる。

4-3　因果関係・相関関係と心理学

因果関係は，多くの場合，予測や問題解決により結びつきやすいことから，可能な限り因果関係の解明を目指すべきである。しかし，心，もしくは刺激に対する反応が生じる過程が直接には観察できない以上，心理学の扱う事象の多くは相関関係のような事象間の関係とならざるをえない。例えば，ある刺激を提示した際の脳活動を観測したとしても，即時に刺激（原因）→脳活動（結果）という因果関係が成立しているとはいえない。例えば，夢を見ている時には，刺激の提示がなくとも，物を見ている時と同様の脳活動が生じる場合があるからである。脳科学と聞くと非常に科学的な印象を受けるが，現状では，多くの場合，脳活動の観測に基づくデータは相関関係（を含む事象間の関係）として考えるべきである。

4-4　偏相関係数

疑似相関が疑われる場合には，第３の変数（交絡変数）の影響を除いた**偏相**

関を求めることでその可能性を検討することができる。AとBという2つの変数の間の関係が疑似相関で、Xという第3の変数の影響によって、見かけ上相関があるように見える場合、計算上Xの影響を取り除く偏相関係数を算出すると、その値は単純なAとBの2変数間の相関係数よりも低くなる。言い方を変えれば、偏相関係数は、Xの影響を除いたAとBの「真」の相関の強さを示していると言える。もちろん、AとBの2変数間の関係に、XだけでなくYという変数も影響していた場合には、Xだけの影響を排除しても、AとBの「真」の相関の強さを示すことはできず、Xに加えてYの影響も取り除く必要が出てくる。このように考えていくと、いくつ交絡変数の影響を取り除いていけば良いのかという話になるが、これは一意に決めることができず、先行研究を精査していく中で、交絡変数となりうるものを洗い出しておく必要がある。

　また、本当は2つの変数間に直線関係（相関）があるにもかかわらず、第3の変数の影響で、見かけ上相関が捉えられない場合があり、これを**疑似無相関**と呼ぶ。疑似無相関は前述した切断効果（選抜効果）や部分相関によって起こることが知られているが、これも第3の変数を測定し、その変数を統制した偏相関係数を算出すると、2つの変数間の相関を見出すことができる場合がある。

5　回帰直線と回帰係数

5-1　回帰直線

　あるクラスの生徒15人の算数と国語のテストの点について散布図（図4-1）を描き、すべてのデータの真ん中を通るような直線を引いてみる（図4-5）。このすべてのデータの真ん中を通るような直線を**回帰直線**と呼ぶ。

5-2　単回帰式

　回帰直線は $y = ax + b$ という式（**単回帰式**）で表される直線である。なお、単回帰式の x にあたる変数を**説明変数**、y にあたる変数を**目的変数**と呼ぶことがある。この式が意味するところは x（説明変数）が1（単位分）増えると y（目的変数）は a 増加するということである。直線の傾き a は**回帰係数**と呼ば

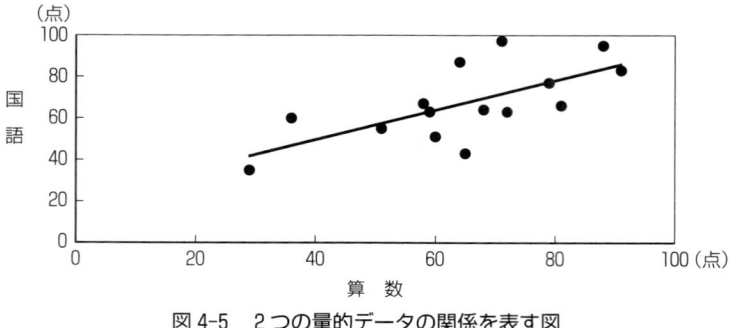

図4-5　2つの量的データの関係を表す図

れるが，説明変数の目的変数への影響を示しているといえる（b は切片と呼ばれる）。図 4-5 の場合，直線の式（単回帰式）は $y = 0.70x + 21.71$ であり，算数の点が 1 点増えると国語の点が0.70点増加することを意味している。

5-3　単回帰分析

　相関（係数）は 2 つの変数間の直線的な関係の強さを示しているが，回帰直線を描くことにより，この直線関係がより分かりやすくなる。また，直線の式を求めることにより，説明変数から目的変数を予測することが可能になる。図4-5の場合，算数のテストを受けてその得点が分かれば，国語の得点を予測することが可能になる。なお，この説明変数による目的変数の予測を**単回帰分析**と呼ぶ。また，相関（係数）の場合，「弱い相関がある」といった，かなりおおまかな解釈に頼っていたのに対し，数字による精密で（統計的に）根拠ある推論が可能になる。もちろん，疑似相関の場合などには，第 3 の変数に気づかなければ誤った結論を下してしまう点は相関と同じである。

　単回帰分析に関する統計ソフトの出力では，決定係数（R^2）が示されていることが多い。**決定係数（R^2）**は 0 から 1 の間の数値をとり，説明変数（x）が目的変数（y）をどれくらい説明できているかを示している（1 に近いほど説明できる割合が高い）。単回帰分析の場合，決定係数（R^2）は 2 変数の相関係数を二乗したものと一致する。

　決定係数（R^2）は回帰直線が散布図とどの程度一致しているかを示す指標で

もある。すなわち，決定係数（R^2）が大きければ，散布図上のデータが回帰直線に沿って，その周囲に散らばっていることになるので，回帰直線に基づいて2変数の関係を考察して良いが，小さい場合には，散布図上のデータが回帰直線から離れていることが考えられるので，散布図の散らばり方も考慮する必要が出てくる。

　他にも単回帰分析によって，得られた単回帰式からデータ（標本）に含まれない範囲の予測や将来の予測を行うことができる。また，複数のグループ間の相関関係の比較に用いることもできる。

5-4　相関と（単）回帰分析

　相関と（単）回帰分析の最も大きな違いは，相関では因果関係を考えないが，回帰分析では考えるという点である。回帰分析では説明変数が原因で目的変数が結果である。図4-5のような例では，データだけからでは算数が原因で国語が結果なのか，国語が原因で算数が結果なのかは分からないが，（単）回帰分析を行う場合には，理論上どちらが原因でどちらが結果なのかを明確にしておく必要がある。すなわち，どちらがどちらに影響を与えるのかというモデルを考えてから分析を行う。なお，2つの変数のいずれかが目的変数（もしくは説明変数）になるかについては，研究の目的や想定されるモデルによる。そのため，回帰分析を行う際には，分析の目的を明確にすることが必要である。また，先行研究を精査したうえでモデルを構築しなければならない。

❖考えてみよう

　自分のまわりで疑似相関が生じているような2つの事象はないか考えてみよう。そして，その疑似相関を生じさせている交絡変数が何かについても考えてみよう。同様に疑似無相関が生じているような2つの事象はないか考えてみよう。こちらも，なぜ疑似無相関が生じているのかについて説明してみよう。

📖もっと深く，広く学びたい人への文献紹介

　　小野寺 孝義・菱村 豊（2005）．文系学生のための新統計学　ナカニシヤ出版

　　　☞第2章が相関に関する章である。相関の注意点について1節を割いて例を

挙げつつ説明されており，分かりやすい。文系の大学生を対象に書かれており，数式などは少なめなので，その他の章も初学者にはおすすめである。

内田　治（2011）．相関分析の基本と活用——実践に役立つ統計的方法——　日科技連出版社

　　☞相関については多くの統計関連の概論書が1章程度を割いているが，この本のように1冊まるごと相関について書いてあるものは少ない。心理（学）統計を広く紹介した概論書ではあまり紹介されない順位相関係数の計算方法と検定方法の紹介や，相関係数の特殊な使い方の解説等も載っている。

引用文献

インベンス，G. W.・ルービン，D. B.（著）星野　崇宏・繁桝　算男（監訳）（2023）．インベンス・ルービン統計的因果推論（上）（下）　朝倉書店（Imbens, G. W., & Rubin, D. B. (2015). *Causal Inference for Statistics, Social, and Biomedical Sciences: An Introduction*. Cambridge University Press.）

稲葉　由之（2012）．プレステップ統計学Ⅰ：記述統計学　弘文堂

森　敏昭・吉田　寿夫（1990）．心理学のためのデータ解析テクニカルブック　北大路書房

パール，J.（著）黒木　学（訳）（2009）．統計的因果推論——モデル・推論・推測——　共立出版（Pearl, J. (2000). *Causality: Models, Reasoning, and Inference*. Cambridge University Press.）

第Ⅱ部

心理学で用いられる統計手法

第 5 章　平均値の比較
——分散分析

郷式　徹

　調査や実験を行ってデータ（標本）を得た場合，まず，そのデータ（標本）の傾向を知るためにグラフを描いたり，代表値を求めたりする（記述統計については第 1 章参照）。求めた代表値は，調査や実験の特定の対象者から得られたデータ（標本）の傾向を示している。データ（標本）が間隔尺度以上の量的なデータの場合，一般的に代表値として平均値を求めることが多い（第 1・2 章参照）。しかし，あるクラスの数学のテストの平均点が70点だった場合，この70点という平均値（代表値）だけではこのクラスの数学の成績は他のクラスと比べてどうなのか，また，前のテストと比べて成績は上がっているのか，といったことは分からない。つまり，平均値（代表値）だけでは，そのデータの相対的な特徴は分からない。そこで本章では，平均値を比較する方法について学ぶ。

1　t 検定

1-1　2つの平均値の比較

　本節では，ある標本の平均値と別の標本の平均値の比較を学ぶ。言い換えると，あるグループ（もしくは条件）のデータ（標本A）の平均値と別のグループ（もしくは条件）のデータ（標本B）の平均値が一致するかを確かめる。

　2つの異なる平均値の違いの有無を明らかにするために用いられる統計手法の一つに t 検定がある。t 検定は独立変数が名義尺度で 2 条件，従属変数が間隔尺度以上の場合に用いることができる（独立変数，従属変数については第 1 章

参照）。t 検定は，条件への参加者の振り分け方によって，対応のない t 検定と対応のある t 検定に分けることができる。「対応のない」とは，2つの条件で別々の参加者が参加していることを表しており，「対応のある」とは，2つの条件で同じ人が繰り返し参加している場合をいう。以下では，対応のない t 検定と対応のある t 検定について，それぞれ説明していく。

1-2　対応のない t 検定

あるグループから得られたデータ（標本1）と別のグループから得られたデータ（標本2）の平均値の違いを検討する検定である。

ほとんどの場合，標本1（例えば，訓練を実施した実験群）と標本2（実験群との比較のために訓練を行わなかった統制群）を比較し，「標本1と標本2の平均値が違う」ことを検証する。なお，標本平均1（M_1）と標本平均2（M_2）が異なることが知りたいわけではない。それは標本平均1と2を実際に見比べれば分かる。知りたいのは，実験群に対する効果（訓練の効果）であり，「一般的に」訓練を受けた人と受けなかった人とで違いがあるのか，ということである。言い換えると，標本1（実験群）の母集団の平均（母平均 μ_1）と標本2（統制群）の母集団の平均（母平均 μ_2）に違いがあるのかを知りたい。

したがって，対立仮説は「母集団1（実験群）の（母）平均 μ_1 と母集団2（統制群）の（母）平均 μ_2 とは異なる（$\mu_1 \neq \mu_2$）」となる（標本平均の違いではないことに注意！）。帰無仮説は「（母）平均 μ_1 と（母）平均 μ_2 は等しい（$\mu_1 = \mu_2$）」である（対立仮説と帰無仮説については，第3章参照）。

すなわち，対立仮説では母集団1（実験群）と母集団2（統制群）は異なる集団であることが想定される。一方，帰無仮説では，訓練を施しても特に変化はなく，（少なくとも訓練の対象となった技能に関しては）母集団1（実験群）と母集団2（統制群）は同じ集団と見なして良いということを意味している。

帰無仮説が正しいならば，標本1と標本2は同じ母集団から取り出されているということになる。その場合，中心極限定理（第2章参照）に従って，標本1の平均（M_1）と標本2の平均（M_2）は平均 μ_1（$=\mu_2$）の正規分布に従う。す

なわち，単純に考えると理論上，$M_1=M_2=\mu_1\ (=\mu_2)$ となる。M_1 と M_2 のずれ（M_1-M_2）は平均 0 の正規分布に従うはずである。

そこで，M_1-M_2 を標準化するが，不偏分散を用いて標準化した値は（標準）正規分布ではなく，自由度 $n-1$ の t 分布に従う（n は標本 1 と標本 2 の標本数の合計）。帰無仮説が正しい（$\mu_1=\mu_2$）という前提のもとで，t 分布を用いて標本データから得られた $M_1=M_2$ が生じうる確率を求めるのが t 検定である。

ただし，標本（データ）が大きい場合には，t 分布と標準正規分布はほぼ一致する（第 3 章参照）。標本が大きいとは，2 つの標本（グループ）の標本数が概ね30以上ある場合を指す。

そもそも t 検定（t 分布）はきわめて少数の標本しか検討できない場合について発展してきたものである。心理学で対象とするのは多くの場合，人類に普遍的な法則性（人類全体が母集団）である。そこまでは大きくなくても，小学〇年生に当てはまる法則（日本中の小学〇年生が母集団）といった場合には，正規分布に従う程度（30人以上）の標本データは収集すべきであろう。

1-3　対応のある t 検定（繰り返しのある標本の t 検定）

あるグループから得られたデータと別のグループから得られたデータを比較するのではなく，同じグループ（対象者）に対して 2 回（例えば訓練実施前と実施後）測定を行うような場合について考えてみよう。

この場合，1 回目の測定データ（標本 1）と 2 回目の測定データ（標本 2）の比較ではなく，測定対象の各個人の 2 回目の測定データから 1 回目の測定データを引いて，その差（得点の上昇分）が 0 でないことを確認することになる[1]。具体的には，対象者 1 の 2 回目の測定データから 1 回目の測定データを引いた差（データ x_1），対象者 2 の 2 回目の測定データから 1 回目の測定データを引

➡1　1 回目と 2 回目のデータは，同一の対象者に対する測定である。そのため，1 回目と 2 回目の間の何らかの処置（例えば，訓練の実施）以外は，全く同じであることが想定できる。したがって，ある対象者の 2 回目の測定値（データ）から 1 回目の測定値を引くと処置の効果だけが残る。

いた差（データ x_2），対象者 3 の 2 回目の測定データから 1 回目の測定データを引いた差（データ x_3）……を分析対象のデータ（標本）とし，この標本（得点の上昇分もしくは下降分）の平均値 M が 0 でないことを確認する。

　すると，対立仮説は「1 回目の測定データと 2 回目の測定データは異なる（$M \neq 0$）」，帰無仮説は「1 回目の測定データと 2 回目の測定データに差はない（$M = 0$）」である。この場合も M は自由度 $n-1$ の t 分布に従う（n は測定対象者の人数）。帰無仮説が正しい（$M = 0$）という前提のもと，t 分布を用いて標本データから得られた M が生じうる確率を求めるのが，対応のある t 検定である。

2　1 要因分散分析

　平均値を比べる場合，ある標本の平均値と別の標本の平均値という 2 つの平均値の比較だけではなく，3 つ以上の標本の平均値を比較する場合がある。例えば，A，B，C の 3 つのグループの平均値に違いはあるのか，また，違いがあるならば，グループ間の平均値の大小はどのようになっているのか，といったことを確認する必要に迫られることは多い。本節では，「3 つ（以上）の標本の平均値に差がある（帰無仮説としては「3 つ（以上）の標本の平均値はすべて等しい」）という仮説を確かめるための統計手法である分散分析を学ぶ。さらに，3 つ（以上）の標本の平均値に差があった場合に，標本間の平均値の大小を明らかにするための方法である多重比較を扱う。

2-1　1 要因分散分析の特徴

　1 要因分散分析は独立変数が 2 条件以上の名義尺度，従属変数が間隔尺度以上の場合に用いることができる。さらに，1 要因分散分析も，条件への参加者の振り分け方により，対応ありと対応なしに分けることができる。t 検定との違いの一つが，1 要因分散分析は独立変数が 2 条件以上ある場合に適用できる

➡ 2　対応のない t 検定と同じく，標本数（データ数）が概ね30以上ある場合は正規分布を用いることができる。

ため，3条件や4条件でも適用できることである。

　また，t検定においてはt値と呼ばれる統計値が算出されるが，これに対して，分散分析では，F値が算出される。F値はF分布に従う。ある自由度でF値が一定の値より大きいならば，「平均値間に差がないという前提のもとで，そんな大きなF値が生じる可能性は5％未満しかない」ことを意味する。5％未満しか生じないようなめずらしい事態が今回たまたま生じたと考えることには無理があるので，そもそも，平均値間に差がないという前提（帰無仮説）が間違っており，母平均間には違いがある（対立仮説が正しい）と結論を下す。

　量的変数に関する統計検定は「標本平均の母集団は正規分布に従う」という**中心極限定理**を前提に組み立てられている。また，実際に，統計検定で用いる統計値の分布はデータ数が多ければ，正規分布に近似することが多い。この説明は大きくは間違いとはいえないが，統計検定においては正規分布とは異なる分布に従う統計値を用いることが多い。その理由は（これも正確な説明とはいえないが），母平均や母分散の代わりとして母数の推定値を算出するために用いている標本データが，データ数の少なさのために正規分布からずれるから，としておく。つまり，正規分布からのずれを補正するために少し異なる分布を用いると理解してもらえばよい。

2-2　t検定と1要因2条件分散分析

　ある標本の平均値と別な標本の平均値の比較には，**t検定**を用いることができる。しかし，t検定の代わりに**1要因2条件分散分析**を行っても同じ結果が得られる。

　心理統計に関する多くの書籍（教科書）では，2つの平均値の比較に関しては，分散分析（正確には，1要因2条件の被験者間分散分析）ではなく，（対応のない）t検定を紹介している。t検定と1要因2条件の分散分析の違いは，t検定の方が計算が簡単なことである。なお，自由度αのt値は二乗すると自由度1とαのF値と等しくなる（F分布は2つの自由度をもつ）。

　つまり，t検定と分散分析（F検定ともいえる）は同じ分析である。なお，t検定は2つの平均値の比較しかできないが，分散分析は3つ以上の平均値の

比較ができる。また，男女それぞれを心理プログラムの実施グループと未実施グループに分けて，男女でプログラムの効果に違いがあるかといった複雑な分析（2×2の2要因分散分析）も可能である（第6章参照）。コンピュータの性能が低かった時代には，統計値を手で計算しなければならなかったため，t検定を用いていた。しかし，コンピュータや統計ソフトが簡単に使える現在においては，平均値の比較には，より汎用性の高い分散分析を用いれば良い。

　繰り返しのある（対応のある）標本のt検定の代わりには，1要因2条件（被験者内）分散分析を行うことができる。異なるグループ，つまり，異なる対象者の同じ現象の比較を**被験者間要因**と呼ぶのに対して，同じ対象者の繰り返された現象は**被験者内要因**と呼ばれる[3]。

2-3　分散分析の仕組みと分散分析表

　1要因分散分析の結果は，多くの場合，有意であったかどうかとともに，F値，2つの自由度，p値が記載される。具体的には「A群の平均値とB群の平均値には有意な差が見られた（$F(1, 24)=6.4$，$p < .05$）」といった具合である。6.4がF値，1と24が2つの自由度である。

　自分でデータを分析する場合，実際の分散分析はコンピュータで行うことになるが，表5-1のような分散分析表が出力されることが多い。

　平方和とはデータと平均値の差を二乗した数値を合計したもので，分散と同じくデータの散らばり具合を示している。群間平方和（A_1）は各群の標本平均の散らばりで，各群の平均値と（標本）全体の平均とのずれを示している。また，群間平方和は研究対象の要因（処置や介入）の効果ともいえる。群内平方和（A_2）は群ごとのデータの散らばり（を合計したもの），全体平方和（A_3）はデータ全体の散らばりである。分散分析では，全体のデータの散らばりは群間

➡ **3**　最近は被験者の代わりに実験参加者という言葉が使われることが多い。2009年に制定された日本心理学会の倫理規定によると，被験者の英語である subject が人間だけではなく，動物や物にも使われる無生物語であるうえに，主従関係を暗示するためであるとされている。しかし，日本語の被験者は中立的な意味で用いられており，特に分散分析における被験者間，被験者内という表現には群間，群内という以上の意味はない。そのため，本書では被験者という表現を用いている。

表 5-1　分散分析表

要　　因	平方和	自由度	平均平方	F 値（F 比）
群　　間	80.0（A_1）	5（B_1）	16.0（C_1）	6.4
群　　内	60.0（A_2）	24（B_2）	2.5（C_2）	
全　　体	140.0（A_3）	29（B_3）		

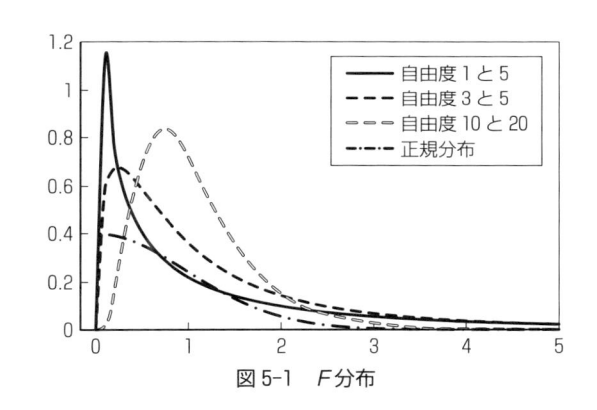

図 5-1　F 分布

の散らばりと群内の散らばりから構成されるため，以下のように考える。

　　　　全体平方和（A_3）＝群間平方和（A_1）＋群内平方和（A_2）

　各群の母平均値が共通で等しい（帰無仮説が正しい）と各群の標本平均はどれも近い値になるはずなので，群間平方和（A_1）は小さくなる。一方，各群の母平均値が異なっている（帰無仮説が誤っている）ほど，各群の標本平均も離れた値になるので，群間平方和（A_1）は大きくなる。そして，群内のずれ（群内平方和〈A_2〉）に比べて，群間のずれ（群間平方和〈A_1〉）が相対的に大きければ，各群の母集団同士の違いが大きいということになり，「母集団の平均に差がない」という帰無仮説を棄却することになる。群内のずれ（群内平方和〈A_2〉）に対する群間のずれ（群間平方和〈A_1〉）の大きさは，群間平方和（を自由度〈B_1〉で割ったもの〈C_1〉）と群内平方和（を自由度〈B_2〉で割ったもの〈C_2〉）の比（$C_1／C_2$）で考える。この比（$C_1／C_2$）が F 値である。F 値は F 分布（図 5-1）に従うので，F 値が生じる確率を求めることができる。

2-4　線形モデルとしての分散分析の考え方

　測定された標本のデータはそれぞれ少しずつ違う。その違いはグループ（母集団）の違いと個人差から生じてくると考えられる。図式化すると $y_i = \beta_0 + \beta_1 x_{ij} + e_i$ のようになる。例えば，「時間管理能力向上プログラムを実施したクラスの方が，実施しなかったクラスよりも時間管理能力測定尺度の得点が高い」という仮説の場合で説明する[4]。この仮説のもとでは，プログラムを実施されていない状態（クラス）がデフォルトで，プログラムを実施することにより時間管理能力が上昇すると考えている。β_0 は何も処理や介入を行っていない場合の平均値，すなわち，プログラム未実施クラスの（母）平均となる。x_{ij} の項の係数 β_1 はプログラム実施の効果を表す定数（何らかの決まった数値）である。x_{ij} はあるクラスの i 番目の対象者が実施クラス（$j=1$）か未実施クラス（$j=0$）のいずれかを表す。e_i は各個人の違い（個人差および測定誤差）であり，実施クラスと未実施クラスの違いが焦点である場合には（個人差は無視されるべき違いなので）誤差ともいえる。

　実際の実施クラス（$j=1$），もしくは未実施クラス（$j=0$）の i 番目のデータ x_{ij} は，実施クラスの場合1，未実施クラスの場合0の値をとる。そのため，実施クラスのメンバーのデータの得点は，未実施クラスに比べて β_1 だけ上昇する（β_1 が負の数の場合下降する）。言い換えると，プログラムの実施は得点を β_1 上昇させる効果があるといえる。そうすると「時間管理能力向上プログラムを実施したクラスの方が，実施しなかったクラスより時間管理能力測定尺度の得点が高い」という仮説は「プログラムの実施の効果がある，すなわち，プログラム実施により得点が上昇する」と言い換えられる。さらに言い換えると，β_1 が0か，0でないかである。もし $\beta_1 = 0$ ならば，x_{ij} が1（実施クラス）でも0（未実施クラス）でも，$\beta_1 x_{ij}$ の項は0なので，プログラムの効果はない。主張したいのはプログラムの効果なので，$\beta_1 = 0$ が帰無仮説，$\beta_1 \neq 0$ が対立仮説となる。つまり，1要因分散分析とは，β_1 が平均0と仮定した場合，どのくらいの確率で得られたデータ（の標本平均の差）が生じるかを求めるものであ

➡ **4**　本例は武田ほか（2019）を参考に構成したものである。

る。

2-5　 t 検定や分散分析の注意点

t 検定や分散分析を行うためにはいくつかの前提条件がある。 t 検定や分散分析は平均値を比較するために行うので，対象のデータは平均値が算出できる間隔尺度以上のものであることが必要である。そして，それらのデータが母集団から無作為に抽出されている必要がある。その母集団は正規分布に従うものである必要がある。また，比較されるデータのグループはどれも同じ大きさの分散，つまり，平均値は異なるかもしれないがデータのばらつきは同じ，である必要がある。

無作為抽出は t 検定や分散分析を行う場合に限らず，ほとんどの実験や調査の必須条件である。しかし，心理学の学術誌を見ると多くの研究の対象者が「大学生」となっている。おそらく，特定の大学の特定の科目の受講者が対象になっているものと思われる。したがって，「成人」もしくは「青年」からの無作為抽出が，心理学においては十分に守られているとはいえない。心理学の知見が一般化しうるものかについて疑問の生じるところである。

母集団の**正規性**は，t 検定や分散分析の前提ではある。しかし，t 検定や分散分析は母集団の分布が正規分布から相当離れていても，比較的正しい結果を得られることが知られている。このことから「分散分析は正規分布からの逸脱に比較的頑健である」といわれる。さすがに，正答を1点，誤答を0点としたデータ（「1・0データ」と呼ばれたりする）を分析するのは無理があるが，0点，1点，2点といったデータの場合，平均値が0点もしくは2点に偏っているといったことがなければ，分散分析の結果が，母集団の分布を前提としないノンパラメトリックな分析（例えば，χ^2 検定）の結果と変わらないことも多い。また，通常の学力テストのように最低点と最高点でデータが切れているような場合にも大きな問題はないことが多い。[6]

正規性の逸脱への頑健性に比べて，比較されるデータのグループ（群）の分

➡ 5　データの大半が0点，もしくは2点で，データの分散がほとんどないような場合。

散の大きさが同じでなければならないという条件（**等分散性**）はきちんと守られる必要がある。統計ソフトによっては等分散性の検定を組み込んであるものもある（データが被験者間要因の場合には，ルビーン〈Levene〉の検定，ハートレイ〈Hartley〉検定[7]，バートレット〈Bartlett〉の等分散性検定など，被験者内要因の場合にはモークリー〈Mauchly〉の球面性検定，メンドーサ〈Mendoza〉の多標本球面性検定など）。

　等分散性が満たされない場合には，等分散性を前提条件としない他の分析（例えば，ウェルチ〈Welch〉の検定など）を用いたり，ノンパラメトリック検定（クラスカル・ウォリス〈Kruskal-Wallis〉検定，フリードマン〈Friedman〉検定など）を用いることが考えられる。他には，等分散性（球面性の仮定）が成り立たない時に，ε（イプシロン）という統計量を使って自由度の調整を行うことで近似的に適切な分散分析を行うことができる。統計ソフトの一部（例えば，SPSS）には自由度を調整した場合の結果も出力してくれるものがある。

　多くの心理統計の教科書には，等分散かどうか分からない時は，まず等分散かどうかの検定（対立仮説：分散が群間で同じではない，帰無仮説：分散は群間で同じ）をして，帰無仮説が棄却されなかった場合には等分散を仮定した t 検定や分散分析を行い，帰無仮説が棄却された場合には等分散を仮定しないウェルチの検定などを行う，といったように書いてある。また，心理学の論文でもこの手順に従って分析を行っていることが多い[8]。ただし，2つの母集団の母分散が等しいかについて検定を行い，次に t 検定を行うというように検定を繰り返し行うと「多重性の問題」と呼ばれる有意確率を甘く見積もりすぎる（第一種の過誤を犯す）可能性が生じる。そのため，2つの母集団の母分散が等しいことが明らかではない場合（ほとんどの場合そうであるが），等分散性の検定を行

➡ **6**　データの（母集団の）正規性が満たされていない場合，データを変換する（一定の数学的な規則に従って新しい尺度上に移す）ことによって正規分布に近づけることができる場合がある。そうした変換には，例えば，対数変換，逆数変換，角変換などがある（森・吉田〈1990〉）。

➡ **7**　群1と群2の標本数をそれぞれ，m，n とし，標本分散をそれぞれ $S_1{}^2$，$S_2{}^2$ とする。等分散が成り立つとすると帰無仮説 $S_1{}^2 = S_2{}^2$ である。$F = S_1{}^2 / S_2{}^2$ によって求められる F 値は自由度 $m-1$，$n-1$ の F 分布に従うことを利用して検定を行う。

って２標本の t 検定を行うのではなく，等分散かどうかを考慮する必要のない
ウェルチの検定を行うことも推奨されている。

3　分散分析と多重比較

3-1　３つ以上の平均値の比較のための分散分析

　分散分析では３つ以上の平均値の比較ができる。３つ以上の平均値，すなわ
ち，３群（条件）以上の場合の分散分析も２群（条件）の場合と特に変わるこ
とはない。例えば，抑うつ傾向に関する３つのグループ（A，B，C）の平均
を比較する場合を考える。この場合，対立仮説は「３群の抑うつ傾向（の平均
得点）には違いがある」であり，帰無仮説は「３群の抑うつ傾向（の平均得点）
に違いはない（$H_0 : \mu_A = \mu_B = \mu_C$）」である。[9] なお，この場合の分散分析の正確
な呼び方は，被験者間１要因３条件の分散分析となる。

　注意しなければならないのは，分散分析において帰無仮説が棄却された（つ
まり，結果が有意だった）場合，「３群の抑うつ傾向（の平均得点）には違いは
ない（$H_0 : \mu_A = \mu_B = \mu_C$）」ことが否定されただけで，「$\mu_A \neq \mu_B = \mu_C$」「$\mu_A = \mu_B \neq$
μ_C」「$\mu_A \neq \mu_B \neq \mu_C$」などのどの状態なのかは分からない。

　２つの平均値の比較の場合には，分散分析（もしくは t 検定）で帰無仮説が

➡ 8　等分散の検定で帰無仮説が棄却された場合は等分散ではない（対立仮説が正し
い）ので，等分散を前提とした t 検定や分散分析は不適切ということで良い。しか
し，帰無仮説が棄却されなかった場合，「等分散である」という（帰無）仮説に反
証が示されたわけではないので，「『等分散である』という（帰無）仮説が正しい」
ことが示されたわけではなく，「『等分散である』という（帰無）仮説が誤ってい
る」とは言い切れない。つまり，「等分散かどうかわからない」という状態であ
る（第4章参照）。したがって，「等分散かどうかわからない」時に「等分散であ
る」ことを前提とした t 検定や分散分析を行うことが妥当かどうかには，論理的な
問題がある。

➡ 9　１要因３条件の分散分析を一般線形モデルでは，$y_i = \beta_0 + \beta_1 x_{i1} + \beta_2 x_{i2} + \beta_3 x_{i3} + e_i$
と考えることができる。β_0 は全体の平均値，β_1 はデータがAグループだった場合
（$x_{i1} = 1$，なお，データがAグループのものでない場合は $x_{i1} = 0$）の効果（を表す
定数），β_2 はデータがBグループだった場合（$x_{i2} = 1$）の効果，β_3 はデータがCグ
ループだった場合（$x_{i3} = 1$）の効果である。

棄却された（有意になった）場合，「$\mu_A \neq \mu_B$」であることは自動的に「$\mu_A > \mu_B$」か「$\mu_A < \mu_B$」である。そして，そのどちらであるかはデータから明白である。

　３つ以上の平均値の比較のための分散分析の場合，どの群とどの群の間に違いがあるのか，（グラフでは）違いがありそうに見えるが本当に違いがあるのか，といったことは曖昧なことも多い。したがって，実際の研究では「３群の抑うつ傾向（の平均得点）のどこかには違いがある」ことだけでなく，どの群とどの群の間に違いがあるのかを知りたいだろう。

3-2　多重比較

　１要因３条件以上の分散分析により帰無仮説が棄却され，対立仮説が支持された場合，各群（条件）間の比較を行う。これを**多重比較**と呼ぶ。多重比較には様々な種類があるが，多くは各群（条件）の平均値を総当たりで比較していくという方法をとる。例えば，抑うつ傾向に関する３つのグループ（A，B，C）の平均値の比較の場合，AグループとBグループの平均値，AグループとCグループの平均値，BグループとCグループの平均値をそれぞれ比較することになる。

　各グループ間を総当たりで比較する場合，正規分布に従う母集団から取り出されたデータに対しては，LSD 法[10]，テューキー（Tukey）の方法，シェッフェ（Scheffe）の方法などがある[11]。また，母集団の分布に関わらない場合の方法としてボンフェローニ（Bonferroni）法，ボンフェローニ法の改良版であるホルム（Holm）法などがある[12]。

　多重比較の方法は，それぞれ母集団の分布や帰無仮説の数や条件などの前提条件があるために，どれを用いても良いわけではない。しかし，様々な方法が

➡**10**　LSD 法は３グループの比較の場合しか使えない。ただし，統計ソフトによっては４グループ以上の場合にも結果が表示されるので注意が必要である。

➡**11**　各グループ間を総当たりで比較する以外に，統制群とそれ以外の群の比較をしたい場合がある。そうした場合，ダネット（Dunnett）法を使用した方が総当たりで比較する多重比較よりも検定力が高い（有意差がでやすい）。ダネット法は特定の１つのグループ（統制群）と他の２つ以上のグループ（実験群）があって，統制群に対して各実験群との比較のみを行う多重比較法である。

適用可能なことが多い。実際上は分析に用いた統計ソフトに実装されている（多重比較の）方法に依存するといえるだろう。そのうえで，検出力の高さや検定の目的など——各グループ間を総当たりで比較したいのか，あるグループ（統制群）とその他のグループを比較したいのか，など——によって選択されることになる。

　統計ソフトによっては，分散分析で帰無仮説が棄却された（有意になった）場合，自動的に（もしくは事前に設定しておくことにより）多重比較を行ってくれるものも多い。

3-3　分散分析と多重比較の関係

　多重比較で各平均値の総当たりの比較，例えば，3群（A，B，C）の平均値について，A—B，B—C，A—Cという比較をするならば，分散分析→多重比較という手順を追わなくても，最初からA—B，B—C，A—C間の1要因2条件の分散分析（もしくは t 検定）を3回行えば良いのではないと考えるかもしれない。しかし，この方法には問題がある。同じデータに対して同じ分析を繰り返すと，第一種の過誤を犯してしまう可能性が高くなってしまうのである。

　具体的に説明しよう。まず，Aグループの平均値とBグループの平均値について1要因2条件の分散分析を行い，5％水準で有意性の判断を行う。言い換えると「Aグループの平均値とBグループの平均値には差がないのに，差があると誤ってしまう（第一種の過誤の）危険は100回のうち5回未満」ということである。次にAグループの平均値とCグループの平均値について1要因2条件の分散分析を行うが，これも5％水準で有意性の判断を行う。この場合も「Aグループの平均値とCグループの平均値には差がないのに，差があると誤ってしまう（第一種の過誤の）危険は100回のうち5回未満」ということである。第

➡12　比較するグループ（群）の数が少ない場合，ボンフェローニ法の方が簡単で，有意差も得られやすいとされている。しかし，グループ（群）数が多くなるとテューキーの方法に比べて，ボンフェローニ法は有意差が得られにくい（第二種の過誤を犯しやすい）（永田，1998）。

コラム　分散分析と多重比較 ＊-＊-＊-＊-＊-＊-＊-＊-＊-＊-＊-＊-＊-＊-＊-＊-＊-＊-

　多くの心理統計の教科書には１要因３条件以上の分散分析で有意差が得られ，（対立）仮説が採択（帰無仮説が棄却）されると，多重比較に進むよう記載されている。心理統計の授業でもそう習う。実はこれは２つの点から正しくない。

　１つ目の問題は，分散分析で検定しようとしている仮説と多重比較で検定しようとしている仮説が異なっているということである。そもそも分散分析で検定しようとしている（帰無）仮説は「どの平均値の間にも違いがない」というものである。これは対象としている現象に研究者の介入等の影響があるかどうかを調べるものであり，どのグループに（どんな）影響があったかを調べるものではない。一方，多重比較の（帰無）仮説はそれぞれ「ＡグループとＢグループの平均値に間に違いがない」「ＡグループとＣグループの平均値に間に違いがない」「ＡグループとＤグループの平均値に間に違いがない」……というもので，ある介入方法が（介入のない統制群も含む）他の介入方法より効果があるか（すなわち，平均値に違いがあるか）を調べようとしている。

　例えば，子どもたちを多くのグループに分け，それぞれに対して異なる学習方法を試みた結果に対して分散分析を行う。ある１つの方法だけが効果があり，その他の方法は効果がないような場合，１要因の分散分析では有意にならない，すなわち，帰無仮説が棄却されないことが起こりえる。なお，条件数，すなわち，比較するグループが増えるほどこの現象は起こりやすい。多数のグループがある場合，その中のある１グループだけに何らかの影響があって，他のグループとは平均値が異なっていても，他のグループの平均値に効果の影響がない場合，ある１グループだけへの影響は全体の中に埋もれてしまう，と考えれば良い（実際にその例が，酪農学園大学統計学教育研究会〈2006〉に記載されている）。こうしたケースでは，分散分析→多重比較という手順をとると，分散分析で有意な結果が得られなかった時点で分析が止まってしまう。そして，（複数の方法の中の）ある介入（方法）には効果があることが見落とされてしまう。

　もう一つの問題は，分散分析後に多重比較を行った場合，「分散分析」と「多重比較」を繰り返しているという点である。そもそも多重比較は検定を繰り返した際の第一種の過誤を避けるために有意水準を調整する方法であった。だとすると，分散分析と多重比較の繰り返しに関しても有意水準の調整が必要だと考えられる。しかし，統計量として F 値を用いている分散分析に対して，多重比較の用いる統計量が F 値以外のものであった場合，有意性の調整は行われない。そのため，永田・吉田（1997）は，ある条件以外では１要因分散分析と多重比較を併用すべきでないとしている。なお，分散分析と多重比較を併用できる「ある条件」とは，多重比較の用いる統計値が F 値の場合である。この場合には分散分析と多重比較を通して，有意水準が調整される。そして，F 値を統計値とする多重比較の方法としては，例えば，シェッフェの方法がそれにあたる。

　とはいえ，実際のところ，１要因分散分析の結果が有意で，その後に多重比較を行うことに実害はない。というのは，通常，研究で知りたいのは「グループ間の（平均値の）ど

こかに差があるか」ではなく，「どのグループとどのグループの間に差があるか」である
ため，解釈や考察は多重比較の結果に基づいてなされるからである。また，1要因分散分
析の結果が有意でない場合に（無理やり）多重比較を行って，どこにも有意差が見られな
かった場合も特に問題はない。この場合は単に「グループ間の（平均値の）どこにも差が
ない」のであり，どのグループにも何の効果・影響もないというだけのことである。

　困るのは，分散分析の結果が有意ではないが，多重比較をすればどこかに有意差がある，
つまり，本当はあるグループと他のあるグループ間に差がある場合である。こうしたケー
スでは，これまでの心理学の研究は，分散分析の結果が有意でなかった時点で多くの場合
打ち捨ててきた。しかし，あるグループと他のあるグループの間の違いが重要な場合，そ
れを取り上げる必要がある。

　現状ではこうした場合には，詳細な仮説，例えば，「A＞B，A＝C，A＝D，……B＝C，
B＝D，B＝E，……H＝I」といった（対立）仮説を立て，「Aグループの平均得点がBグ
ループの平均得点よりも高いことには○○のような意味がある」といった解釈をすること
になるだろう。そして，その場合，なぜ多重比較の前に分散分析を行わないのか（もしく
は分散分析の結果が有意ではないのに多重比較を行ったのか）についての説明をする必要
がある。ただし，こうした方法は従来の心理学研究ではあまり行われてきていないために，
「非慣例的」という理由で受け入れられないかもしれない。

一種の過誤を犯す可能性が100回のうち5回未満」でも，2回繰り返せば第一
種の過誤を犯す確率は，約2倍（1－95/100×95/100）になってしまう。極端な
話，7つのグループ（の平均値）を比較しようとすると21回の1要因2条件の
分散分析（もしくは t 検定）を行うことになる。20回以上分析を繰り返した場
合，実際にはどのグループ（の平均値）の間にも差がなかったとしても（帰無
仮説〈$H_0：\mu_A＝\mu_B＝\mu_C＝……＝\mu_G$〉が正しくても），少なくとも1回は有意にな
り，差があると判断されてしまう。

　そこで，検定を繰り返すことに対して有意水準の調整を行い，複数の検定全
体の有意水準を一定（例えば5％）にする必要がある。全体の有意水準の調整
には，繰り返される1回1回の検定の有意水準をどの程度にするかを考えねば
ならないが，その調整が多重比較である。多重比較は，第一種の過誤を起こり
にくくする方法だが，その反面，第二種の過誤が起こりやすくなったり，検出
力が低くなったりするため，様々な多重比較の方法の中からどのような方法を
選択するのかについては注意が必要である。

> ❖考えてみよう
> 『心理学研究』（日本心理学会），『教育心理学研究』（教育心理学会）などの学会誌の論文から，1要因分散分析を行っているものを探してみよう（できれば3条件以上のもの）。見つかったら，その（1要因）分散分析の対立仮説と帰無仮説を考えてみよう（論文に書かれている目的や仮説ではなく，分析自体の仮説であることに注意）。また，多重比較の対立仮説と帰無仮説についても考えてみよう。

 もっと深く，広く学びたい人への文献紹介

山内 光哉（2008）．心理・教育のための分散分析と多重比較——エクセル・SPSS解説付き——　サイエンス社

　　☞分散分析に関する解説書はかなりの数が出ている。なので，分散分析について より深く知りたい読者は，自分が使っている統計ソフトに関して解説しているものや「入門」と銘打っているものから選べば良いだろう。本書は分散分析の解説書の中でも，心理学で卒業論文やレポートを書く時に実際に（分散）分析を行っていると浮かんでくる疑問やつまづきに答えてくれる記述が多い。

永田 靖・吉田 道弘（1997）．統計的多重比較法の基礎　サイエンティスト社

　　☞正直，内容はかなり難しい。統計を勉強して，実際に分散分析や多重比較を経験した後に，多重比較についてしっかりと理解したい人は一度読んでみても良いかもしれない。というより，多重比較について，きちんと理解するためには（日本語では）この本以外にはないといえよう（他の多重比較に関する本は，数学の一分野としての「統計学」の専門書か分散分析のマニュアルである）。

引用文献

森 敏昭・吉田寿夫（1990）．心理学のためのデータ解析テクニカルブック　北大路書房

永田 靖（1998）．多重比較法の実際　応用統計学, *27*, 93-108.

永田 靖・吉田 道弘（1997）．統計的多重比較法の基礎　サイエンティスト社

酪農学園大学統計学教育研究会（編）（2006）．らくらく統計学　ムイスリ出版

武田 俊信・小正 浩徳・郷式 徹（2019）．講義内での大学生へのオーガナイゼーション・スキル向上プログラムの効果研究　発達心理学研究, *30*(1), 1-10.

第6章　2要因以上の分散分析と交互作用

郷 式　　徹

図 6-1 を見ると，グループAでは女子より男子の得点が高く，グループBでは男子より女子の得点が高い。しかし，グループA全体とグループB全体の平均値には違いはない。また，男子全体と女子全体の平均値にも違いはない。だからといって，グループ間，もしくは男女間に違いがないとはいえない。このように 2 つの異なる要因が互いに影響し合って効果を高めたり，打ち消し合ったりすることを交互作用と呼ぶ。本章では，交互作用を検討することのできる 2 要因以上の分散分析について扱う。

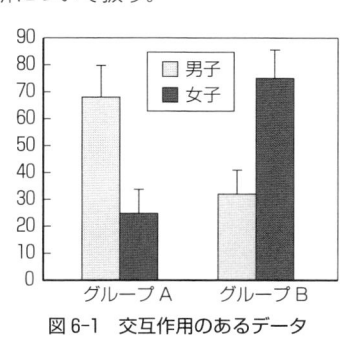

図 6-1　交互作用のあるデータ

1　2要因分散分析と交互作用

1-1　交互作用

　ある要因の影響（効果）が，同時に他の要因がある時には見られるが，ない時には見られないといった 2 つの要因の相乗効果を**交互作用**と呼ぶ。

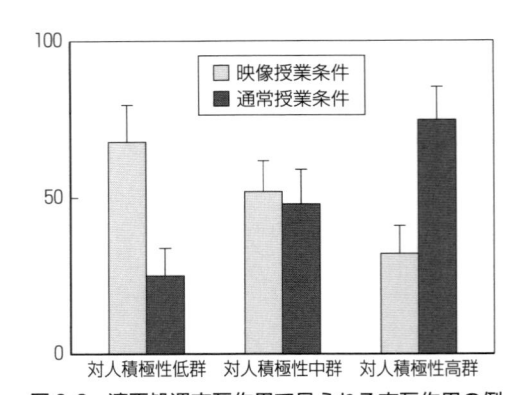

図 6-2 適正処遇交互作用で見られる交互作用の例
（注）この図は適正処遇交互作用を視覚的に示すために模式的に示したもので，実際のデータに基づくものではない。

有名な交互作用として，クロンバックの提唱した**適性処遇交互作用**（Aptitude Treatment Interaction：ATI）がある（Cronbach, 1957）。適性処遇交互作用では，学習活動の成果は，学習者のもっている特性・適性と教授方法の相互作用の結果であると考える。適正処遇交互作用はクロンバックとスノー（Snow et al., 1965）による次のような実験の結果に基づいている。

実験では，大学生を対象に，対人積極性の高いグループ（対人積極性高群）と対人積極性の低いグループ（対人積極性低群），そして中程度のグループ（対人積極性中群）に分けた。それぞれのグループの半分は映像授業によって物理学の授業を受け，残り半分は教師による通常の授業を受けた。テストの結果，物理学のテストの平均点は映像授業と通常授業の間で差がなかったが，対人積極性高群の学生は教師による通常授業で高得点となり，低群の学生は映像授業で高得点となった。また，対人積極性が中程度の学生では教授法の違いはほとんど影響がなかった。図 6-2 に適正処遇交互作用の模式図を示す（実際のデータによるものではない）。

すなわち，物理学の成績に対する映像授業と通常授業という教授方法は，それのみでは違いがないが，対人積極性という学習者の特性・適性を加えて検討すると，学習者の特性によって異なる効果をもたらしたのである。

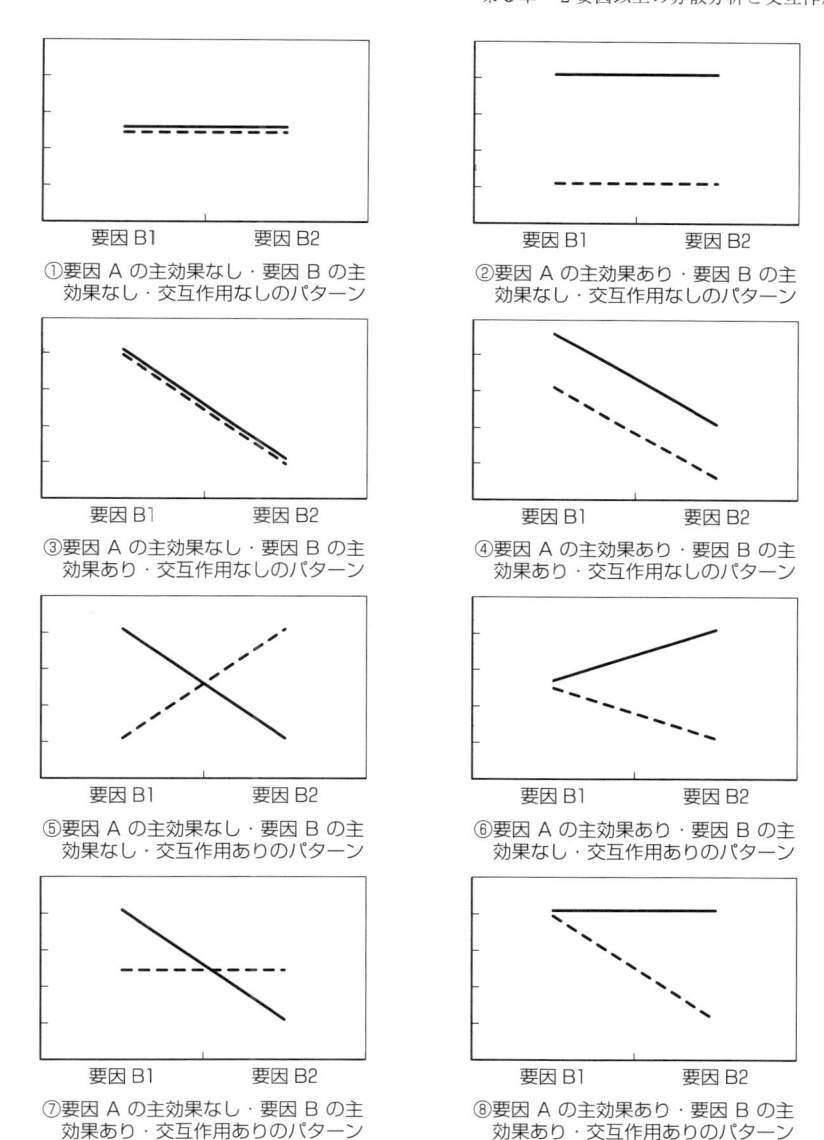

図6-3　2要因計画における主効果と交互作用のパターン

　学習者の特性と教授方法のように，2つの要因を組み合わせたデータ収集を2要因計画[1]という。2つの要因（要因Aと要因B）の影響については，交互作用が見られない場合も含めて，図6-3①〜⑧に示したように8つのパターンがありうる。

1-2　単純主効果と主効果

　交互作用が見られる場合には，下位検定と呼ばれる①要因Aの条件1（A1）に関する要因Bの効果（**単純主効果**と呼ぶ），②要因Aの条件2（A2）に関する要因Bの単純主効果，③要因Bの条件1（B1）に関する要因Aの単純主効果，④要因Bの条件2（B2）に関する要因Aの単純主効果というように要素を分解した分析をする必要がある（図6-4）。交互作用が見られない場合には，各要因の影響である**主効果**（従属変数に対する独立変数1つだけの効果）のみを考えれば良い。例えば，図6-3④の要因Aの主効果あり・要因Bの主効果あり・交互作用なしのパターンの場合には，要因Bを無視して要因Aの主効果（A1とA2の違い）と要因Aを無視して要因Bの主効果（B1とB2の違い）を考えれば良い。

1-3　被験者間要因×被験者間要因の2要因分散分析

　ある大学の新入生のクラスで入学から夏休み前まで時間管理能力を向上させるためのプログラムを実施した[2]。プログラムの有効性を検討するために，プログラムを実施したクラス（実験群）に加えて，プログラムを実施しなかったクラス（統制群）にも夏休み前（プログラム実施期間後）に時間管理能力を測定し，それらの（平均）得点を比較する。これだけなら，第5章で紹介した（対応のない）t検定もしくは被験者間1要因2条件の分散分析で実験群と統制群の時間管理能力の平均値を比較すれば良い。

→1　要因にはグループ（群）を比較する被験者間要因と，同じ被験者を繰り返し測定する被験者内要因がある。要因の組み合わせは，2要因の場合，被験者間×被験者間，被験者間×被験者内，被験者内×被験者内がある。

→2　本例は武田ほか（2019）を参考に構成したものである。

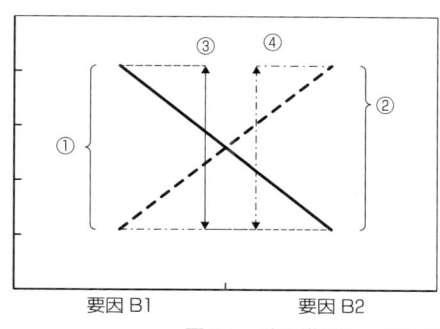

——— 要因 A1　　- - - 要因 A2

①B1 において，A1 と A2 を比較
②B2 において，A1 と A2 を比較
③A1 において，B1 と B2 を比較
④A2 において，B1 と B2 を比較

要因 B1　　　　　要因 B2

図 6-4　交互作用の分解された各要因の効果

　ところで，プログラムの実施・未実施だけが時間管理能力に影響するだろうか。そもそも，元から時間管理能力が高い人にはプログラムの影響はないかもしれない。時間管理能力（尺度の得点）には，プログラムの実施・未実施とともに，元々の時間管理能力が影響するかもしれない。時間管理能力低群にはプログラム実施の効果があるが，時間管理能力高群には効果がない，といったケースである（図6-5）。

　図6-5のデータの場合，実際に行うのは2（プログラム：実施・未実施）×2（時間管理能力：高・低）の2要因分散分析で，両要因共に被験者間要因となる。

　分散分析の結果で，まず見るのは，交互作用——元々の時間管理能力の高低とプログラムの効果の関連——の有無である。交互作用が見られた場合（図6-3⑤〜⑧の場合），時間管理能力の高群と低群でプログラムの効果が異なったり，プログラムを実施した場合としなかった場合で時間管理能力の状態が異なったりすることが予想される。そこで，次のように単純主効果を検討するための分析を進める。なお，Ⓐ〜Ⓓの順番は入れ替わってもかまわない。また，仮説や

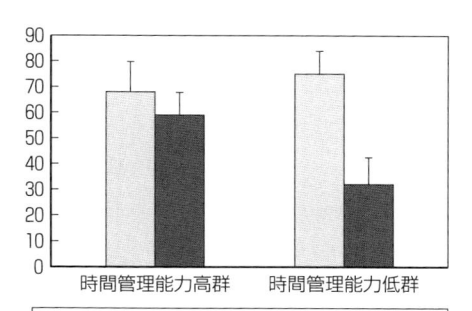

時間管理能力高群　　時間管理能力低群

□ プログラム実施群　■ プログラム未実施群

図 6-5　交互作用がある2（プログラム：実験群・未実施群）×2（時間管理能力：高・低）の2要因分散分析の結果

研究の目的に応じて一部のみ（例えば，Ⓐ Ⓑだけ）を実施することも考えられる。

　　Ⓐ時間管理能力高群のデータだけを対象に，プログラムを実施した場合と未実施の場合の平均値を比較

　　Ⓑ時間管理能力低群のデータだけを対象に，プログラムを実施した場合と未実施の場合の平均値を比較

　　Ⓒプログラムを実施した場合の時間管理能力高群と低群の平均値を比較

　　Ⓓプログラムを実施しなかった場合の時間管理能力高群と低群の平均値を比較

　このⒶ～Ⓓの分析が「単純主効果の検定」である。単純主効果の検定で行っているのは，ほぼ1要因分散分析と同様の手順である。

　今回取り上げた例では，2つの要因共に2条件なので，単純主効果の検定で分析は完了する。もし，3条件以上の要因があり，単純主効果の検定で，その要因に関して有意だった場合は，「すべての条件の平均値が等しいわけではない」という対立仮説を採択することになる。しかし，どの条件とどの条件の間に違いがあるのかはわからないので，さらに多重比較によって確認することになる。単純主効果の検定から多重比較への流れは，1要因3条件以上の分散分析から多重比較への流れと同様である（第5章第3節参照）。

　2要因分散分析の結果，交互作用が見られない場合（図6-3①～④の場合）もある。この場合には，時間管理能力の高低とプログラムの効果は別々に影響するのだから，切り離して考える。つまり，時間管理能力の主効果およびプログラムの主効果を見る。

　そもそも要因間に交互作用がないことが明らかな場合には，2要因計画ではなく，1要因計画でデータを収集し，（平均値の比較であるなら）1要因分散分析（もしくは t 検定）を行えば良い。とはいえ，2要因計画によって収集されたデータの分析において，交互作用がないことが始めから分かっているケースはほとんどない。したがって，2要因計画によって収集されたデータの分析においては，通常，交互作用が存在する可能性が仮定されており，まず交互作用の有無を明らかにすることが必要となる。

　ところで，被験者間×被験者間の2要因の分析に対して，時間管理能力高・（プログラム）実施群，時間管理能力高・未実施群，時間管理能力低・実施群，時間管理能力低・未実施群の4つのグループを比較，つまり，被験者間1要因4条件の分散分析を行えば良いのではないか，と考えるかもしれない。しかし，そうした分析を行い，時間管理能力高・未実施群と時間管理能力低・実施群の時間管理能力の平均値に違いがあるという結果が得られても，元々の時間管理能力の影響とプログラムの効果が混じり合っており，どちらの効果（影響）によるものなのかを判断することはできない。そのため，2つの要因——例に挙げたデータの場合，元々の時間管理能力とプログラムの効果——を分離して検討するために，すべての条件が異なるグループの比較を行うのではなく，まず要因の効果を分離すべき（交互作用あり）か，統合すべきか（交互作用なし）を判断し，前者（図6-3⑤〜⑧のような場合）であれば単純主効果の検定を，後者（図6-3①〜④のような場合）であれば主効果を検討するという手順を踏む2要因分散分析を行う。

1-4　被験者間要因×被験者間要因以外の2要因分散分析

　被験者間要因×被験者間要因以外の2要因分散分析も可能である。前項の例でいえば，時間管理能力向上プログラムの効果の検討に関して，入学時の時間管理能力で高群と低群に分けるのではなく，プログラム実施前と実施後のそれぞれの得点（の比較）を要因とした分析を考えると，被験者間要因×被験者内要因の2要因分散分析になる。つまり，2（プログラム：実施・未実施）×2（時期：プログラム実施前・実施後）の分析となる。

　この実験計画では，時間経過に伴う自然な変化・成長とプログラムの効果の関連（交互作用）を検討することが目的となる。図6-6のようにプログラム未実施群ではプログラム実施前と実施後の時間管理能力に変化がなく，実施群ではプログラム実施前よりも実施後の方が時間管理能力の上昇が見られる場合，時間的な変化・成長はなく，プログラムの効果だけが存在すると解釈できる。

　また，大学の新入生に対し，入学時（プログラム実施前）と4カ月後（プログラム実施後）の時間管理能力と共に，時間的展望能力を測定し，時間管理能力

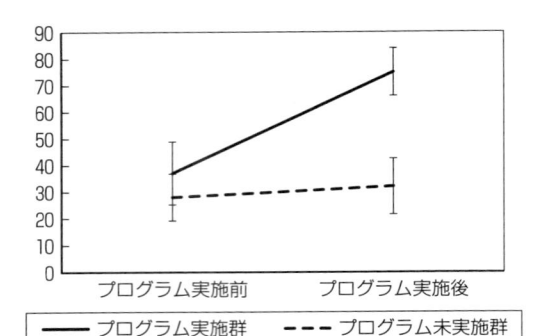

と時間的展望能力の時間経過に伴う変化の関係を調べることを考える。この場合，2要因とも同じ対象者から繰り返しデータを収集するので，被験者内要因×被験者内要因，すなわち，2（能力：時間管理能力・時間的展望能力）×2（時期：プログラム実施前・実施後）の2要因分散分析を行うことになる。

図6-6　交互作用がある2（プログラム：実施群・未実施群）×2（測定時期：プログラム実施前・実施後）の2要因分散分析の結果

　いずれにせよ，まず，交互作用の有無を確認し，交互作用が見られた場合には単純主効果の検定を行う。交互作用が見られなかった場合には，能力の主効果，時期の主効果を確認する。

2　線形モデルとしての2要因以上の分散分析の考え方

2-1　線形モデル

　プログラムの実施が影響するとともに，元々の時間管理能力の低い人と高い人の差がプログラム実施前と実施後で変わらないようなケース（図6-3④のようなケース）では，時間管理能力に影響を与える2つの要因（プログラムの実施・未実施，元々の時間管理能力の高・低）の効果は次の式のような単純な和（**線型モデル**）で表すことができる。

$$y_i = \beta_0 + \beta_1 x_{iA} + \beta_2 x_{iB}$$

> y_i：各データ
> β_0：全データの平均値
> β_1：プログラムを実施した場合の効果（を表す定数）
> 　＝プログラムを実施した場合，β_1 だけ得点が上昇することを示す
> β_2：元々の時間管理能力の高・低の効果（を表す定数）

> ＝元々時間管理能力が高かった場合，β_2 だけ得点が上昇することを示す
>
> x_{iA}：参加者番号 i の人がプログラム実施群（実験群）の場合 1，未実施群（統制群）の場合 0
>
> x_{iB}：参加者番号 i の人が時間管理能力高群の場合 1，低群の場合 0

　複数の要因が互いに独立ではない場合もありうる。図6-5のように時間管理能力低群にはプログラム実施の効果があるが，時間管理能力高群には効果がない，といった交互作用が見られるケースである。

　このケースでは時間管理能力に影響を与えるプログラムの実施の効果と元々の時間管理能力の高・低の効果の和に加えて，2つの要因の絡み合った効果を $\beta_3 x_{iA} \times x_{iB}$ の項を加えた次の式で表すことができる。

$$y_i = \beta_0 + \beta_1 x_{iA} + \beta_2 x_{iB} + \beta_3 x_{iA} \times x_{iB}$$

> β_3：交互作用の効果（を表す定数）
>
> ＝交互作用が発生するような2つの要因の絡み合いの場合，β_3 だけ得点が上昇（もしくは下降）することを示す

2-2　モデルの階層性

　前項2つ目の式をもう一度見てみよう。交互作用の項（$\beta_3 x_{iA} \times x_{iB}$）と共に，プログラムの実施・未実施の主効果の項（$\beta_1 x_{iA}$）や時間管理能力の高・低の主効果の項（$\beta_2 x_{iB}$）も含まれている。しかし，交互作用が見られた場合には，交互作用に含まれる要因（x_{iA} と x_{iB}）の主効果（β_1 と β_2）は無視することになる。単純に考えると，プログラムの実施・未実施の主効果や時間管理能力の高・低の主効果は含まない $y_i = \beta_0 + \beta_3 x_{i1} \times x_{i2} + e_i$ といったモデルを考えても良さそうに思える。技術的には，プログラムの実施・未実施の主効果や時間管理能力の高・低の主効果を入れないモデルを設定することは可能である。しかし，一般的には上位の効果（例えば，交互作用）をモデルに投入する時には，必ず下位の効果（例えば，交互作用に含まれる要因の主効果）を投入する（このことを階層的とか階層モデルと呼ぶ）。階層モデルでは，交互作用が見られる場合には，その交互作用に含まれる要因の主効果を含む形でモデルを設定する。

　ここまでの説明では，上位の効果（例えば，交互作用）が見られた場合，下

位の効果（例えば，交互作用に含まれる要因の主効果）は無視してきた。というのは，こうした場合，その後の下位検定で単純効果として下位の効果（交互作用に含まれる要因の〈単純〉主効果）を検討するからである。例えば，交互作用の下位検定として，時間管理能力高群のデータを対象にプログラム実施グループと未実施グループの平均値を比較する単純主効果の検定を行った場合，この単純主効果はプログラム実施・未実施の主効果の一部を含んでいると考えることができる。そもそも，2要因の実験計画を立てた時点で交互作用に興味があるといえよう。もし，他の要因とは関連しないある特定の要因の主効果に興味があるならば，その要因に関する1要因の実験計画を立てるべき（はず）である。

　とはいえ，交互作用が見られず，特定の要因の主効果が見られることは実際の研究では頻繁にある。また，交互作用が見られたものの，他の要因とは関連しないある特定の要因の（主）効果についても検討したい場合はある。そうした場合には，（上位の効果が見られても）あえて下位の効果（例えば，交互作用に含まれる要因の主効果）について検討する場合もある。ただし，そうした場合には，その要因の効果の解釈に際して，上位の効果の意味するところを十分に考えたうえで行う必要がある。

3　3要因以上の分散分析

3-1　二次の交互作用

　分散分析では，3要因以上のデータを分析することも可能である。要因がA，B，Cと3つあるデータに対する3要因分散分析では，要因A，B，Cがそれぞれ互いに影響し合う二次の交互作用（A×B×Cの交互作用），要因AとBが影響し合う交互作用（A×Bの交互作用），要因BとCの交互作用（B×Cの交互作用），要因AとCの交互作用（A×Cの交互作用），それらに加えて要因A，B，Cそれぞれの主効果の有無が示される。

　二次の交互作用が見られた場合，1つの要因のある条件のもとでの残り2つの要因に関する分析（**単純交互作用**の分析）を行う。具体的には，要因Aの条

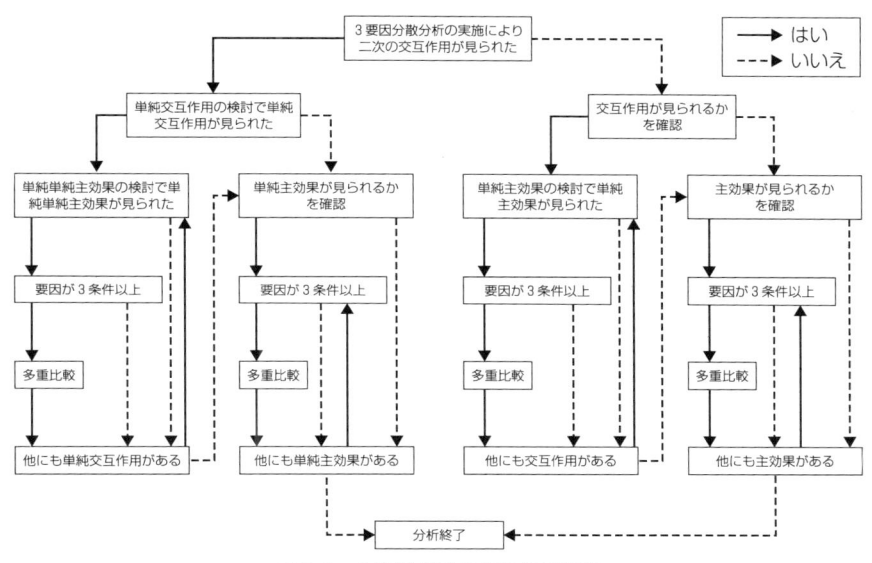

図6-7　3要因分散分析の分析手順

件1における要因Bと要因Cの（単純）交互作用および要因B，Cそれぞれの主効果（**単純主効果**）を検討することになる。そのうえで，順次，要因Aの条件2，条件3……，また，要因Bの条件1における要因Aと要因Cの単純交互作用……と調べていく（図6-7）。

　いずれかの単純交互作用が見られた場合，例えば，要因Aの条件1における要因Bと要因Cの単純交互作用が見られた場合，要因Aの条件1における要因Bの条件1における要因Cの効果（**単純単純主効果**）を検討する。一方，最初の3要因分散分析において，二次の交互作用が見られなかった場合，各交互作用の有無から見ていくことになる。なお，単純交互作用についてはすべてのパターンを検討するのではなく，仮説に応じて必要な部分のみ検討すればよい。

3-2　3要因分散分析と二次の交互作用

　ある大学の新入生に対して，入学時に時間管理能力の測定を実施したとする。そして，新入生を時間管理能力の高群と低群に分けて，両者に時間管理能力を

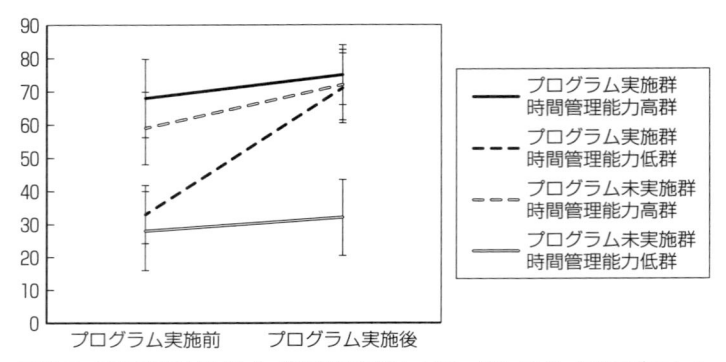

図6-8 交互作用がある2（時間管理能力：高・低）×2（プログラム：実施・未実施）×2（時期：プログラム実施前・実施後）の3要因分散分析の結果

向上させるためのプログラムを実施し，プログラムの効果を確認するために，プログラム実施後に時間管理能力を再度測定した。さらに，比較のためにプログラムを実施しなかったクラスにもプログラムを実施しなかった以外は同様の測定を行った。したがって，実験計画としては，2（時間管理能力：高・低）×2（プログラム：実施・未実施）×2（時期：プログラム実施前・実施後）の3要因計画となる（図6-8）。行う分析は，3要因分散分析であり，第1要因と第2要因が被験者間要因，第3要因が被験者内要因となる。

3-3 単純交互作用の検定

分析の結果で，まず，見る必要があるのは，二次の交互作用（時間管理能力×プログラム実施の有無×測定時期）の有無である。二次の交互作用が見られた場合，元々の時間管理能力の違いでプログラムの実施・未実施と測定時期の交互作用が存在するかもしれない。そのため，例えば，時間管理能力の高群と低群を分けて，プログラムの実施・未実施と測定時期の交互作用を調べる（図6-9）。これが単純交互作用の検定である。

単純交互作用の検定においては，2×2×2のデータの場合，理論上，6個の（単純）交互作用が存在する。しかし，例えば，測定時期がプログラム実施前の場合，すべての調査対象者が何の介入も受けていない状態なので，プログ

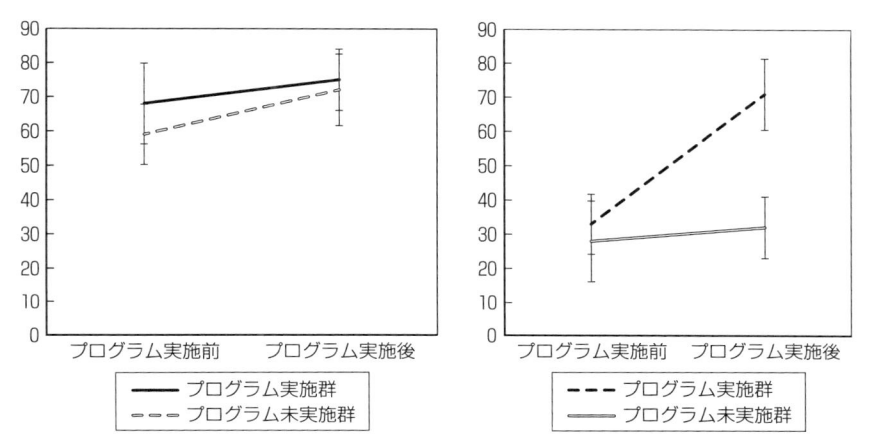

図6-9　時間管理能力高群の2（プログラム：実施・未実施）×2（時期：プログラム実施前・実施後）の単純交互作用の検討（左）と時間管理能力低群の2（プログラム：実施・未実施）×2（時期：プログラム実施前・実施後）の単純交互作用の検討（右）

ラムの効果は実施群，未実施群共に違いがないことが想定されるため，検討する意味がない。このように単純交互作用に関しては，すべてを検討する必要はなく，研究の目的（仮説）に応じて，どの（単純交互作用の検定の）結果を見るべきかを決める。[3]

　単純交互作用の検定は，基本的に2要因の分散分析と同じである。例えば，時間管理能力低群だけを対象としたプログラムの実施・未実施と測定時期の単純交互作用の検定の場合（図6-9右），時間管理能力低群のデータだけで2（プログラム：実施・未実施）×2（測定時期：プログラム実施前・実施後）の2要因分散分析を行ったという理解ができる。[4]

3-4　単純単純主効果の検定

単純交互作用が見られた場合，単純単純主効果の検定を行う。例えば，時間

→ **3**　すべての単純交互作用の検定を機械的に出力する統計ソフトも多い。
→ **4**　実際には，分析の多重性の問題を避けるための有意水準の調整などが行われている。

管理能力低群において単純交互作用が見られた場合，時間管理能力低群の中の
プログラム実施群だけを対象に測定時期（プログラム実施前・実施後）の平均値
を比較する。具体的には，対象となるデータ（図6-9右の実施群）に対して，
1要因2条件（測定時期：プログラム実施前・実施後）の分散分析を行うイメー
ジである。なお，3条件以上の分析において単純単純主効果が見られた場合に
は，さらに多重比較を行う。単純交互作用の検定で，単純交互作用が見られな
かった場合には，主効果（単純主効果と呼ぶ）の有無を見る。例えば，図6-9
左では，時間管理能力高群において単純交互作用が見られない。

3-5　二次の交互作用が見られなかった場合

　3要因の分散分析で最初に二次の交互作用が見られなかった場合，時間管理
能力×プログラム実施の有無，プログラム実施の有無×測定時期，時間管理能
力×測定時期の各交互作用のうち仮説と関連するものについて，交互作用の有
無を見る。交互作用が見られた場合，単純主効果の検定を行う。例えば，プロ
グラム実施の有無×測定時期の交互作用が見られた場合，プログラム実施群だ
けを対象に測定時期の平均値の比較，また，プログラム未実施群だけを対象に
測定時期の平均値の比較を行う。このように有意となった交互作用それぞれに
ついて単純主効果の検定を順次行う。

　最初の3要因の分散分析の結果，二次の交互作用が見られず，各交互作用も
見られなかった場合には，時間管理能力，プログラム実施の有無，測定時期の
それぞれの主効果を検討することになる。また，最初の3要因の分散分析の結
果，二次の交互作用は見られず，プログラム実施の有無と測定時期の交互作用
は見られたが，その他の交互作用は見られないといった場合がある。そうした
場合，プログラム実施の有無×測定時期の交互作用に含まれない時間管理能力
の主効果を確認することも必要である。

3-6　線型モデル

　要因がA，B，Cと3つあるデータに対する3要因分散分析で二次の交互作
用が見られる場合，線形モデルでは次のように表される。

$$y_i = \beta_0 + \beta_1 x_{iA} + \beta_2 x_{iB} + \beta_3 x_{iC}$$
$$+ \beta_4 x_{iA} \times x_{iB} + \beta_5 x_{iA} \times x_{iC} + \beta_6 x_{iB} \times x_{iC}$$
$$+ \beta_7 x_{iA} \times x_{iB} \times x_{iC}$$

式の1行目は定数項（全体の平均値）と各要因の主効果を示している。2行目は前から要因AとBの交互作用，要因AとCの交互作用，要因BとCの交互作用を示している。3行目は要因A，B，Cの二次の交互作用を示している。なお，3要因の分散分析では二次の交互作用は1つしかないので，単に二次の交互作用と呼ぶが，交互作用は3つあるので，区別できるように「○○と△△の交互作用」といった呼び方をする。

3要因分散分析で二次の交互作用が見られず，交互作用も3つのうち要因BとCの交互作用しか見られず，要因Aの主効果は見られる場合の線形モデルでは次のように表される。

$$y_i = \beta_0 + \beta_1 x_{iA} + \beta_2 x_{iB} + \beta_3 x_{iC} + \beta_6 x_{iB} \times x_{iC} + e_i$$

また，二次の交互作用が見られず，交互作用も3つのうち要因AとBの交互作用しか見られず，要因Cの主効果は見られない場合の線形モデルは次のように表される。

$$y_i = \beta_0 + \beta_1 x_{iA} + \beta_2 x_{iB} + \beta_4 x_{iA} \times x_{iB} + e_i$$

この場合，高次の効果（要因AとBの交互作用）に要因Cは含まれず，要因Cの主効果も見られないために，モデルの中に（x_{iC} で表される）要因Cを含む項目は含まれていない。結果論的には，元々要因Cは研究上検討する必要のなかった要因であり，要因AとBの2要因の研究で良かったことになる。

4　4要因以上の分散分析

理論上は4要因以上の実験計画および分散分析も可能である。ただし，分析の結果，三次の交互作用が見られると，その解釈は非常に難しくなってしまう。したがって，4要因以上の実験計画については，①1つの要因の水準ごとに3要因の実験計画を立てる，②4要因の実験計画ではあるが，そもそも三次の交互作用は見られない前提である，③三次の交互作用が見られた場合も，それは

無視して，二次の交互作用から検討する，といった方法が考えられる。①は実験計画から外した要因について検討ができないという欠点がある。②と③はそもそも4要因の実験計画および分散分析を行う意味がない。②や③のようなケースではすべての交互作用，または一部の高次の交互作用を有意でないと仮定し，データを収集・分析する方法（ラテン方格）が考案されている（大村，2013）。

❖考えてみよう

　東京と大阪の小学生について，小学1年生と6年生の身長を比べると，1年生では男子の方が高いが，6年生では女子の方が高かった。そして，地域による違いは見られなかった。このようなデータに3要因分散分析を行った場合，どのような手順で分析していくことになるか，また，どのような結果になるかを交互作用や（単純）主効果といった言葉を使って考えてみよう。

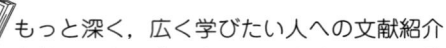

もっと深く，広く学びたい人への文献紹介

大村　平（2013）．改訂版　実験計画と分散分析のはなし――効率よい計画とデータ解析のコツ――　日科技連出版社
　　☞統計ソフトで分散分析をどのように実行するかというマニュアル的な書籍は数多くある。しかし，分散分析の原理を説明したものは（純粋な数学〈統計〉の本を除くと）あまりない。本書は，分散分析と共に実験計画法を紹介することで，分散分析の仕組みや手順を分かりやすくまとめてある。ラテン方格についても1章を割いて書かれているので，ぜひ勉強してほしい。

田中　敏・中野　博幸（2013）．R & STAR データ分析入門　新曜社
　　☞フリー解析ソフトのRと js-STAR を用いたデータ分析のマニュアル本であるが，分散分析に関する章が様々な要因の組み合わせに分けて構成されており，分散分析の仕組みがよく分かる。また，随所に分散分析に関する説明があり，統計ソフトの出力やグラフと見比べながら読むと理解が深まる。論文（中の分散分析の結果）を読むには，著者の一人である田中敏の『実践心理データ解析　改訂版――問題の発想・データ処理・論文の作成』（新曜社，2006年）もおすすめ。

引用文献

Cronbach, L. J.（1957）. The two disciplines of scientific psychology. *American*

Psychologist, 12, 671-684.

大村　平（2013）．改訂版　実験計画と分散分析のはなし——効率よい計画とデータ解析のコツ——　日科技連出版社

Snow, R. E., Tiffin, J., & Seibert, W. F.（1965）. Individual differences and instructional film effects. *Journal of Educational Psychology, 56,* 315-326.

武田　俊信・小正　浩徳・郷式　徹（2019）．講義内での大学生へのオーガナイゼーション・スキル向上プログラムの効果研究　発達心理学研究, *30*（1），1-10.

田中　敏（2006）．実践心理データ解析　改訂版——問題の発想・データ処理・論文の作成——　新曜社

田中　敏・中野　博幸（2013）．R & STAR データ分析入門　新曜社

第7章　ノンパラメトリック検定Ⅰ
—— 2×2までのクロス表の分析手法

山田真世・浅川淳司・郷式　徹

　t 検定や分散分析は群や条件の間の平均値の差を検定しており，母集団が正規分布に従うことが前提とされている。しかし，名義尺度や順序尺度のような質的データは正規分布に従わないし，平均値を求めることもできない。このように母集団に正規分布などの分布を仮定せず，名義尺度や順序尺度を用いて行う検定を，ノンパラメトリック検定という。本章では，紙面の制約もあることから，名義尺度を扱うノンパラメトリック検定に焦点を当てる（順序尺度の分析については，森・吉田〈1990〉に詳しい）。名義尺度を扱うノンパラメトリック検定で用いられる分析手法は，変数の数，対応の有無，条件の数やその組み合わせによって，表 7-1 のように整理でき，以下では二項検定から順に説明していく。

表 7-1　名義尺度を扱うノンパラメトリック検定の分類

変数の数	対　応	条件数・組み合せ	代表的な分析手法
1	な　し	1×2	二項検定
		1×k	χ^2 検定（適合度検定）
2	な　し	2×2	χ^2 検定，フィッシャーの直接法
		m×l	χ^2 検定，フィッシャーの直接法
2	あ　り	2×2	マクネマー検定
		2×k	コクランの Q 検定

1　二項検定――１変数で２カテゴリーの比率の比較

1-1　二項分布

コインを投げた時，特に細工がなければ，表と裏が出る比率は１：１である。このコインを50回投げると，出る面は表が25回，裏が25回に近いバランスで構成されるだろう。表が50回，裏が０回出ることは少ないだろうし，表が０回，裏が50回出ることも少ないであろう。表の回数が25回の場合が一番多く，それより多く，もしくは少なくなるほど出現する確率は減っていく。このような分布は二項分布とかベルヌーイ分布と呼ばれる。なお，二項分布は標本数がある程度大きく，割合（例えば，全体に対する表が出る割合）が極端でなければ正規分布に近い形になる（近似する）ことが知られている。

図 7-1 は母集団から100の標本を取り出した時，ある特徴，例えば母集団におけるコインの表が出る比率が左から 1/5，1/2，9/10 の場合を示している。二項分布は平均 np（n は標本数，p はある特徴をもつ標本の割合），分散 $np(1-p)$ の正規分布に近似する。すなわち，表が出る比率が1/5の場合（図 7-1 の左の棒グラフ）だと100回投げた時に表が出る回数は平均 $100 \times \dfrac{1}{5} = 20$，分散 $100 \times \dfrac{1}{5}\left(1 - \dfrac{1}{5}\right) = 16$ の正規分布に近似する。そのため，標本数が大きければ，表裏や勝敗のような２つのカテゴリーに分けられた名義尺度のデータであっても，その割合（表裏の比率や勝率）の推定や検定に正規分布を用いることができる。

1-2　標本数と正規分布への近似

二項分布は**離散変量**と呼ばれる飛び飛びの値（人数や回数など）に基づく分布である。離散変量は１回，２回，３回……といった値をとることができるものの，2.3回といった値をとることはできない。一方，反応時間のようなデータは3.27秒，3.54秒といった数値をとりうるし，その間の3.46789秒といった

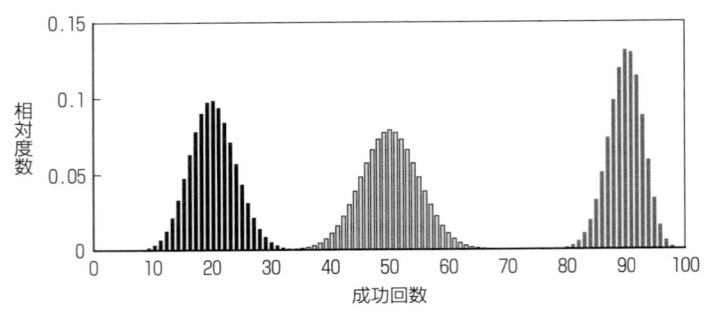

図 7-1　二項分布の例

（注）左から成功確率0.2, 0.5, 0.9の二項分布の相対度数を示す。どのグラフ
　　　も総度数は100で, 成功確率とは, 例えば, 100回のコインを投げた時に
　　　表が出る確率のこと。

数値もとりうる[1]。このように値と値の間に無限にとりうる値がある場合を**連続変量**と呼び, 正規分布は連続変量に基づく分布である。

　二項分布の正規分布への近似は, 本来離散変量である値（データ）を連続変量と見なしている。そのため, 連続のための修正（イェーツ〈Yate〉の連続性の補正）（本章第3節第4項を参照）を行った方が正規分布への近似が良くなる。

1-3　二項検定

　二項分布を用いて, 収集したデータの各カテゴリーの比率が母集団における比率と異なるかどうかを検討するのが二項検定である。例えば, 普通のコインを使って, 50回コインを投げた結果, 表が35回, 裏が15回出たとする。この場合,「コインの表と裏が出る比率には差がない」という帰無仮説を設定して, 二項検定を行うことになる。ズレは標準正規分布（第2章参照）にしたがう z 値として算出され, 二項検定を行う際には次の式を用いる[2]。

➡ 1　例えば, テストの点数は1〜100点まで1点刻みのデータだが, 連続データとして扱うことが多い。実際には離散変数であっても, とりうる値が多い場合には, 連続変量として扱うことが多い。

$$z = \frac{|x_{\partial} - nP_0| - 0.5}{\sqrt{nP_0(1-P_0)}}$$

x_{∂} は観測された値（表が出た回数），n は試行回数（コインを投げた総回数），P_0 は母比率（コインの表裏が出る確率は本来50％）を意味しており，式の分子のところで0.5引くことでイェーツの連続性の補正が施されている。この式に $x_{\partial}=35$，$n=50$，$P_0= .50$ を代入して計算すると，$z=2.687$ となる。有意水準を 5 ％とすると，z の臨界値は1.96になることから，得られた z はこの値よりも大きく，帰無仮説は棄却される。したがって，今回のコイン投げでの表と裏の比率は，一般的な場合よりも表が多く，裏が少なく出たと解釈される。

2　χ^2 検定（適合度の検定）── 1 変数で 3 カテゴリー以上の比率の比較

2-1　母集団と標本データの分布の一致

二項検定は，コインの表裏のように 2 つのカテゴリーの測定値の比率を対象としていたが，3 つ以上カテゴリーがある場合には，まず，**χ^2 検定**を行うことになる。例えば，赤色，青色，黄色，緑色のいずれかの花びらをつける花があり，どの色の花びらをつけるかは均等に分かれる。今，その花をランダムに100本摘んできたところ，表 7-2 のような「実測値」（データ）が得られた。このデータにおける花びらの色の割合は，この花の母集団の花びらの色の割合と一致しているだろうか。

この花の母集団の花びらの色の割合と完全に一致していた場合，（無作為）抽出された花びらの色の数（実測値）は表 7-2 の「理論値」のようになると考えられる。実測値と理論値が一致しているのかを確かめるために χ^2 検定を行う。ここでは，帰無仮説が「母集団と標本データの分布が一致する」となり，検定の結果が有意であった場合には，「母集団と標本データの分布が一致しな

➡ **2**　$P_0= .50$ の場合には，上述した式の代わりに，$z = \dfrac{|2x_{\partial} - n| - 1}{\sqrt{n}}$ や，$z = \dfrac{|n_1 - n_2| - 1}{\sqrt{n_1 + n_2}}$（$n_1$, n_2 は，それぞれカテゴリーの観測度数を意味している）を用いることもできる。

表7-2　抽出した花びらの色の実測値と理論値（仮想データ）

花びらの色	赤　色	青　色	黄　色	緑　色	計
実測値	55	22	16	7	100
理論値	25	25	25	25	100
ず　れ	$\dfrac{(55-25)^2}{25}$	$\dfrac{(22-25)^2}{25}$	$\dfrac{(16-25)^2}{25}$	$\dfrac{(7-25)^2}{25}$	52.56

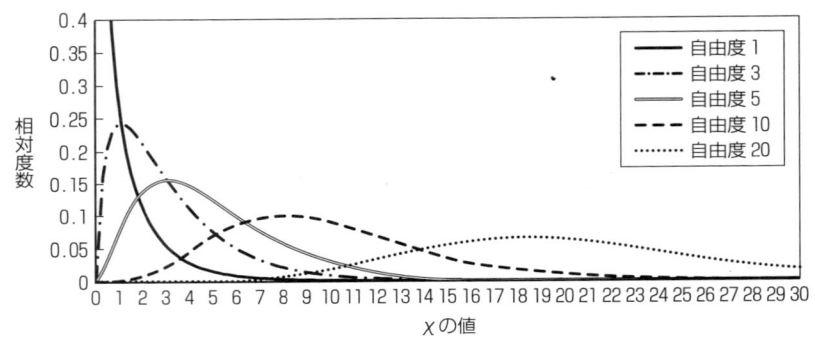

図7-2　自由度の異なる χ^2 分布のグラフ

い」という対立仮説を採択する。

　実際の χ^2 検定では，「理論値」と「実測値」のずれを算出する必要があるが，ずれは χ^2 **分布**と呼ばれる分布にしたがう χ^2 値として算出される。ここでは，花びらの色の実測値と理論値のずれの合計である52.56が χ^2 値となる。また，χ^2 分布は**自由度**によって形が変わることから（図7-2），t 分布を用いた検定（ t 検定）同様，自由度も考慮に入れる必要がある。1変数の χ^2 検定（適合度の検定）の場合，自由度はカテゴリーの数 -1 で算出でき，花びらの例の場合，$4-1$ で3となる。自由度が3で有意水準が5％の時の χ^2 の臨界値は7.81である。今回得られた χ^2 値52.56の方が上回っていることから，「母集団と標本データの分布が一致する」という帰無仮説は棄却され，「母集団と標本データの分布が一致しない」という対立仮説が採択されることになる。

2-2　多重比較

χ^2 検定によって「母集団と標本データの分布が一致する」という帰無仮説の棄却後，どのカテゴリー間に違い（大小関係）があるのかを知りたいことがある[3]。χ^2 検定で有意な結果が得られた場合，帰無仮説は棄却され，対立仮説が採択される。すなわち，理論値通りにならずに，どこかのカテゴリーの実測値が多かったり，少なかったりしていることになる。ただし，適合度検定だけでは，どのカテゴリー間の実測値に違いがあるのかは分からない。そこで，分散分析の時と同様に下位検定として**多重比較**を行う。

表 7-2 のデータの場合，赤色と青色，赤色と黄色，赤色と緑色……というように 2 つの花の色ごとに，合計 6 回，それぞれ χ^2 検定（自由度 1）を行う。検定を繰り返しているので，有意水準を 5 ％と設定すると，ボンフェローニ法[4]による有意水準の調整が必要である（調整の仕方は第 5 章第 3 節参照）。また，適合度検定の下位検定として使用可能な多重比較には，ボンフェローニ法以外にボンフェローニ法を改良したホルム法，ライアン法，テューキーの WSD 法[5]（Wholly Significant Difference test）などがある。

3　2 × 2 のクロス表の分析——2 変数の対応のない 2 条件の検定

3-1　クロス集計表

表 7-3 は保育所の年長児を対象に，保育者と一緒に絵を描く条件と子ども同士で絵を描く条件を設定し，描き方を模倣したか否かを集計したデータである。このような，共に描画する相手（保育者か子ども）といったカテゴリーを，模

→ **3**　適合度検定による帰無仮説の棄却後，どのカテゴリーで理論値と実測値のずれが生じているかを知りたい場合には，カテゴリーごとに実測値と理論値の出現率に差がないことを帰無仮説とした二項検定を行う。

→ **4**　ボンフェローニ法は非常に保守的な方法であるため，第二種の過誤を犯す可能性が高いことに注意すべきである。

→ **5**　テューキーの方法と呼ばれる手法には，WSD 法以外に HSD 法（Honestly Significant Difference test）がある。HSD 法は，量的データに対して用いる多重検定法として有名である。

表 7-3　一緒に描画する他者の種類と模倣の有無のクロス表（仮想データ）

	模倣の有無		計
	模倣なし	模倣あり	
保育者と描画	20（A）	80（B）	100（G）
子ども同士で描画	60（C）	40（D）	100（H）
計	80（E）	120（F）	200（I）

表 7-4　表 7-3 の期待値

	模倣の有無		計
	模倣なし	模倣あり	
保育者と描画	40（a）	60（b）	100（G）
子ども同士で描画	40（c）	60（d）	100（H）
計	80（E）	120（F）	200（I）

倣の有無（模倣なしか模倣あり）といった別のカテゴリーと組み合わせて分類し，その度数を集計したものを**クロス集計表**と呼ぶ。

　このデータに対して知りたいことは「誰と一緒に絵を描くかで，模倣するか否かが変わるのか」である。言い換えれば，表 7-3 のような 2 × 2 のクロス表に対して分析したいことは，常に，行（のカテゴリー）と列（のカテゴリー）に関連があるのかということである。このようにクロス表のデータに対する行と列の関係を調べる検定を**独立性の検定**と呼ぶ。独立という言葉は統計の中でよく出てくる言葉で，異なる意味で用いられることも多いが，ここでは「独立＝（行と列の）関係がない」「独立でない＝関係がある」と理解してもらえば良い。

3-2　期待値

　行と列の間に何の関連もない，すなわち，独立であると仮定した場合の表 7-4 における a ～ d の各セルの値を**期待値**と呼ぶ。a ～ d の各セルの期待値を算出するためには，まずセル E と F の比率とセル G と H の比率を算出する必要がある。誰と描画をするかと模倣の有無に何の関連もない，つまり独立な場合，セル a と b の比率とセル c と d の比率は，セル E と F の比率と同じになる。今，セル E の模倣なしの子どもは 40％，セル F の模倣ありの子どもは 60％なので，

保育者と絵を描く場合（セルａとｂ）と子ども同士で絵を描く場合（セルｃとｄ）もおおよそ40：60のはずである。

　また，保育者と絵を描く子どもは50％（セルＧ），子ども同士で絵を描く子どもは50％（セルＨ）なので，模倣なしの保育者と描画のセルと子ども同士で描画のセルの割合（ａ：ｃ）および模倣ありの保育者と描画のセルと子ども同士で描画のセルの割合（ｂ：ｄ）も50：50の比率になることが予想される。するとａのセル期待値は理論上，模倣なしの比率×保育者と描画をする比率×総度数（セルⅠ）によって求められる（＝〈セルＥの度数×セルＧの度数〉／セルⅠの度数）。

3-3　独立性の検定

　もし期待値と実測値が近い値であった場合，誰と絵を描くかということと模倣の有無という変数の間には関連がない（独立）といえる。逆に，実測値が期待値と大きく異なっていた場合，２つの変数は独立ではない，すなわち，関連があると考えることになる。ここで，各セルの実測値と期待値の間のずれを標準化した値（z値）が他のセルのずれとは無関係に（標準）正規分布に従うと想定した場合に，z値の二乗を足し合わせた値は，度数が大きいと近似的にχ^2分布（２×２のクロス表の場合，自由度は１）に従うので，適合度の検定の場合と同様にχ^2検定を用いる。

　ちなみに，２×２のクロス表の場合，各セルの期待値を計算しなくても，次の式を用いることもできる（Ａ～Ⅰの記号は表7-3の各セルを示す記号である）。

$$\chi^2 = \frac{I \times (|AD - BC|)^2}{EFGH}$$

　実際に計算してみると，$\chi^2 = 33.33$となる。自由度が１で，有意水準が５％の時のχ^2の臨界値は3.84であることから，「一緒に絵を描く相手と模倣の有無は関係ない（独立している）」という帰無仮説は棄却され，「一緒に絵を描く相手で模倣の有無に違いが見られる」という対立仮説が採択されることとなる。解釈は表7-3の数値を見れば良く，保育者と描画をする方が模倣が促され，子ども同士で描く方が模倣が見られないと解釈できるだろう。

3-4　イェーツの連続性の補正

χ^2 検定は「度数が大きいと（得られた χ^2 値は）近似的に χ^2 分布にしたがう」ことを利用している。そのため，「セルのどれかが度数 1 未満（つまり度数が 0 のセルがある）」「度数 5 以下のセルがセル全体の20%を超えている（2×2 のクロス表の場合，1 つでもこうしたセルがある）」場合には，得られた χ^2 値が χ^2 分布から乖離している可能性がある。そうした場合，χ^2 検定の結果は帰無仮説の方が正しいのに（帰無仮説を誤っていると考えて）対立仮説を正しいとしてしまう第一種の過誤を犯す可能性が高まる。そのような場合には，次項で取り上げるフィッシャーの直接法を用いるか，二項検定で用いたイェーツの連続性の補正を χ^2 検定でも用いることができる[6]。イェーツの連続性の補正は χ^2 値を算出する際に，セルごとの期待値と実測値のずれから0.5を引いた値を 2 乗したものを期待値で割る。または，次の式を用いてもよい（A～Iの記号は表7-3 の各セルを示す記号である）。

$$\chi^2 = \frac{I \times \left(|AD - BC| - \dfrac{I}{2}\right)^2}{EFGH}$$

ただし，イェーツの連続性の補正を行うと第一種の過誤を犯しにくくなる一方で，第二種の過誤を犯しやすくなるので注意が必要である。イェーツの連続性の補正は，元々連続的な分布である χ^2 分布に度数という非連続な整数のデータの確率分布を当てはめる（近似する）という無理を緩和するためのものである。特に度数が小さい場合には，度数の分布と χ^2 分布の近似のずれが大きくなる。一方，度数が大きければ，χ^2 分布は正規分布に近づくし，非連続な度数分布も正規分布に近づくため，補正は必要なくなる。

3-5　連関係数

クロス集計表の行の要因と列の要因に関連があるかどうか，その関連性が母集団にも当てはまるかを調べるための統計的仮説検定として，独立性の検定

➡ **6**　「セルのどれかが度数 1 未満（つまり度数が 0 のセルがある）」には，イェーツの連続性の補正を行っても χ^2 検定は使えないので，フィッシャーの直接法を用いる。

表 7-5　φ係数の目安

−0.2≦r≦0.2		ほとんど関連なし
−0.4≦r<−0.2	0.2<r≦0.4	弱い関連あり
−0.7≦r<−0.4	0.4<r≦0.7	中程度の関連あり
−1.0≦r<−0.7	0.7<r≦1.0	強い関連あり

（χ^2 検定）を行った。χ^2 検定が有意ならば，2 つの変数は独立ではなく，母集団でも 2 つの変数に関連があることが示唆される。しかし，そこで分かるのは，あくまで母集団において 2 つの変数が独立ではない（だから，「関連がある」と考えることにする）ということであって，その関連の大きさについては分からない。また，データ数（**サンプルサイズ**）が大きければ，χ^2 検定の結果は有意になりやすい。つまり，サンプルサイズが大きい場合はわずかな関連でも有意になりやすく，サンプルサイズが小さい場合は大きめの関連でも有意になりにくい。すると，χ^2 検定の結果が有意になった時に，はたして本当に関係性があるといって良いのか，単純にサンプルサイズが大きいがゆえに有意となっているだけなのかの識別が難しい。そこで，関係性の強さを表す指標として**連関係数**を用いる。連関係数は量的変数の関係性を表す相関係数（第 4 章参照）に類似した統計値である。

四分点相関係数（φ係数）

2 × 2 のクロス集計表の場合は，φ 係数を利用し，$m×1$ のクロス集計表の場合は，クラメールの V と呼ばれる指標を用いる（第 8 章参照）。φ 係数の計算には以下の式を用いる（A〜H の記号は表 7-3 の各セルを示す記号である）。

$$\phi = \frac{(AD-BC)}{\sqrt{EFGH}}$$

表 7-3 の誰と絵を描くのかと模倣の有無の関連性を φ 係数で示すと，

$$\phi = \frac{20×40−80×60}{\sqrt{80×120×100×100}} = −.408$$

となる。φ 係数はピアソンの相関係数（第 3 章参照）と同じで $-1≦\phi≦1$ の値をとり，絶対値が大きいほど関連性が強くなる。関連性の強さについては明確な基準はないが，目安として相関と同じように考える（表 7-5）。

ユールの連関係数

2×2のクロス集計表の場合，ユール（Yule）の連関係数を用いることもできる。ユールの連関係数の計算には以下の式を用いる（A〜Dの記号は表 7-3 の各セルを示す記号である）。

$$Q = \frac{(AD - BC)}{(AD + BC)}$$

誰と絵を描くのかと模倣の有無の関連性をユールの連関係数で示すと，

$$Q = \frac{20 \times 40 - 80 \times 60}{20 \times 40 + 80 \times 60} = -.714$$

となる。ユールの連関係数も $-1 \leqq Q \leqq 1$ の値をとり，絶対値が大きいほど関連性が強くなる。

4　フィッシャーの直接法

4-1　フィッシャーの直接法と χ^2 検定

χ^2 検定はデータの度数が小さい場合，特に「セルのどれかが度数 1 未満（つまり度数が 0 のセルがある）」「度数 5 以下のセルがセル全体の20%を超えている（2×2のクロス表の場合，1つでもこうしたセルがある）」場合には正しい結果が得られない可能性がある。そうした場合には χ^2 検定は適用しにくい。

2×2のクロス表の独立性を調べる方法として，χ^2 検定以外に**フィッシャー**（Fisher）**の直接法**[7]がある。フィッシャーの直接法は表 7-3 の E，F，G，H（周辺度数）が決まっている状態で，A，B，C，D（測定値）がとりうる値をすべて考え，実際の測定値とそれより極端な場合が起こる可能性を有意確率として直接計算する統計手法である。なお，フィッシャーの直接法では計算量が大きくなりやすいので，コンピュータ（統計ソフト）を用いることが一般的である[8]。

フィッシャーの直接法では計算量が大きくなりやすく，コンピュータを用い

> [7]　フィッシャーの直接確率法またはフィッシャーの正確確率検定と呼ばれることもある。
> [8]　計算式については，森・吉田（1990）を参照。

てもメモリの制限があったり，計算に時間がかかったりすることから，かつては，度数が小さく χ^2 検定を使いにくい場合にフィッシャーの直接法を用いることが多かった。しかし，現在のコンピュータの性能ではそうした問題は生じない。χ^2 検定では，連続的な分布である χ^2 分布に度数という非連続な整数のデータの確率分布を当てはめる（近似する）という無理を行っている。そのため，現在では，（少なくとも 2×2 のクロス表については）χ^2 検定よりもフィッシャーの直接法を用いることが推奨される。

4-2　片側検定と両側検定

コンピュータ（統計ソフト）を用いてフィッシャーの直接法を行うと，片側検定による結果と両側検定による結果が出力されることがある。両側検定における対立仮説は，例えば，表7-3のデータの場合「H_1：一緒に絵を描く相手で模倣の有無に違いが見られる（関連がある）」である。一方，片側検定における対立仮説は「H_1：保育者と一緒に絵を描くことで模倣が見られる（関連がある）」である。両側検定の場合には，一緒に絵を描く相手と模倣の有無の関連として，保育者と一緒に絵を描くことで模倣が見られる可能性だけでなく，逆の可能性（子ども同士で絵を描くと模倣が見られない可能性）も考えるが，片側検定では後者の場合については考えない。

片側検定を用いることができるのはどのような場合かについては様々な考え方があり，判断することは実は非常に難しい。基本的にはより保守的な両側検定を用いる方が良い。なお，片側検定と両側検定を両方実行して，両側検定では有意でなかったが，片側検定では有意だったので片側検定（の結果）を採用するといったことは許されない。そもそも，検定する仮説は，検定を行う前に決めておかねばならないので，片側検定と両側検定を両方実行するというのはおかしい。繰り返しになるが，基本的には両側検定を用いておけばおおよそ問題はない（一方，片側検定には様々な問題が生じうる）。なお，片側検定と両側検定に関する考え方については，フィッシャーの直接法だけではなく，ほとんどの場合に，本節で述べたことと同様に考えれば良い（つまり，ほとんどの場合，両側検定を採用すれば良い）。

5　マクネマーの検定——2変数の対応のある2条件の検定

　教職課程の大学生を対象に，「卒業後に教員を志望するかどうか」について教育実習を受ける前と後で調査し，表7-6のようなデータを得た。表7-3のデータではA，B，C，Dのセルのデータはそれぞれ異なる標本，つまり，数値が人数の場合は，異なる人を数えた数値だった。しかし，表7-6のデータでは，教育実習前の60人（Eすなわち，AとCを合わせた人数）と教育実習後の60人（Fすなわち，BとDを合わせた人数）は同じ人である。このように異なるセルに同じ標本，つまり，数値が人数の場合は同じ人が含まれる場合を，t 検定や分散分析同様，繰り返しもしくは対応のあるデータと呼ぶ。

　表7-6のデータの場合，知りたいのは教員志望に対して教育実習の影響があったかどうかである。もし，教育実習の影響があるならば，教育実習の前後で「教員を志望しない」から「教員を志望する」に変化した人数と「教員を志望する」から「教員を志望しない」に変化した人数に差が見られるだろう。一方，教育実習の影響がないならば，教育実習の前後で「教員を志望しない」から「教員を志望する」に変化した人数と教育実習の前後で「教員を志望する」から「教員を志望しない」に変化した人数が同程度となるだろう。このように二度の測定での反応の変化に偏りがあるかどうかを検討する方法として，**マクネマー**（McNemar）**検定**を用いることになる。

　ところで，表7-6のデータは2×2のクロス表になっているが，このままではマクネマー検定は行えない。マクネマー検定を行うためには，「教員を志望する」から「教員を志望する」に変化した人数，「教員を志望しない」から「教員を志望する」に変化した人数，「教員を志望する」から「教員を志望しない」に変化した人数，「教員を志望しない」から「教員を志望しない」に変化した，表7-7のような人数のデータが必要となる。

　教育実習の影響がある場合，教育実習の前後で教員を志望することについて変化が見られた人のうち，多くが「教員を志望しない→教員を志望する（H）」または「教員を志望する→教員を志望しない（I）」に含まれることが予想さ

表7-6　教育実習前後での教員志望（データは仮想データ）

	教育実習前	教育実習後
教員を志望する	20（A）	40（B）
教員を志望しない	40（C）	20（D）
計	60（E）	60（F）

表7-7　教育実習前後での教員志望の変化

実習前の教員志望→実習後の教員志望	人数
教員を志望する→教員を志望する（G）	10
教員を志望しない→教員を志望する（H）	30
教員を志望する→教員を志望しない（I）	10
教員を志望しない→教員を志望しない（J）	10

れる。一方，教育実習の影響がない場合，教育実習の前後で回答が変化した人のうち，「教員を志望しない→教員を志望する（H）」と「教員を志望する→教員を志望しない（I）」の人数が同程度になることが予想される。したがって，「教員を志望しない→教員を志望する（H）」と「教員を志望する→教員を志望しない（I）」の人数に違いがあるかどうかを確かめれば良い。

　マクネマー検定は，セルHとセルIの度数に差があるかを検定するもので，計算自体は比較するカテゴリーの度数が等しい（比率が0.5）場合の二項検定と同様である。[9]二項検定と同じく大きな標本数が望ましく，標本数が20以下（$n \leq 20$）の時には二項分布を使って計算したほうが良い。

　計算式に表7-7の数値を当てはめると，$z = 3.004$ となる。有意水準を 5 ％とすると，z の臨界値は1.96になり，得られた z はこの値よりも大きくなることから，「教員を志望しない→教員を志望する（H）」と「教員を志望する→教員を志望しない（I）」の比率が同程度であるという帰無仮説は棄却される。人数を見れば，教育実習前より実習後の方が教員を志望する学生が増えたことがわかる。

➡ 9　マクネマー検定の計算は，以下のようになる。

$$z = \frac{|n_1 - n_2| - 1}{\sqrt{n_1 + n_2}}$$　n_1：セルHの度数　　n_2：セルIの度数

　なお，マクネマー検定ではセルHとセルⅠの度数の比較しか行っておらず，変化しなかった部分については取り上げない。そのため，全体で見た時に変化しなかった人（「教員を志望する→教員を志望する」や「教員を志望しない→教員を志望しない」）が多い場合には，変化した部分で有意な結果が得られても，変化した部分への要因（教育実習）の影響は小さいことに留意すべきである。

❖考えてみよう

　幼稚園の年長児と小学1年生を対象に「おばけと仲良くなれますか？」を尋ねたところ，「仲良くなれる」と「仲良くなれない」という回答が得られ，表7-8のようなデータとなった。このデータに対して知りたいことは，学年によって「おばけと仲良くなれますか？」への回答が変わるのかである。

表7-8　学年ごとの「おばけと仲良くなれますか？」への回答（仮想データ）

	仲良くなれる	仲良くなれない
年長児	60	50
小学1年生	20	80

①このデータを分析する際の帰無仮説を考えてみよう。

②検定の結果，$\chi^2 = 25.062$ となった。自由度が1で，有意水準が .05 の時の χ^2 の臨界値は 3.84 である。この時の結果の解釈を考えてみよう。

〈模範解答〉

①学年と「おばけと仲良くなれますか？」への回答内容に関係はない。

②検定結果から，帰無仮説「学年と『おばけと仲良くなれますか？』への回答内容に関係はない」は棄却され，「学年と『おばけと仲良くなれますか？』への回答内容には関係がある」という対立仮説が採択されることとなる。数値より，年長児はおばけと仲良くなれると回答する人数が多く，小学1年生はおばけと仲良くなれないと回答する人数が多いと解釈できる。

📖 もっと深く，広く学びたい人への文献紹介

　吉田　寿夫（1998）．本当にわかりやすいすごく大切なことが書いてあるごく初歩の統計の本　北大路書房

　　　☞ノンパラメトリック検定についてのみ記載されているわけではないが，質的変数を用いたデータの下処理から基礎的な分析方法までが丁寧に説明されているため，最初に読むべき本の1冊だろう。

　森　敏昭・吉田　寿夫（1990）．心理学のためのデータ解析テクニカルブック　北大路書房

　　　☞巻末を開くと，独立変数の数や水準の数によって用いるべきノンパラメトリック検定（順序尺度の場合も含む）が整理されており，困った時にはま

ずこの部分を参照すると良いだろう。それぞれのノンパラメトリック検定
の説明も非常に丁寧で，具体例を用いて説明されているために分かりやす
い。必携の1冊である。

引用文献

森　敏昭・吉田　寿夫（1990）．心理学のためのデータ解析テクニカルブック　北
　　大路書房

第8章　ノンパラメトリック検定Ⅱ
—— 2×2を超えるクロス表の分析手法

浅川淳司・山田真世・郷式　徹

> 　第7章では，ノンパラメトリック検定の中でも，2×2までのクロス表の分析手法を取り上げた。本章では，2×2を超えるクロス表の分析手法を取り上げる。ところで，2変数のうち1つでも3条件以上の場合には，行（のカテゴリー）と列（のカテゴリー）に偏りがあることが分かっても，どこ（どのセル）に偏りがあるのかについては分からない。つまり，分割表のどのセルの数値が大きい，もしくは小さいのかを調べる必要がある。そこで，その際に使用する残差分析や多重比較の手法を説明する。最後に3変数のノンパラメトリック検定（$m×n×l$ のように層になったクロス表）についても簡単に紹介する。

1　2×2を超えるクロス表の分析
——対応のない2変数で少なくとも1つの変数が3条件以上の検定

1-1　χ^2 検定

　表8-1は保育所の1歳児，2歳児，3歳児クラスを対象に，描画をしている様子を観察し，どのタイミングで描いた絵に命名するかを調査したデータである。例えば，点をいくつか描いた後に，「雨」と命名すれば描画後の命名となり，点を描く前に「雨，描く」と言って描き始めれば描画前の命名となる。このデータに対して知りたいことは「年齢クラスによって，命名のタイミングが異なるか」である。つまり，年齢クラスのカテゴリーによって，命名タイミングのカテゴリーに偏りがあるかどうかを検討することが目的となる。帰無仮説は「年齢クラスによって，命名のタイミングは異ならない」となる。

表8-1　年齢クラス×命名のタイミングのクロス表（仮想データ）

年齢クラス	命名のタイミング		計
	描画後	描画前	
1歳児	50（A）	10（B）	60（I）
2歳児	20（C）	30（D）	50（J）
3歳児	10（E）	60（F）	70（K）
計	80（G）	100（H）	180（L）

　もし，帰無仮説が採択される場合，期待値と実測値が近い値となるはずである。2×2のクロス表の場合と同様に，（行の周辺度数×列の周辺度数）÷総度数によって，そのセルの**期待値**が求められる。表8-1の場合，1歳児の行の合計60（セルI）と描画後に命名する列の度数の合計80（セルG）をかけたものを総度数180（セルL）で割ると，1歳児×描画後の命名の期待値26.67（セルA）が求められる。

　もし期待値と実測値が近い値であった場合，1歳児と描画後の命名という変数の間には偏りがない（独立）といえる。逆に，実測値が期待値と大きく異なっていた場合，2つの変数は独立ではない，すなわち，何らかの偏りがあると考えることになる。そこで，各セルの実測値と期待値の間のずれを標準化した値（z値）を足し合わせたχ^2値を求める。2×2を超えるクロス表を対象としたχ^2検定でχ^2値を求める式は以下の通りである。実測値と期待値の差が大きくなるほどχ^2値は大きくなる。

$$\chi^2 = \sum \frac{(|(各セルの)測定値 - 期待値|)^2}{期待値}$$

　表8-1のデータの場合，χ^2値は62.936で，自由度は2である。なお，χ^2値の**自由度**は（行の水準数－1）×（列の水準数－1）で求められるので，表8-1のように3×2のクロス表の場合，（3－1）×（2－1）＝2になる。自由度が2で，有意水準が5％の時のχ^2の臨界値は5.99であることから，データから得られたχ^2値が5.99を超えていれば，帰無仮説は棄却され，対立仮説が採択される。表8-1のデータの場合，5.99を超えているので，「年齢クラスによって，命名のタイミングは異ならない」という帰無仮説は棄却されて，「年齢クラスによ

って，命名のタイミングが異なる」という対立仮説が採択されることになる。

1-2　イェーツの連続性の補正

χ^2 検定では度数の少ないセルがある場合には，有意になりやすくなる傾向がある（第一種の過誤が生じやすい）。この傾向は，χ^2 分布が元々連続的な数値に対する分布のため，クロス集計表のように離散的な数値の分布との誤差から生じる。特に度数が小さいセルがある場合にはこの傾向は顕著になる。

そこで，2×2のクロス表に対する χ^2 検定と同様に**イェーツの連続性の補正**を用いる[1]。イェーツの連続性の補正は一般的に期待値が5より小さいセルがある場合に用いられる。ただし，イェーツの連続性の補正は過剰に補正する傾向がある。帰無仮説を棄却すべき時に棄却しそこなう（第二種の過誤を犯す）可能性があるため，イェーツの連続性の補正はデータ数が非常に少ない時でさえも必要ないという主張もある（Sokal & Rohlf, 1981）。

1-3　フィッシャーの直接法

2×2を超えるクロス表においても，**フィッシャーの直接法**を用いることもできる。フィッシャーの直接法は帰無仮説（行と列に偏りはない）のもとで測定値のような状況が生じる確率を直接計算している。そのため，データ数の少なさ（期待値が5未満のセルがある場合）や度数が0のセルがあることに影響されない。

ただし，2×2を超えるクロス表においてフィッシャーの直接法による確率の算出は，計算量が莫大なものとなりやすい。そのため，コンピュータの性能が低かった頃には，2×2を超えるクロス表にフィッシャーの直接法を行うことは難しかった。しかし，現在は2×2を超えるクロス表に対応したフィッシャーの直接法を行える統計ソフトがある[2]。

そもそも，χ^2 検定はフィッシャーの直接法の莫大な計算量を避けるための

➡1　イェーツの連続性の補正の式は以下の通り

$$\chi^2_{Ya} = \sum \frac{(|(各セルの)測定値 - 期待値| - 0.5)^2}{期待値}$$

近似法という面がある。コンピュータ（統計ソフト）による計算が可能となった現在では，クロス表の分析はフィッシャーの直接法を適用する方が望ましいかもしれない。なお，1つの研究（論文）において，複数のクロス表があり，それぞれの表について分析を行う場合，ある表にはχ^2検定を適用し，別の表にはフィッシャーの直接法を適用するといった混用は避けるべきである。χ^2検定には度数が小さい場合には使えないという制限があるのに対して，フィッシャーの直接法にはそうした制限がないことから，クロス表を自分で分析する場合にはフィッシャーの直接法を用いれば良い。

1-4　連関係数

2×2のクロス表の場合と同様に$m×n$のクロス表に関しても行の要因と列の要因の関連の強さを表す指標がある。その一つが**クラメールの連関係数**（V）である。クラメールの連関係数の計算には以下の式を用いる。

$$V=\sqrt{\frac{\chi^2}{N(k-1)}}$$

> N：クロス表の総度数
> k：クロス表の行（m）と列（n）の条件の少ない方の条件数（3×4
>   のクロス表の場合，mが3でnが4なので，kは3）

クラメールの連関係数は2×2のクロス表の場合にはϕ係数の絶対値（$|\phi|$）と一致する。したがって，クラメールの連関係数は$0 \leq V \leq 1$の値をとり，値が大きいほど関連性が高くなる。関連性の強さについては，目安として相関係数やϕ係数と同じように考える。連関係数にはクラメールの連関係数以外にも，κ係数，グッドマン=クラスカルのγ，グッドマン=クラスカルのτ，リスク比，オッズ比など様々なものがある。どの連関係数も行と列の変数の関連の強さを表すものであるが，それぞれに特徴が異なるため，特徴や適応ケースをふまえて連関係数を選択することが必要となる。

→2　統計ソフトRのRVAideMemoireパッケージのfisher.multcomp関数を使ったり，青木繁伸氏のホームページ（http://aoki2.si.gunma-u.ac.jp/exact/exact.html）から簡単に実行できる。

2　コクランの Q 検定——一方の変数が対応のある 3 条件以上で，もう一方の変数が 2 条件以上の検定

　対応のあるデータ（繰り返しのあるデータ）の分析については，2 回の測定を繰り返した場合の測定間の変化に偏りがあるかどうかを検討する方法として**マクネマー検定**を用いる（前節参照）。そして，3 回以上の測定を繰り返した場合（3 条件以上の場合）の測定間の変化に偏りがあるかどうかを検討するための方法として，**コクラン**（Cochran）の **Q 検定**がある。ただし，コクランの Q 検定は正誤，賛否，有無のような従属変数が 2 つのカテゴリーに分類できる場合にのみ適用できる。

　例えば，3 歳，4 歳，5 歳と 3 時点で，同じ子ども20名を対象に計算課題の際に手指を利用するかどうかについて追跡調査を行い，表 8-2 のようなデータが得られたとする。このデータに対する帰無仮説は，「年齢時期によって，指の利用の有無は異ならない」であり，対立仮説は「年齢時期によって，指の利用の有無は異なる」となる。コクランの Q 検定の計算には以下の式を用いる。

$$Q = \frac{(k-1)\left[k\sum_{j}^{k}C_j^2 - \left(\sum_{j}^{k}C_j\right)^2\right]}{k\sum_{j}^{k}C_j - \sum_{i}^{k}R_i^2}$$

k：条件数　　　C_j：条件ごとの 1 の合計　　　R_i：調査者ごとの 1 の合計

　表 8-2 のデータを当てはめて，実際に計算してみると，$Q = 16.93$ となる。Q 検定でも自由度 $k-1$ の χ^2 分布を利用する。自由度 2 で，有意水準が 5 ％の時の χ^2 の臨界値は5.99であり，得られた Q の値はこれより大きいため，帰無仮説は棄却され，対立仮説が採択される。したがって，年齢時期によって計算時の指の利用の有無には偏りがあることになる。

表8-2　調査時期ごとの計算時の指の利用の有無
（仮想データ）

対象児	時期			計(R_i)
	3歳	4歳	5歳	
1	1	1	1	3(R_1)
2	1	1	1	3(R_2)
3	0	1	1	2(R_3)
4	0	1	1	2(R_4)
5	0	1	1	2(R_5)
6	1	0	1	2(R_6)
7	0	0	1	1(R_7)
8	1	0	1	2(R_8)
9	0	0	1	1(R_9)
10	0	1	1	2(R_{10})
11	0	1	1	2(R_{11})
12	0	1	1	2(R_{12})
13	0	1	1	2(R_{13})
14	0	1	1	2(R_{14})
15	0	1	1	2(R_{15})
16	0	0	1	1(R_{16})
17	0	0	1	1(R_{17})
18	0	0	0	0(R_{18})
19	0	0	0	0(R_{19})
20	0	0	0	0(R_{20})
計(C_j)	4(C_1)	11(C_2)	17(C_3)	32

（注）計算時に指を利用した場合を1，利用しなか
った場合を0と表記。

3　下位検定

　2×2を超えるクロス表を対象としたχ^2検定やフィッシャーの直接法，コクランのQ検定で有意な結果が得られたとしても，それは行と列のどこかで偏

表8-3 年齢クラス×命名のタイミングの調整済み標準化残差

年齢クラス	命名のタイミング	
	描画後	描画前
1歳児	7.425（A）	−7.425（B）
2歳児	−0.744（C）	0.744（D）
3歳児	−6.496（E）	6.496（F）

りがあることが明らかになったにすぎない。そのため，表8-1の場合，この時点では「年齢クラスによって，命名のタイミングが異なる」とはいえるが，「1歳児では描画後の命名が多い」とか，「3歳児では描画前の命名が多い」といった解釈はまだできない。

3-1 χ^2 検定の場合——残差分析

表8-1において「1歳児では描画後の命名が多い」ということを確かめたい場合，Aのセルの実測値が期待値よりも大きいかどうかを検討すればよい。実測値と期待値の差を**残差**と呼ぶ。各セルの実測値が期待値に比べて大きいか，もしくは小さいかを判定するために，残差を用いる分析を**残差分析**と呼ぶ。実際には，下記のように残差を標準正規分布に従うように標準化した数値を用いる。表8-1の各セルの調整済み標準化残差を表8-3に示す。

$$調整済み標準化残差 = \frac{残差}{\sqrt{期待値×残差分散}}$$

$$残差 = 測定値 − 期待値$$

$$残差分散 = \left(1 - \frac{行の合計度数}{総度数}\right)\left(1 - \frac{列の合計度数}{総度数}\right)$$

調整済み標準化残差が1.96より大きければ，そのセルは5％水準で有意である。すなわち，偶然ではなく期待値よりも実測値が大きいといえる。逆に，調整済み標準化残差が−1.96より小さければ，そのセルは5％水準で期待値よりも実測値が小さいといえる。表8-3の場合，セルAは7.425で，1.96よりも大きいため，「1歳児では描画後の命名が多い」といえる（なお，セルB，E，Fについても期待値よりも実測値が大きい，または小さいといえる）。

表8-4　年齢クラス間（条件間）での比較

①1歳児と2歳児の比較

年齢クラス	命名のタイミング	
	描画後	描画前
1歳児	50	10
2歳児	20	30

②1歳児と3歳児の比較

年齢クラス	命名のタイミング	
	描画後	描画前
1歳児	50	10
3歳児	10	60

③2歳児と3歳児の比較

年齢クラス	命名のタイミング	
	描画後	描画前
2歳児	20	30
3歳児	10	60

3-2　フィッシャーの直接法の場合

　2×2を超えるクロス表にフィッシャーの直接法を適用し有意な結果が得られた場合も，それは行と列の度数に偏りがあることが明らかになったにすぎない。そこで，下位検定を行って，より詳細な条件間の比較を行う。ただし，フィッシャーの直接法の下位検定として残差分析を用いることはできない。

　フィッシャーの直接法の下位検定は，クロス表の一部分にフィッシャーの直接法を行う。ただし，検定を繰り返すと第一種の過誤が生じやすくなる（第5章第3節参照）ので，有意水準を補正する必要がある。有意水準の補正にはボンフェローニ法やホルム法などを用いることができる。

　例えば，表8-1にフィッシャーの直接法を適用し有意な結果が得られた場合，1歳児の行と2歳児の行（表8-4①），1歳児の行と3歳児の行（表8-4②），2歳児の行と3歳児の行（表8-4③）に順次フィッシャーの直接法を実施する（その際，有意水準を補正する）。つまり，第7章第4節で見た，2×2のクロス表を対象としたフィッシャーの直接法を3回繰り返すことになる。それぞれの確率を計算すると，表8-4①では $p=.000$，表8-4②では $p=.000$，表8-4③では $p=.002$ となる。有意水準を0.05と設定し，ボンフェローニ法を用いて修正すると，有意水準は0.0167となる。いずれの結果も0.0167を下回っていることから帰無仮説は棄却され，対立仮説が採択される。

　したがって，1歳児クラスでは2歳児クラスと3歳児クラスに比べて描画後に命名する子どもが多く，2歳児クラスでは1歳児クラスに比べると描画前に命名する子どもが多いが，3歳児クラスに比べると少なく，3歳児クラスが描画前に命名する子どもが最も多いと解釈できる。

表8-5　各年齢間の指の利用の変化

①3歳から4歳の変化

3歳→4歳	人数
利用あり→利用あり	2
利用なし→利用あり	9
利用あり→利用なし	2
利用なし→利用なし	7

②3歳から5歳の変化

3歳→5歳	人数
利用あり→利用あり	11
利用なし→利用あり	13
利用あり→利用なし	0
利用なし→利用なし	3

③4歳から5歳の変化

4歳→5歳	人数
利用あり→利用あり	11
利用なし→利用あり	6
利用あり→利用なし	0
利用なし→利用なし	3

3-3　コクランのQ検定の場合

　コクランのQ検定の場合も，結果が有意になっても，どの条件間で偏りがあるのかは分からないため，下位検定を行う必要がある。コクランのQ検定の下位検定では，第7章第5節で説明した**マクネマー検定**を用いる。

　表8-2を例にすると，3歳と4歳の列，3歳と5歳の列，4歳と5歳の列に順次マクネマー検定を実施する（その際，有意水準を補正する）。そのため，それぞれの組み合わせで，指の利用有無の変化を集計する必要がある（結果を表8-5に示す）。マクネマー検定を行い，z値を計算すると，表8-5①では$z=1.81$，$p=.070$，表8-5②では$z=3.33$，$p=.001$，表8-5③では$z=2.04$，$p=.041$となる。有意水準を0.05と設定し，**ボンフェローニ法**を用いて修正すると，有意水準は，0.0167となる。0.0167を下回った表8-5②では帰無仮説は棄却され，対立仮説が採択される。表8-5①と表8-5③については帰無仮説が採択されることになる。したがって，3歳から5歳にかけては指を利用する子どもが増えたが，3歳から4歳，4歳から5歳にかけては増加したとはいえないと解釈できる。

3-4　下位検定を行うことへの批判

　一般的には，2×2を超えるクロス表にχ^2検定やフィッシャーの直接法などを実施し，それが有意だった場合，**多重比較**によって詳細な条件間の比較を行う。しかし，そうした手順への批判もある。

　群間の違いを検討したいのならば，2×2を超えるクロス表全体にχ^2検定やフィッシャーの直接法を行うことなく，最初から多重比較を行っても良い。

そもそもクロス表全体に対する検定と多重比較では，検定の目的（そして仮説）が異なる。目的（仮説）が異なるのであるから，例えば，群間の違いを検討したいならば，多重比較のみを行っても良いし，そうすべきであることも多い。

　他の検定の場合も同様で，統計ソフトで分散分析を行うと，ほぼ自動的に下位検定として多重比較までやってくれる場合が多い。しかし，分散分析を行って有意であれば多重比較する，という手順を機械的に行うべきではない。分散分析が有意でも多重比較が有意とは限らないし，逆に，分散分析が有意でなくても多重比較が有意となることもある。元々，群間の違いを検討したいなら，分散分析の結果を無視して，多重比較の結果を検討すれば良い（その場合，そもそも分散分析を行う必要がない）。重要なのは分析の目的を明確にすることである。分析の目的が明確になれば，仮説（帰無仮説）がきちんと設定され，対応する分析（検定）が決まるはずである。

4　3変数以上の比率の差の検定方法

　3変数以上の比率の差を分析する手法は，より複雑な計算が必要になるため，ここでは簡単な説明にとどめておく。また，以下に紹介する分析手法以外の方法もあるため，より詳細な内容に興味のある方は，章末の文献紹介で紹介している書籍を参照していただきたい。

4-1　対数線型モデル分析（対数線型分析）

　対応のない3変数以上の比率の差を分析する手法の一つとして，**対数線型モデル分析**がある。対数線型モデルはクロス表の各セルの（対数変換した）期待値を行（m），列（n），層（l）の主効果およびそれらの交互作用で説明するモデルである。なお，対数線型モデル分析は $m \times n$ のクロス表に対しても適用可能である。

　対数線型モデル分析の概念は，分散分析の線形モデルに似ている（第5章および第6章参照）。ここでは，分かりやすくするために，$m \times n$ のクロス表に対して対数線型モデル分析を行った場合についてごく簡単に説明する。$m \times n$ の

クロス表に対して対数線型モデル分析を行うと，通常，①行（m）の主効果＋列（n）の主効果＋行（m）×列（n）の交互作用を含む**飽和モデル**，②行（m）の主効果＋列（n）の主効果のみで交互作用を含まない**加法モデル**[3]を比較することになる。[4]比較する際に基準となるのが，実際のデータと設定したモデルの一致の程度を見る逸脱度と適合度である。①のモデルの逸脱度を0とした時に，②のモデルの逸脱度が小さく，適合度が大きければ②のモデルを採用する。[5]逆に，②モデルの逸脱度が大きければ，①のモデルを採用することになる。①のモデルと②のモデルの違いは，行（m）×列（n）の交互作用項を含むかどうかどうであるので，①のモデルを選択することになった場合には，交互作用を考慮する必要がある一方，②のモデルを選択することになった場合には，行（m）と列（n）のそれぞれの主効果について検討することになる。交互作用を検討する下位検定の方法の一つとして，前節で紹介した残差分析を用いることができる。

　いくつかのモデルを比較するという点では，対数線型モデル分析は統計検定というより，重回帰分析を含む多変量解析に近いかもしれない。

4-2　標準得点（z）による検定法

　1つの変数に対応があり，もう一つの変数に対応のない$2 \times 2 \times 2$のクロス表の比率の差を分析する手法として，標準得点による検定法がある。第7章第5節で取り上げた表7-6のデータは，教育実習に参加する前後で教員志望の比率の変化を検討する例であった。しかし，本当に教育実習の影響を検討したいのであれば，教育実習を行わなかった統制群の設定が必要であり，教育実習あ

→ **3**　不飽和モデルや独立モデルといわれたりもする。

→ **4**　$m \times n \times l$の3層のクロス表に対数分析モデルを適応する場合には，飽和モデルは，mの主効果＋nの主効果＋lの主効果＋$m \times n$の交互作用＋$m \times l$の交互作用＋$n \times l$の交互作用＋$m \times n \times l$の交互作用となる。このモデルを基準にして，$m \times n \times l$の交互作用から順に，他の交互作用を減らしていき，モデル間で逸脱度と適合度を比較する。

→ **5**　モデル間の逸脱度の比較では，尤度比検定が用いられたり，逸脱度自体がχ^2分布に従うことを利用して，「データとモデルにずれ（差）がない」という帰無仮説のもと，統計的仮説検定を行う場合がある。

表8-6　教育実習あり群と実習なし（統制）群における実習前後の教
　　　　員志望の変化

実習前の教員志望→実習後の教員志望	条件	
	教育実習あり	教育実習なし
教員を志望する→教員を志望する	10	10
教員を志望しない→教員を志望する	30（A）	20（C）
教員を志望する→教員を志望しない	10（B）	15（D）
教員を志望しない→教員を志望しない	10	15
計	60（E）	60（F）
実習前の「教員を志望する」率	.33	.42
実習後の「教員を志望する」率	.67	.50
教員を志望する率の変化	.34（G）	.08（H）

り群と教育実習なし群（統制群）で教員志望の有無の比率の変化に違いがある
か比較検討することが望ましい。ここで統制群を設けると，2（実習あり，実
習なし）×2（実習前，実習後）の2要因計画になる。この時，教育実習実施の
有無については，参加者が異なる対応なしのデータになるが，教育実習の前後
については同じ参加者なので対応ありのデータとなる。

　分析を進めていくうえでは，表7-7のデータに統制群のデータを追加して表
8-6のようなデータセットを準備する必要がある。このデータセットを用いて，
実習前後の「教員を志望する」率の変化が，教育実習あり条件と教育実習なし
条件で異なるかどうか検討することで，教員志望に対して教育実習の影響があ
ったどうかを検討することができる。したがって，表8-6に対応させて帰無仮
説と対立仮説を整理すると，帰無仮説はセルG＝セルHとなり，対立仮説はセ
ルG≠セルHとなる。計算式は以下の通りである（A～Hの記号は表8-6の各セ
ルを示す記号である）。有意水準5％の場合，zの臨界値は1.96（両側検定）と
なるため，1.96を超えていれば帰無仮説を棄却し，対立仮説を採択する。

$$z = \frac{G - H}{\sqrt{\dfrac{A + B - \dfrac{(A-B)^2}{E}}{E^2} + \dfrac{C + D - \dfrac{(C-D)^2}{F}}{F^2}}}$$

　実際に計算してみると，$z=1.893$ となり，1.96を下回っていることから帰無仮説が採択され，教育実習は教員志望率に影響を与えていないと解釈される。

4-3　その他の方法

　$m \times n \times l$ 以上のクロス表になるようなデータで，m，n，l……の要因のうち1つを従属変数と考える場合，**ロジスティック回帰分析**を行うことも可能である。ロジスティック回帰分析は従属変数が正誤や可・不可のような2値をとる場合の（重）回帰分析（第9章参照）である。ロジスティック回帰分析は回帰分析の一種なので，従属変数以外の変数は間隔尺度以上の連続変数を採用できるし，連続変数の方がモデルの当てはまりや情報量の観点からも良い。それ以外にも，$m \times n \times l$ のクロス表に対しては，逆正弦変換法といった手法もある（森・吉田，1990）。

❖考えてみよう

　以下のデータから導出された問いに対して，どのノンパラメトリック検定を行うのが適当か考えてみよう。

①子どもたち100名に「トマトの好き嫌い」を尋ねたところ，「トマトが好き」な子どもは70名，「トマトが嫌い」な子どもは30名であった。トマトの好き嫌いに差はあるのか。

②3歳児，4歳児，5歳児クラスの子どもたちに「トマトの好き嫌い」を尋ねたところ，表8-7のようなデータが得られた。年齢クラスによって，トマトへの好き嫌いは異なるのか。

③4歳児クラスでトマトの栽培とクッキングを行った。この子どもたちに，栽培前・後，クッキング後に「トマトの好き嫌い」を尋ねたところ，表8-8のようなデータを得られた。質問をする時期によってトマトの好き嫌いは異なるのか。

表8-7　「トマトの好き嫌い」への年齢クラス，回答別の人数（仮想データ）

年齢クラス	「トマトの好き嫌い」への回答	
	トマトが好き	トマトが嫌い
3歳児	60	50
4歳児	50	50
5歳児	80	20

表8-8　「トマトの好き嫌い」への質問時期，回答別の人数（仮想データ）

質問時期	「トマトの好き嫌い」への回答	
	トマトが好き	トマトが嫌い
栽培前	30	70
栽培後	60	40
クッキング後	90	10

〈模範解答〉
①二項検定，②χ^2検定，③コクランのQ検定

もっと深く，広く学びたい人への文献紹介

平井 明代（編）（2018）．教育・心理・言語系研究のためのデータ分析——研究の幅を広げる統計手法—— 東京図書株式会社

　☞主に第6章でノンパラメトリック検定が取り上げられている。統計解析ソフトのIBM SPSS Statistics 25とjs-STARを用いた具体的な分析の仕方や得られた結果の記載の仕方についても紹介されている。
　（js-STARとは，田中敏氏と中野博幸氏によって開発されたフリーの統計解析ソフトであり，https://www.kisnet.or.jp/nappa/software/star/ からアクセスできる。）

Everitt, B. S. (1977). *The Analysis of Contingency Tables*. Chapman and Hall.
（エヴェリット，B. S.（著）山内光哉（監訳）弓野憲一・菱谷晋介（訳）（1980）．質的データの解析——カイ二乗検定とその展開—— 新曜社）

　☞質的データの解析だけを取り扱った書籍は多くない中で，本書は，χ^2検定を中心としながら，3変数以上の分析まで扱っている。原著は，1992年に第2版が発売されており，そちらにはロジスティック回帰分析の説明も含まれている。

引用文献

森 敏昭・吉田 寿夫（1990）．心理学のためのデータ解析テクニカルブック 北大路書房

Sokal, R. R., & Rohlf, F. J. (1981). *Biometry: The Principles and Practice of Statistics in Biological Research*. W. H. Freeman.

第Ⅲ部

多変量解析

第 9 章　重回帰分析

水 野 君 平

　心理学の分野では様々なテストや検査が開発・運用されている。それらによって測定され得られたデータは変数と呼ばれる。例えば，数学のテストによって測定された点数は全員が同じ点数をとるわけではなく，個々人によって値が変わりうる。他にも，生徒の性別のデータを収集した時，全員が同じ性別ではなく人によって異なる。このように，データの中の変数は一定の値をとらず，値が数値だったりカテゴリだったりと変化するものである。この例だと，データの中には数学のテストと性別の2変数が存在する。

　複数の変数が存在するデータを分析する方法は多変量解析と呼ばれる。多変量解析とは複数のデータを要約したり，ある結果を予測したりする分析の方法を指す。心理学でよく用いられる多変量解析としては因子分析，クラスター分析，分散分析，回帰分析などがある。本章では，重回帰分析を紹介する。

1　説明変数と目的変数の関連——偏回帰係数と標準化偏回帰係数

1-1　単回帰分析

　第4章で説明されている相関（係数）は，2つの変数間の直線的な関係の強さを示している。その2つの変数のデータに最もよく当てはまる直線の式を推定し，ある変数からある変数の値を予測するのが（単）回帰分析であった。ここで，予測したい変数は**説明変数**（**独立変数**），予測される対象の変数は**目的変数**（**従属変数**）と呼ばれる。

　回帰直線は $\bar{y}_i = b_0 + b_1 x_i$ という式（**単回帰式**）で表され，回帰モデルは

$y_i = b_0 + b_1 x_i + \epsilon_i$ で表すことができる。[1] $\hat{y}$ は推定で計算される予測値である一方，Y_i は説明変数の実測値である。b_0 は切片（回帰係数が 0 の時の目的変数の予測値），b_1 は（回帰直線の）傾き（回帰係数），ϵ は残差と呼ばれる。残差は実際のデータ（測定値）を用いて推定された回帰式から算出される値と実際のデータとの差である（次節も参照）。記号についている添字の i は測定対象となった各個人を意味している。単回帰分析では，通常は最小二乗法と呼ばれる手法[2]によって直線の式を求めることにより，説明変数から目的変数を予測することが可能になる。例えば，数学の定期テストの点数を目的変数，数学小テストの点数を説明変数とする回帰分析を行い，切片は50，回帰係数は0.5という結果が出たとする。この時，個々人の数学の定期テストの予測得点は切片の50と小テストの得点に0.5を掛けた値の合計となる。

1-2　重回帰分析

単回帰分析は説明変数が 1 つであった。一方，重回帰分析は，説明変数が複数ある場合の回帰分析である。したがって重回帰式の回帰式は $\hat{y}_i = b_0 + b_1 x_{i1} + b_2 x_{i2} \cdots\cdots$ という式で表され，回帰モデルは $y_i = b_0 + b_1 x_{i1} + b_2 x_{i2} + \cdots\cdots + \epsilon_i$ で表すことができる。x_{i1} や x_{i2} は複数の説明変数で，それぞれ異なる変数を示している。そして，b_1 は x_1 の（偏回帰）係数，b_2 は x_2 の（偏回帰）係数である。

架空の具体例で考えてみよう。ある中学校で Big Five パーソナリティを測定した。Big Five パーソナリティでは，人間の基本的な性格を外向性・神経症傾向・開放性・誠実性・協調性の 5 つの要素から成り立つとする 5 因子論に基[3]

➡ **1**　回帰モデルの右辺には残差項（ϵ_i）がある。残差を加えることで，回帰式で求められる目的変数の推定値と実際の目的変数の測定値を一致させている。

➡ **2**　最小二乗法では残差が最小になるように（偏）回帰係数が求められる。

➡ **3**　外向性は，社交性や積極性，活発さと関連する。神経症傾向は，ネガティブな刺激に対する反応の強さと関連する。開放性は，知的好奇心の強さや想像力の豊かさ，芸術的感受性，新しいアイデアや行為への親和性と関連する。誠実性は，感情や行為をコントロールする力や，良心性，達成力の高さ，責任感の強さと関連する。協調性は，他者への共感力や配慮，思いやりと関連する。

表9-1　重回帰分析の結果（仮想データ）

変数	偏回帰係数（B）	標準誤差（SE）	標準化偏回帰係数（β）	t値
切片	1.67	0.22		7.59***
協調性	0.18	0.02	.25	9.00***
外向性	0.15	0.02	.26	7.50***
誠実性	0.10	0.02	.07	5.00**
神経症傾向	−0.01	0.03	−.01	−0.33
開放性	0.02	0.02	.03	1.00
性別	−0.12	0.10	−.06	−1.20
R^2	.15***			

***$p<.001$　**$p<.01$

づき，この5つの性格特性を測定する。そして，この5つの性格特性が学校での楽しさ（学校生活享受感）をどのように予測するのか検討する。また，Big Five に加えて性別も説明変数に加える。

　学校での楽しさに対する5つの性格特性と性別の効果を検討したいので，学校での楽しさを目的変数，5つの性格特性と性別を説明変数とする重回帰分析を行う。分析するソフトウェアによって結果の細かな出力や名前は違ってくるが，概ね表9-1のような統計量が出力される。

1-3　偏回帰係数

　偏回帰係数（Bやbもしくは単に推定値などと表記されることもある）は，その説明変数が1（単位分）増えると，目的変数が偏回帰係数分増加することを意味している。単回帰分析の回帰係数（第4章第5節参照）との違いは，重回帰分析の偏回帰係数は「他の説明変数の影響を取り除いた（一定だった）場合」の影響ということである。

　表9-1の場合，外向性が1点高くなると学校への楽しさが0.15点（次式のb_2）上昇することを意味している。表9-1の重回帰式を表すと次のようになる。

$$\hat{y}_i = b_0 + b_1 x_{i1} + b_2 x_{i2} + b_3 x_{i3} + b_4 x_{i4} + b_5 x_{i5} + b_6 x_{i6}$$

> y：学校への楽しさの得点
> b_0：切片（説明変数の値が 0 の場合の学校への楽しさの点数）
> b_1：協調性の偏回帰係数　　　　x_1：協調性の得点
> b_2：外向性の偏回帰係数　　　　x_2：外向性の得点
> b_3：誠実性の偏回帰係数　　　　x_3：勤勉性の得点
> b_4：神経症傾向の偏回帰係数　x_4：神経症傾向の得点
> b_5：開放性の偏回帰係数　　　　x_5：開放性の得点
> b_6：性別の偏回帰係数　　　　　x_6：性別が男子の場合 0，女子の場合 1

　上記の重回帰式が定まることで偏回帰係数が求められ，目的変数の得点を予測することができる。例えば，Big Five の下位尺度の得点においてすべての特性が 4 点である男子Aくんの学校への楽しさは以下のように予測できる。切片（1.67点）＋協調性（0.18×4点）＋外向性（0.15×4点）＋誠実性（0.10×4点）＋神経症傾向（－0.01×4点）＋開放性（0.02×4点）＋性別（男子に比べて女子だと－0.12点）の合計3.28点がAくんの学校への楽しさの予測値となる。このように，重回帰分析の目的として，既存のデータから求められた重回帰式（偏回帰係数）によって目的変数を予測することが挙げられる。

1-4　標準化偏回帰係数

　表9-1の偏回帰係数の値からは，協調性の方が性別よりも0.06点影響が強いように見える。しかし，偏回帰係数は「説明変数が 1 単位増加した場合の y の増加量」を示すため，対象の説明変数の単位によって変化しており，係数同士の直接の比較を行うことはできない。また，例えば協調性と勤勉性というように，同じ 5 件法の変数から成る係数間の比較であっても，変数の分散が異なれば 1 点（単位）の重みも変わってくるため，偏回帰係数の大きさをそのまま比較することはできない。そこで，単位に依存しない係数として標準化偏回帰係数（β）を求める。標準化偏回帰係数は偏回帰係数を標準化（第 2 章参照）したものである。具体的には，偏回帰係数に目的変数と説明変数の標準偏差の比（偏回帰係数 $\times \dfrac{\text{目的変数の標準偏差}}{\text{説明変数の標準偏差}}$）を掛けて算出できる。標準化偏回帰係数は

その値の絶対値が高いほど変数間の関連性の強さを示す。多くの場合 － 1 から 1 までの値をとり 0 に近いほど無関連であり，相関係数に似た特徴をもつ。これにより，標準化偏回帰係数同士で効果の相対的な大きさを比較することができる。なお，標準化偏回帰係数は単位の情報が失われているので，係数の解釈では説明変数が 1 標準偏差増加した時に目的変数が標準偏差何個分増加するかを示している。

　表 9-1 の例では，協調性の係数が.26で外向性の係数が.25に対し，勤勉性の係数が.07であるので，協調性と外向性は学校への楽しさに対してほとんど同じ関連の強さをもっていて，勤勉性に比べて学校への楽しさにより強く関連しているということが分かる。このように標準化偏回帰係数の比較によって説明変数（独立変数）の重要性に順序を考えることができる。心理学の研究では，重回帰分析は偏回帰係数による予測を目的とした使用よりも，標準化偏回帰係数の比較によって，目的変数（従属変数）に対してどの説明変数（独立変数）が（他の変数よりも）影響するかを検討することの方が多いだろう。[4]

1-5　標準誤差と信頼区間

　表 9-1 にある**標準誤差**とは偏回帰係数の推定精度を示しており，標準誤差が小さいほど推定値の精度が高いことを意味する。通常はサンプルサイズが大きくなるほど標準誤差も小さくなることが知られている。そして，標準誤差と偏回帰係数を使うことによって回帰係数の信頼区間を算出することができる。**信頼区間**（第 3 章参照）とは，推定された区間の中に真値（この場合は母回帰係数）が含まれる範囲を表す。ただし，真値は未知の定数なので変動するのは信頼区間となる。一般的に95％信頼区間が慣例としてよく使われるが，それはデータ収集を行って信頼区間を計算することを100回繰り返した時に，95回程度はその区間中に真値が含まれるという意味である。また，回帰係数の95％信頼区間が 0 をまたがない場合は 5 ％水準で有意な係数であることと同じ意味をもつ。

➡ **4**　ただし，複数の標準化偏回帰係数を比較した際に，目的変数との関連性の大きさに差が見られるかを確かめるためには，偏回帰係数の差の検定が必要である。詳しい議論は吉田・村井（2021）を参照されたい。

1-6　偏回帰係数の帰無仮説検定

回帰係数は「母集団における回帰係数（傾き）は０である」という帰無仮説について検定を行うことができる。表9-1の t 値を用いて帰無仮説検定を行う。t 値は偏回帰係数をその変数の標準誤差で割ることによって求められる。この帰無仮説が棄却されない場合，その（説明）変数は目的変数と関連がないことを意味する。例えば，表9-1の場合，神経症傾向と開放性および性別は学校への楽しさに関連しない。このように「母集団における偏回帰係数は０である」という帰無仮説の検定を行うことで，目的変数とどの説明変数に関連があるかを判断することができる。

1-7　説明変数の選択──説明変数（独立変数）の投入法

各偏回帰係数で「母集団における偏回帰係数（傾き）は０である」という帰無仮説が棄却されなかった場合，その説明変数は目的変数と関連がない。重回帰分析で，目的変数と関連がなさそうな説明変数を分析対象から外すのは当然である。しかし，有意な傾きとならなくても統制したい変数がある場合や，分析を行って初めて，ある説明変数が目的変数と関連がないことが分かることもある。また，似たような説明変数を同時に重回帰式に入れてしまうと後述する多重共線性という現象が起こり，正しく説明変数と目的変数の関連が分析できないことがある。そのため，重回帰分析でどのような変数を説明変数とするかについてはよく考える必要がある。

　説明変数を重回帰式に入れることを重回帰分析では「投入」と呼ぶ。投入の方法は複数ある。すべての説明変数を一度に投入する**強制投入法**（表9-1はこの方法を用いている）以外に，目的変数と関連のある説明変数を順次投入していく方法がある。現在，最もよく使われる投入法の一つに**ステップワイズ法**がある。この方法は，説明変数を投入したり，外したりを繰り返して，最も説明力の高いモデルを探し出す。[5]そのため，ステップワイズ法を使う時は，研究で

➡ **5**　他に，一つずつ投入する説明変数を増やしていく変数増加法，最初にすべての説明変数を投入した後に一つずつ説明変数を外していく変数減少法もある。ステップワイズ法は変数増加法と変数減少法を組み合わせた方法ともいえる。

取り上げたすべての（説明）変数を分析で用いるとは限らない。

　ステップワイズ法は，最もよく目的変数を説明する説明変数の組み合わせを コンピュータが自動的に示してくれるという意味では有効な方法である。また， 後述の多重共線性を回避するためにも有効な方法である。しかし，ステップワ イズ法では，多くの場合コンピュータがどの変数を投入するか（外すか）とい う順番を決める。もちろん，最終的にどの変数を残し，どの変数を外すかは統 計的な基準に従って設定されている。とはいえ，変数の選択が機械的に行われ るために，変数間の関係を無視したものになったり，研究上中心的な変数（概 念）が取り上げられなかったりすることがある。

　取り上げた説明変数がいずれも目的変数と関係があることが想定されている 場合，すべての説明変数を含むモデルが検討されるべきである。その時，最も 重要なのは後述するモデルの適合度（説明力）である。

　ステップワイズ法は目的変数を説明する説明変数を探すための方法という側 面がある。また，現象の予測のために，目的変数をうまく予測する説明変数を 探すには良い方法である。一方，しっかりした仮説をもたない場合，ステップ ワイズ法で選ばれた説明変数と目的変数の関係から現象を説明したくなるかも しれない。しかし，それは現象の説明の一つにすぎない。言い換えると，現象 を説明する仮説にすぎない。重回帰分析によって示されたモデルは，あくまで 妥当性の高い仮説にすぎず，正しい（もしくは間違っている）とはいえない。 ゆえに重回帰分析が統計的仮説検定ではないことに注意すべきである。

2　重回帰分析によるモデルの説明力（予測力）

2-1　重相関係数

　偏回帰係数が求まると重回帰式が決まる。そして，重回帰式に説明変数の値 を当てはめると目的変数の予測値を求めることができる。このモデル式が予測 した値は，あくまでも推定によって算出された平均的な予測であり，個々人の 実際の値（実測値）とは異なる。例えば，Big Five の下位尺度の得点から推定 したAくんの学校への楽しさの予測値は3.28点であったが，実測値は3.70点で

あるというように予測値と実測値に差が生じる。予測値と目的変数の実測値の差を**残差**と呼ぶ。また，予測値と目的変数の実測値の相関を計算したものを**重相関係数**（R）と呼ぶ。重相関係数は 0 〜 1 の間の値をとるが，1 に近いほど重回帰式が実測値に近い予測をしていることを示す。

2-2　決定係数

　重相関係数を二乗した値を**決定係数**（R^2）と呼ぶ（重決定係数や分散説明率と記載している書籍もある）[6]。説明変数が目的変数の分散を説明している割合を示す数値である。決定係数が大きければ，重回帰式（で示されるモデル）が目的変数をかなり説明しているといえる。例えば，決定係数 $R^2 = .60$ ならば，重回帰式に含まれる説明変数によって目的変数の分散（個人差）の60％程度は説明できる。

　決定係数も「母集団における決定係数は 0 である」という帰無仮説を（F値により）検定できる。この帰無仮説が棄却された場合（F値が有意なほど大きい場合），初めて求めた重回帰式（で示されるモデル）に意味があるといえる。とはいえ，「母集団における決定係数は 0 である」という帰無仮説が棄却されても，単に，「求めた重回帰式において説明変数が目的変数を全く説明していない」わけではないだけで，説明力が十分なモデルかどうかは決定係数の大きさから判断することになる。絶対的な基準はないが，決定係数の 1 つの目安として，$R^2 = .02$ で小さい効果，$R^2 = .13$ で中程度の効果，$R^2 = .26$ で大きい効果とされている（水本・竹内，2008）。実際のところ心理学分野ではそれほど大きな決定係数が得られることは少ない。そのため，説明変数の異なる他の重回帰式（モデル）との相対的な比較や，同じような概念や対象を扱った先行研究の結果（重回帰分析における決定係数）との比較のうえで解釈していくのが良いだろう。

➡ **6**　決定係数は予測値の分散を目的変数の実測値の分散で割ったり（$\frac{予測値の分散}{目的変数の分散}$），

　　　 1 から残差平方和を目的変数の偏差平方和で割った値（$1-\frac{残差平方和}{目的変数の偏差平方和}$）

　　　 で計算される。

2-3　調整済み決定係数

　重回帰分析では，説明変数を増やすとそれに伴い分散説明率（モデルの当てはまり）も増していく。そのため，決定係数が高くても，実際には目的変数と関連のない（目的変数を説明しない）説明変数がたくさん入った重回帰式（モデル）にすぎないといったことが起こりうる。しかし，大量の要素を取り入れた雑多なモデルよりも，数個の変数という倹約性の高いモデルで強い予測をするモデルの方が良いモデルであろう。そこで，説明変数の追加に伴い無条件に説明率が改善されないように，説明変数の数の影響を調整された指標が**自由度調整済み決定係数**（R^2_{adj}）である[7]。説明変数の数が異なる他の重回帰式（モデル）との相対的な比較を行う場合，決定係数ではなく調整済み決定係数を用いる方が良い。なお，決定係数が自由度調整済み決定係数に比べてかなり大きい場合は，重回帰式（モデル）に目的変数とほとんど関連しない説明変数が多く含まれている可能性がある。そうした場合，除くことができる（説明）変数がないか検討すべきである。

2-4　情報量基準

　モデルを評価する指標として，決定係数の他に AIC（Akaike's information criterion：赤池情報量基準）などの情報量規準が存在する。情報量基準は決定係数のような絶対的な指標ではなく，複数のモデルを比較する時に活用できる相対的な指標であり，値が低いほどモデルの当てはまりが良いことを示している（第11章も参照）。

2-5　説明変数に関する注意

　重回帰分析において説明変数の選択はもちろん重要である。後述する多重共線性を避けるように説明変数を選ばなければならない。また，単回帰分析と同

➡ 7　自由度調整済み決定係数は残差分散を目的変数の分散で割った値を 1 から引くこと（$1 - \dfrac{残差分散}{目的変数の分散}$）で計算される。残差分散が大きくなればなるほど自由度調整済み決定係数は小さくなる。

様に，説明変数と目的変数の間に想定される関係は直線的な関係である。説明変数と目的変数の間に関係があっても，それが直線的な関係でない場合には重回帰式のモデルでは表すことができない。そうした場合，2次式などの多項式を用いた回帰分析や**一般化線形モデル**（generalized linear model：GLM）（第11章参照）といった方法もある。

　注意が必要なのは，説明変数と目的変数の間には因果関係があるとは限らない（いえない）ことである。例えば，表9-1のように重回帰分析の結果の解釈で，あたかも説明変数が原因で目的変数が生じるような解釈を行っていることがある。しかし，時間的に前後関係がない観察データ（一時点の調査によるデータ）から明らかになる説明変数と目的変数の関係はあくまで相関関係である。そして，重回帰式はどんな説明変数を組み合わせると目的変数をより予測できるかを示すにすぎない。つまり，目的変数をいくつかの説明変数に分解して「説明」しているのであって，必ずしも「因果関係」を保証しているわけではない。

　もちろん，重回帰分析を用いて因果関係を主張できないわけではない。そのためには，まず，対象とする現象に関する理論的な背景に基づき因果関係を示すようなモデルを仮定する。そのうえで，適切なデータの収集，ランダム化比較試験などの実験的手法や交絡変数を考慮するなどして，そのモデルを検証するような研究計画をきちんと立てる。そうやって得られたデータに対して重回帰分析を適用すれば，かなり明確に因果関係を主張することができる（例えば，インベンス・ルービン〈2023〉参照）。

3　様々な説明変数

3-1　ダミー変数

　重回帰分析の説明変数には量的なデータ（間隔尺度や比率尺度のデータ）を用いることが多い。しかし，名義尺度や順序尺度のデータを説明変数にすることもできる。質的なデータを「0」または「1」の数値に変換した変数を**ダミー変数**と呼ぶ。例えば，名義尺度である性別で，男性を0，女性を1とするよう

な場合である。この場合，傾きが正なら男性に比べて女性の方が目的変数の得点が高い（性別の効果があった）ことを意味する。ダミー変数を用いると質的なデータを説明変数として用いることができる。

　3水準以上の質的なデータも，ダミー変数を作成可能である。ダミー変数は水準数から1引いた数が必要になる。例えば，好きな麺類を3択（ラーメン，うどん，蕎麦）で尋ねたとしよう。その際のダミー変数はラーメンを基準にして，2つ用意する。うどん好きだけ1でそれ以外は0の変数A，蕎麦好きだけ1でそれ以外は0の変数Bである。これらを同時に重回帰分析に投入した場合，変数Aの傾きはラーメン好きと比べたうどん好きの得点の差（効果），変数Bの傾きはラーメン好きと比べた蕎麦好きの得点の差（効果）を表す。

3-2　交互作用項

　通常の重回帰モデルは $y_i = b_0 + b_1 x_{i1} + b_2 x_{i2} + \epsilon_i$ といった形をしている。この式は各説明変数が目的変数に影響することを示し，その影響は各説明変数の主効果のみで構成されることを示す（第5・6章も参照）。しかし，例えば，x_1 と x_2 の交互作用を加えた，$y_i = b_0 + b_1 x_{i1} + b_2 x_{i2} + b_3 x_{i1} \times x_{i2} + \epsilon_i$ といったモデルの分析もできる。ただし，交互作用（項）を含む重回帰分析は，多重共線性や結果の解釈の問題が生じる。表9-1のように説明変数の数が多いモデルの場合，すべてのパターンの交互作用を考えると交互作用項が膨大になるなどの問題も起きる。そのため，理論的に交互作用の検討が必要である。

　交互作用項を作成する場合は，多重共線性を回避するために該当する説明変数を中心化する（該当する変数の値からその平均値を引く）といった処理が必要となり，説明変数同士の積である変数を新たに作成する必要がある。加えて，交互作用項が有意であれば，分散分析と同様に下位検定を行って，具体的に効果を同定していく必要がある。この作業は単純傾斜（傾き）検定と呼ばれ，一部の統計ソフトでは自動で算出してくれる場合もあるが，さらに作業が必要になってくる。詳しくは清水・荘島（2017）などを参照されたい。

4　重回帰分析の結果の読み方

4-1　重回帰分析の目的

　重回帰分析は，説明変数によって目的変数を予測することを目的にする場合と，説明変数によって目的変数を説明することを目的にする場合がある。予測が目的の場合，予測の精度が高いことはもちろん，できるだけ少なく，かつ，測定が容易な説明変数が最終的に残っていることが重要となる。一方，心理学では説明が目的の研究が多いと思われる。説明が目的の場合，なんらかの理論に基づいて説明変数が目的変数とどのように関連するのかについてのモデルが，問題もしくは目的において示されているだろう。

4-2　目的と変数の投入法

　予測が目的の場合には，説明力の低い余計な説明変数を除くためにステップワイズ法を用いることが多いだろう。一方，年齢を統制した場合の説明変数Aが目的変数Bに与える効果を検討したいなど，説明が目的の場合には，想定したモデルに含まれる変数を強制投入することが考えられる。そのうえで，想定のモデルとは異なるモデルとの自由度調整済み決定係数の比較などによって最も妥当なモデルを検討するといったことが行われる。こうしたモデルの比較のために，説明変数を順番に投入していき，自由度調整済み決定係数が（有意に）増加するかによって投入した説明変数の重要性を検討していく**階層的重回帰分析**を行う研究も増えてきている。なお，重回帰分析では，説明変数を投入する組み合わせで，説明変数の有意性や標準偏回帰係数（の値）が異なってくることがあるので注意が必要である。

4-3　各変数及び変数間の関係の確認

　重回帰分析の結果の前に，目的変数と各説明変数の記述統計量と変数間の1対1の相関係数をマトリクスで表したものが記載されていることがある。取り上げる変数の記述統計値から各変数の特徴を読み取り，各変数間の相関関係を

確認してほしい。仮に目的変数との相関関係がない，もしくは小さい説明変数があれば，抑制変数を発見する場合やあらかじめ統制すべき変数が存在する場合などを除いて，その変数はそもそも重回帰分析で説明変数として取り上げないことが多い。

　目的変数と説明変数，および各変数間の（相関）関係を確認したら，次に，重回帰式への説明変数の投入方法や投入順序を確認する。この際，投入方法や投入順序が，研究もしくは分析の目的に合致しているかを確認する。

4-4　重回帰分析式の評価

　重回帰分析の結果には，たいてい表9-1のような形で偏回帰係数（と標準誤差），標準化偏回帰係数，p 値などが示される。また，モデルの検定結果（F 値），決定係数もしくは自由度調整済み決定係数などの重回帰式を評価する指標がいくつか示される（重相関係数が記載されることもある）。

　モデルの検定結果（F 値）が有意でなければ，「母集団における決定係数は0である」ということである。決定係数が0の場合，その重回帰式は何も説明していない。モデルの検定結果が有意（決定係数は0ではない）だとしても，帰無仮説が棄却されただけで「求められた重回帰式において説明変数が目的変数を全く説明していないわけではない」ということを意味するだけである。モデルが有意か否かとモデルの説明力があるか否かは必ずしも同じではない。そこで，十分に妥当なモデルかどうかを決定係数から判断する。しかし，研究によっては決定係数が記載されているだけで，決定係数の値自体に十分な言及がされていないことがある。いくつかの重回帰式を比較する場合には，自由度調整済み決定係数と説明変数の数や内容から最も妥当な重回帰式（モデル）を採用する。

4-5　偏回帰係数の解釈

　重回帰式（モデル）を採用することにしたら，次に（標準化）偏回帰係数と検定結果（p 値）を見る。偏回帰係数は単位に依存した絶対的な関連性の強さを，標準化偏回帰係数は単位に依存しない相対的な関連性の強さを示している。

偏回帰係数が有意であっても，係数が小さければ関連性も小さい。反対に偏回帰係数が大きい値を示していても，検定結果が有意でなければ「母集団における回帰係数（傾き）は0である」ということを示しているので注意が必要である。ここでも係数が有意であることと係数の大きさを分けて考えなければいけない。また，偏回帰係数の標準誤差や95％信頼区間も出力される場合，標準誤差の小ささや信頼区間の幅の短さも参照すると推定精度の良し悪しの判断材料になる。標準化偏回帰係数は，それぞれの係数の値を見て偏回帰係数のように解釈するよりも，投入した変数同士の（標準化偏回帰）係数の大きさを比較して変数の関連性の比較をすることが中心になる。標準化偏回帰係数の絶対値が大きい変数ほど目的変数への影響が大きいので，変数の重要性に順序をつけることができる。

4-6　多重共線性

　重回帰分析を行う場合，説明変数は複数個モデルに投入されることになるが，説明変数同士で強い相関がある場合は注意が必要である。例えば説明変数Aと説明変数Bの間に.80という強い相関があった場合，**多重共線性**が生じることがある。この場合，偏回帰係数の標準誤差が大きくなりすぎてしまい，結果の解釈が困難になることや推定結果の信憑性がそこなわれることがある。このように変数同士の相関が高すぎるものについては，その両方を重回帰分析で説明変数として取り上げない方が良い。

　多重共線性が生じると，相関関係では目的変数と正の相関を示す説明変数が，重回帰分析では負の偏回帰係数となるような矛盾した状況が生じたりする。2つの（説明）変数間の相関が高いということは，それら2つの変数はよく似ていることを示しているので，片方だけを投入するモデルを個別に分析したり，変数を合成したりなどすればよく，同じような変数を2つも重回帰式に入れる必要はない。ステップワイズ法を用いると，同じような（つまり，高い相関関係をもつ）説明変数がある場合，両者を比較して目的変数への影響が大きい方の（説明）変数を残してくれるので，多重共線性を気にする必要がなくなる。

　多重共線性が生じている可能性があるかを判断するために，統計ソフトによ

っては VIF（分散拡大係数：variance inflation factor）という値を算出してくれる。VIF が 5 以上の場合には，その重回帰式は多重共線性を生じている可能性が高いので，何らかの対処をしなければいけない（清水・荘島，2017）。

4-7 重回帰分析の前提条件――残差の正規性，等分散性，独立性

重回帰分析は前提として，残差が正規分布に従うこと（**正規性**），各データの残差の分散が等しいこと（**等分散性**），説明変数と残差の間で相関がないこと（**独立性**）を求めている。これらの前提が満たされない場合，標準誤差が正しく推定されず，検定結果も誤ったものになるという問題が生じる。

残差の正規性とは，残差が平均 0 の正規分布に従うということを意味している。例えば，目的変数の尺度水準が 2 値の名義尺度，順序尺度，左側（0 点）に大きく歪んだ分布等の場合，残差が正規分布することはほとんどない。正規性を満たさない場合には，正規分布以外のポワソン分布や二項分布などを仮定してデータの分布に合った分析することになる。例えば，目的変数が「はい・いいえ」のような 2 値データの場合には重回帰分析を適用することはできない。その代わりに，二項分布を仮定した**ロジスティック回帰分析**を行うことが考えられる。ロジスティック回帰分析などは**一般化線形モデル**の一つであり，他に重回帰分析や分散分析も正規分布に基づく一般化線形モデル分析に位置づけられる。

残差の等分散性が満たされないのは，説明変数の値によって目的変数の分散が異なる場合である。例えば，表 9-1 で例示すると，Big Five 下位尺度の外向性が 1 点の時の学校の楽しさの分散と 7 点の時の学校の楽しさの分散が異なる時である。等分散性を満たすかどうかについて確認する検定方法には，ブルーシュ・ペーガン（Breusch-Pegan）検定などが存在するが，等分散性が満たされていることを明示した研究（論文）はあまり見かけない。なお，等分散性が満たされていない場合，各統計ソフトで用意されているロバスト標準誤差を使用する。

残差の独立性とは，説明変数の残差間で相関がないことであり，残差間に相関が生じるのは次のような場合である。例えば，いくつかの学級を対象に友人

関係の満足度が学級の楽しさに与える影響を検討したとする。しかし，学級間で平均的に友人関係満足度がほとんど変わらないとしても，生徒の学級への楽しさの得点が高い学級もあれば，そうでない学級もあるだろう。この場合，学級によって残差が独立しておらず残差間に相関が生じる。また，1週間にわたる縦断的な調査で中学生の毎日のゲームプレイ時間が睡眠時間に与える影響を調べたとする。この場合，毎日のゲームプレイ時間が同じ長さでも，ゲームをしてすぐに就寝するため睡眠時間が長い生活習慣の生徒Aもいれば，さらに夜更かしをするため睡眠時間が短い生活習慣の生徒Bも出てくるだろう。この場合も参加者によって残差が独立しておらず，残差間に相関が生じる。このように独立性が満たされていない場合[8]には，クラスターロバストな標準誤差や切片，偏回帰係数の階層性を考慮している**階層線形モデル**（hierarchical linear model：HLM）**分析**を用いることができる（第11章参照）。

❖考えてみよう

　皆さんの身のまわりにある何かを別のもので予測したい場合，重回帰分析を行うとしたら何を独立変数にして，何を従属変数とすると良いだろうか。ダミー変数を使う場合や説明変数の単位がそれぞれ異なる場合など，いくつか考えてみよう。

もっと深く，広く学びたい人への文献紹介

高橋　信（著）トレンド・プロ（制作）井上　いろは（作画）（2005）．マンガでわかる統計学［回帰分析編］　オーム社
　　☞マンガ形式なので（重）回帰分析の枠組みを学ぶ入門書として，最も敷居が低いだろう。解説が少ないので，この本だけでは（重）回帰分析を理解するには不十分だが，最初の1冊としてはおすすめ。シリーズには他に「統計学」「因子分析編」「ベイズ統計学」などがある。
吉田　寿夫（2018）．本当にわかりやすいすごく大切なことが書いてあるちょっと進んだ心に関わる統計的研究法の本Ⅲ　北大路書房

➡ **8**　独立性が満たされているかの判断には，級内相関係数（intra-class correlation：ICC）やデザインエフェクト（DE）の値を参考にすることができる。ICC＞0.1やDE＞2であれば残差の独立性は満たされておらず，通常の回帰分析を用いるのは不適切とされている。

☞日本で心理統計といえばこの先生方，という著名な先生方によって書かれ
ており，基礎的な内容が丁寧に説明されている。

引用文献

インベンス，G. W. & ルービン，D. B.（著）星野　崇宏・繁桝　算男（監訳）
（2023）．インベンス・ルービン統計的因果推論（上）（下）　朝倉書店
（Imbens, G. W. & Rubin, D. B. (2015). *Causal Inference for Statistics, Social,
and Biomedical Sciences: An Introduction*. Cambridge University Press.）

水本　篤・竹内　理（2008）．研究論文における効果量の報告のために――基礎的
概念と注意点――　英語教育研究，*31*，57-66.

清水　裕士・荘島　宏二郎（2017）．社会心理学のための統計学　誠信書房

吉田　寿夫・村井　潤一郎（2021）．心理学的研究における重回帰分析の適用に関
わる諸問題　心理学研究，*92*(3)，178-187.

［付記］本章の執筆に際して，徳岡大先生（人間環境大学）にご助言を賜りました。こ
こに記して感謝申し上げます。

第10章　因子分析

郷式　徹

人間の性格の構造について知るために，性格に関わる質問項目を100とか200とかたくさんつくったとしよう。これを100人に回答してもらうと，データの数は10000＝100項目×100人となる。それぞれの質問項目への回答を眺めても性格の構造は見えてこない。知りたいのは，性格は開放性，誠実性，外向性，協調性，神経症傾向といった側面から構成されており，項目1，2，6，8……は開放性に関する質問項目である，といったことである。このように多数のデータの背後にある構造をつかむ統計的な分析手法として因子分析がある。因子分析はデータの構造（パターン）を探索したり，多くの変数を少数のカテゴリに分類したりするために用いられる。

1　因子分析の概要と目的

1-1　因子もしくは因子分析と知能

　心理臨床の現場では，知能検査の結果を見たり，また，実施したりする機会がある。では「知能とは何か？」と考えてみると，実は共通した定義はない。そのため，「知能とは知能検査で測定されたもの」といったトートロジー的な妥協策がとられたりもする。とはいえ，一般的には，考えたり，推理したり，課題を解決したりする能力であり，言い換えると知的問題解決能力とするのが妥当だろう。この定義では，知能には抽象的思考力，論理的思考力（推論能力），問題解決能力などの様々な機能が含まれる。

　知能が複数の要素から構成されるという仮定のもとに，いくつかの理論が提

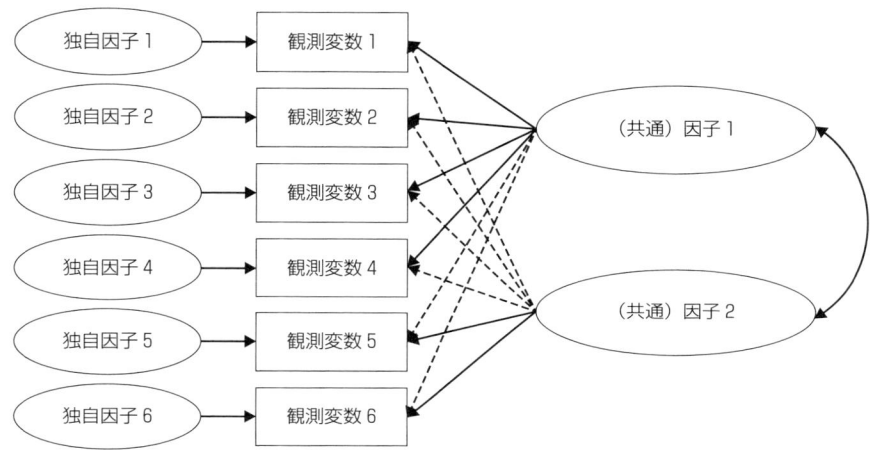

図 10-1　因子分析のモデル

（注）矢印は影響（の方向）を示す。実線の矢印は強い影響を，点線の矢印は影響がないわけではないが，弱いことを示している。

案されている。代表的なものとして，1940年代に心理学者のキャッテル（Cattell, R.）が，知能は**流動性知能**[1]と**結晶性知能**[2]の2因子から構成されるという説を提案した[3]（Horn & Cattell, 1967）。図10-1は共通因子1を流動性知能，共通因子2を結晶性知能と見なし，キャッテルの説を模式的に示したものとなる。

　実際には，知能は知能検査で測定される。そして，知能検査は様々な検査課題から構成されている。検査課題は流動性知能の影響を大きく受けるものもあ

→ 1　流動性知能は，課題を分析して因果関係を推論する能力。訓練や教育にかかわらず生物学的，遺伝的，および生まれつきの因子に由来するとされる。思考力，暗記力，計算力などが含まれる。

→ 2　結晶性知能は，語彙，教科に関する知識，道具や機械の操作といった一般的な情報に関する要素を指す。生まれつきのものではなく，経験から学んだもので，教育や訓練，文化的環境に左右される。

→ 3　キャッテルの流動姓知能と結晶性知能は，スピアマン（Spearman, C.）が20世紀初頭に提案した一般的知能説（知能の二因子説）を発展させたものである。また，キャッテルの知能理論に対して，サーストン（Thurston, W.）は数，語の流暢さ，言語理解，記憶，推理，空間，知覚的速さの7つの因子から知能は構成されるとする多因子説（多因子モデル）を提唱した。

れば，結晶性知能の影響を大きく受けるものもある。図10-1では，観測変数
1〜4（課題1〜4と見なす）の成績の背後には流動性知能が存在し，観測変
数5と6（課題5と6と見なす）の背後には結晶性知能が存在すると考えてい
る。このように実際に測定された課題や項目を観測変数と呼び，観測変数の背
後に潜在的に存在を仮定される概念を因子，もしくは**潜在変数**と呼ぶ。

　図10-1のような知能の構造を考えただけでは，単なる仮説（モデル）にす
ぎない。しかし，図10-1のような仮説（モデル）が正しいなら，流動性知能
の高い人は課題1〜4の成績が高く，流動性知能の低い人は課題1〜4の成績
が低いだろう。また，課題1〜4の成績と関係なく，課題5と6の成績は結晶
性知能の影響を受けて高かったり，低かったりするだろう。つまり，課題1〜
4の成績の間で相関が見られ，また，課題5と6の成績の間では相関は見られ
るが，課題1〜4と5および6の成績の間では相関は見られないことが予想さ
れる。そこで，測定された課題や項目間の（多くの）相関から，相関を生み出
している背後の因子を推定することが考えられた。これが**因子分析**である。

1-2　因子分析の目的

　ここまでの章で紹介してきた分析方法の多くは，基本的に従属変数と独立変
数があり，従属変数に対する独立変数の影響を考えるものであった。それに対
して，因子分析には独立変数や従属変数といった，影響する，もしくは影響さ
れる変数の区別がない。

　因子分析では，分析対象のすべての変数を観測変数と呼ぶ。図10-1を例にす
ると，知能検査に含まれる観測変数1〜6（課題1〜6）の成績が観測変数に
なる。因子分析では，観測変数をいくつかのカテゴリに分類する。異なるカテ
ゴリに分類されるということは，観測変数を異ならせている原因があると考え，
その想定された原因を潜在変数，もしくは因子と呼んでいる。図10-1では，
因子1（流動性知能）や因子2（結晶性知能）がそれにあたる。

　因子分析は潜在変数を探し出すことで，現象の構造に関する仮説（モデル）
を生み出すことができる。例えば，図10-1は知能の構造を示すモデルである。
因子分析は集めたデータが相互にどのような関係をもっているかがよく分から

ない時に，そこにパターンを探り出す。このために使われる因子分析は，データの"探索"を目的にしているといえるだろう。

　データの探索という目的以外に，多くの変数を少数のカテゴリに減らして分かりやすくするために，因子分析が使われることもある。例えば，100の質問項目がある尺度の場合，一つひとつの項目を見ていくのは大変すぎるし，結局，何も理解できない可能性が高い。そこで，因子分析によって，少数のカテゴリにまとめることができれば，理解しやすくなる。このために使われる因子分析はデータの"縮約"を目的にしている。

　いずれにせよ，因子分析は目の前の多くのデータ（観測変数）がどのような意味をもつのかを探る分析手法である。そのため，データの探索や縮約のような探索的な目的で用いられる以外に，現象のモデル（仮説）を検証するために用いられることがある。かつてはデータの探索や縮約に用いる因子分析（探索的因子分析）を仮説の検証に用いることもあった。しかし，現在では仮説の検証には，従来の因子分析の手法を発展させた確認的（確証的）因子分析を用いるようになった（確認的因子分析については，第11章を参照）。そのため，現在では，仮説の検証に（探索的）因子分析を用いることはすすめられない。なお，多くの場合，単に因子分析という場合は探索的因子分析を指すことが多い。

1-3　因子分析の概要

　ここまで述べてきた因子分析の構造について，一度整理しておく。因子分析では，図 10-1 のように複数の観測変数に共通して影響を与える共通因子（因子）と，他の観測変数とは無関係に一つの観測変数に影響を与える**独自因子**[4]から，それぞれの観測変数が影響を受けるというモデルを想定している。因子分析では，共通因子と独自因子は直接測定することはできない潜在変数であるが，それらの潜在変数を観測変数間の相関から推定する。なお，変数間の関係を示す図 10-1 のような図は**パス図**と呼ばれる。パスとは図中の矢印のことで，単方向のパス（→）は予測もしくは説明関係を示し，双方向のパス（↔）は相関

➡ 4　独自因子以外に測定誤差も個別に観測変数に影響を及ぼすが，因子分析では，独自因子は（測定誤差と合わせて）観測変数の誤差として扱われる。

関係を示す。また，一般的に観測変数は四角で囲み，潜在的な変数は楕円で囲むことで表す（独自因子〈誤差〉は省略されることも多い）。

2　因子分析の結果の読み方

　因子分析の最も重要な結果は，因子の数と各観測変数がどの因子に属するのか，である。「因子の数」は，対象の変数（観測変数）がいくつに分類されたのか，ということである。また，「観測変数がどの因子に属するのか」は，それぞれの因子がどの観測変数に影響を及ぼすのか，ということである。

2-1　因子数

　因子分析の結果では，最初にどのように因子分析を行ったかが述べられる。例えば，「○○尺度を構成する100項目について因子分析（最尤法，プロマックス回転）を行った」といった具合である。「最尤法」というのが因子を取り出す方法である。この因子抽出法には様々な方法がある。厳密には方法による違いがあるのだが，論文や書籍を読むうえではあまり気にする必要はない。因子抽出法の後の「プロマックス（Promax）回転」については，次項で触れる。

　因子分析の方法の後，因子数を決定した基準と因子数が示される。例えば，「固有値1以上となる3因子解が適切と判断した」とか「スクリー基準からは3因子を抽出することが妥当であると考えられる」といった具合である。

　因子の抽出を行うと固有値という値が出力される（もちろん，こうした計算はコンピュータで統計プログラムを用いて行う）。固有値は因子ごとに「第1因子：5.82，第2因子：3.82，第3因子：1.98，第4因子：0.89……」といった具合に示される。**固有値**とは，ある因子がいくつの観測変数に影響を及ぼしているかを示す値と考えれば良い。固有値が1未満の因子は，1つの観測変数にも影響を及ぼせていないといえる。因子分析はそもそも，多数の観測変数を少数のカテゴリ（因子）に分類するのが目的の一つであった。そのため，観測変数1個すら含まないような因子には意味はない。そこで，固有値1以上の因子のみを検討対象とするのである。すなわち，「固有値1以上となる3因子解が適切

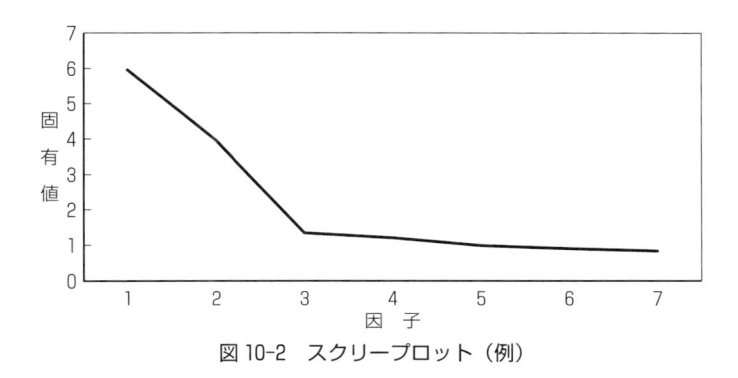

図 10-2　スクリープロット（例）

と判断した」とは，固有値が1以上の第1～3因子までで分類を行うことにし
たということである。

　固有値の値に基づいて因子数を決める固有値1以上の基準（「カイザー・ガッ
トマン〈Kaiser-Guttman〉の基準」とも呼ばれる）以外に，固有値が急激に減少
するところで採用する因子（数）を決めるスクリー基準がある。スクリー基準
は固有値の変化を示したスクリープロットと呼ばれる図（図10-2）を見て，採
用する因子数を決定する。図10-2のスクリープロットでは第2因子から第3
因子にかけて急激に固有値が減少している，そして第3因子以降では減少が緩
やかになっていることから，2因子を採用するのが妥当かもしれない。なお，
因子数の決定には，固有値以外にも，想定していた理論上の因子数との一致を
検討する必要がある場合もある。

2-2　因子の回転

　因子数を決定した後，どの観測変数がどの因子と関係する（どの因子に含ま
れる）かを明確にするために，因子の回転という処理を行う。因子の抽出法と
同様に，因子の回転法にも様々な手法がある。因子分析の結果の最初に述べら
れる「○○尺度を構成する100項目について因子分析（最尤法，プロマックス回
転）を行った」という記述例においては，「プロマックス回転」が因子の回転
で用いた手法の種類を示している。

　因子の回転方法は，大きく**直交回転**と**斜交回転**に分類される。直交回転では

因子間の相関がないと仮定する。一方，斜交回転では因子間の相関があると仮定し，実際に因子間の相関を求める。直交回転の代表的な手法が**バリマックス**（varimax）**回転**で，斜交回転の代表的な手法が**プロマックス回転**である。

　どの回転方法を用いるべきかの判断に，明確な基準はない。多くの場合，研究者が最も都合の良い結果が出る回転法を選んでいる。こうした曖昧さ，もしくは恣意性のために，因子分析はこじつけの解釈にすぎないとの批判がある。

　とはいえ，直交回転には（因子間には〈相関〉関係がないので）因子同士の関係の解釈を簡単にするという特徴がある。一方で，心理学のような分野では，心のある機能や領域に関する下部構造である因子間に，全く関連がないと考えるのはあまり現実的ではない。そのため，近年では斜交回転が多く用いられる。なお，斜交回転が頻用される理由として，コンピュータの性能向上も大きい（直交回転より斜交回転の方が計算が大変なのである）。さらに斜交回転の方が，因子負荷量が特定の因子に高くなり，それ以外の因子には低くなることが多く，各因子がどのような性質をもつのかという因子の解釈が容易になることが多い。一方で，因子間の関係の解釈は（相関があるので）面倒なことが多い。

2-3　因子負荷量

　因子を取り出す，すなわち，観測変数を分類し，因子の回転という処理を行うことによって，因子と各観測変数の間の関係の強さが**因子負荷量**（因子パターン）という値で示される。

　表10-1が**因子負荷行列**（厳密には，回転後の因子負荷行列）と呼ばれる因子分析のメインの結果である。因子分析の結果では，必ずこの形の表が示される。表10-1は因子が2つの場合を示している。因子1，2のもとに観測変数ごとに並んでいる数値が因子負荷量である。因子負荷量は－1～1の間の値をとり，0に近いほど因子との関係が弱く，絶対値が1に近いほど強いことを示している。どの観測変数もすべての因子から影響を受ける。ただし，因子によって影響の大きさは異なる。因子の回転は，この因子と観測変数の関係（因子負荷量）を特定の因子について大きくなるように処理している。それによって，観測変数が影響を受けている因子がどれなのかが，分かりやすくなる。

表 10-1　因子分析の結果の例（因子負荷量，共通性，因子間相関）

項　目	因子1	因子2	共通性	項　目	因子1	因子2	共通性
11	**0.840**	−0.021	0.698	20	−0.063	**0.807**	0.630
8	**0.753**	−0.085	0.542	12	0.123	**0.736**	0.603
10	**0.729**	0.019	0.538	16	−0.048	**0.721**	0.505
1	**0.726**	−0.201	0.495	18	−0.051	**0.672**	0.438
7	**0.702**	0.062	0.519	15	−0.075	**0.62**	0.366
9	**0.648**	0.05	0.439	13	0.218	**0.619**	0.497
6	**0.526**	−0.021	0.271	14	0.044	**−0.578**	0.324
3	**0.512**	0.008	0.264	21	−0.028	**0.456**	0.203
4	**0.492**	0.048	0.256	17	0.276	**0.401**	0.278
5	**0.477**	0.068	0.248	寄与率	0.213	0.212	
2	**0.411**	0.198	0.071	累積寄与率	0.213	0.426	
19	−0.127	**0.855**	0.693				

因子間相関		因子1	因子2
	因子1	1	0.249
	因子2	0.249	1

（注）プロマックス回転の時には共通性の数値は意味をもたないが、本表では例として載せる。

　表10-1の場合，観測変数11の因子1に対する因子負荷量は0.840であるが，因子2に対しては −0.021 である。つまり，観測変数11は因子1とは強い関係があるが，因子2に対してはそれほど強い関係はない。したがって，観測変数11は因子1から強い影響を受ける（因子1に含まれる）変数であると考える。もう一度表10-1を見てみると，観測変数11〜2までは因子1の因子負荷量（の絶対値）が高く，観測変数19〜17までは因子2の因子負荷量が高いように見える。多くの場合，因子負荷量が0.4以上（もしくは −0.4以下）の場合に，その因子と関係があると見なす。

　因子負荷量から，どの項目（観測変数）がどの因子に含まれるかを判断したら，その因子に含まれる観測変数の内容から因子の名前をつける。因子分析を行った論文では，多くの場合，本文中で各因子が命名されているだろう。なお，命名は研究者の裁量に任されている。

2-4　共通性・説明率

　因子分析のメインの結果である回転後の因子負荷行列には，因子負荷量以外に共通性（h^2）の値が観測変数ごとに記載されていることがある。[5] **共通性**とは，その観測変数が（共通）因子（表10-1の場合，因子1，2）で説明される割合を指し，回帰分析における決定係数に相当する（決定係数については，第9章第2節参照）。共通性の値が小さいことは，（共通）因子でその観測変数を説明できず，観測変数への独自因子の影響が大きいことを意味する。[6] 観測変数がある尺度の質問項目（への反応）だった場合，**独自因子**は，潜在因子以外の質問項目に対する影響を意味している。そのため，共通性が小さい（独自因子の影響が大きい）と，その質問項目は尺度で測ろうとしているものから乖離していく。

　回転後の因子負荷行列，もしくは因子分析の結果を示した本文には，累積寄与率，もしくは（因子）寄与率の値も記載されているかもしれない。**寄与率**は因子が（因子分析の対象としたすべての）観測変数を説明している割合を示す。寄与率が因子ごとに示されている場合は，因子ごとの説明の割合を示し，**累積寄与率**となっている場合は，すべての因子の寄与率を合計したものである。例えば，表10-1のように累積寄与率が0.426（42.6％）の場合，21項目が元々もっていた情報量のうち，おおむね42.6％程度を2つの因子で説明しているといえる。

2-5　因子間相関

　因子の回転に斜交回転を用いた場合には，因子間の相関（図10-1の一番右端にある因子1と因子2を結ぶ双方向の矢印）の値を記載する（表10-1の下部参照）。因子分析の対象とした現象，すなわち，観測変数の背後の（因子）構造を考える際に，因子間の相関を考慮する必要があるかもしれないからである。直交回転のように因子間に全く（相関）関係がないと考えることは，心理学が対象と

➡ **5**　直交回転では，各因子の因子負荷量を二乗して足し合わせた値が共通性である。ただし，斜交回転の場合，この計算方法では共通性を求めることはできない。

➡ **6**　その観測変数が（共通）因子で説明できない程度を独自性と呼び，1－共通性で求められる。

する現象の多くでは不自然な一方，因子間の相関がある程度以上高い場合，そもそも高い相関関係にある2つの因子を両方取り上げる必要があるのか，という問題が生じてくる。

2-6　信頼性の検討

　因子分析のメインの結果である（回転後の）因子負荷行列に基づいた結果の解釈がなされた後，各因子を構成する観測変数（群）の信頼性が示されていることがある。**信頼性**とは，ある因子において，その因子を構成する項目（観測変数）間で回答が一貫している程度を示す。

　論文などでは，因子ごとにクロンバック（Cronbach）のα係数やマクドナルド（McDonald）のω係数によって信頼性が示される。αもしくはωの値が高ければ，その因子の項目（観測変数）の値の合計が何かしらまとまりのある特性，すなわち因子の意味する内容，を測っているということができる。一方，値が低ければ，その因子の項目（観測変数）が測っているものがそれぞれバラバラであるといえる。つまり，その因子は何を意味するのかよく分からないということになる。α係数は概ね0.7〜0.8以上あれば，その因子の信頼性は確認できたといえる。[7]ただし，α係数は項目の数が少なくなると値が小さくなる性質がある。[8]

2-7　因子得点

　因子分析が終わった後に，研究（測定）対象者をグループ分けして分析を行っている研究もある。例えば，表10-2は表10-1の因子1について男女に分けて比較したものである。表10-2では因子1を構成する11項目（観測変数）の値の合計の平均と因子得点の合計の平均を記載してある。**因子得点**は，測定の対象者に対する各因子の影響の強さを表している。すなわち，因子得点が高い

---

[7]　αとωの間には，$\alpha < \omega$ の関係がある。

[8]　同じ因子に含まれる項目（観測尺度）は一貫したふるまい（ある項目の値が大きければ，他の項目の値も大きい……といったパターン）を示すはずである。そのため，因子分析では，ある程度信頼性は確保されており，信頼性（係数）を示すことは確認程度の意味しかないという意見もある（松尾・中村，2002）。

表 10-2　男女別の因子 1 の合計得
点および因子得点合計の
平均値（SD）

	得点	因子得点
男子 (56人)	55.11 (10.85)	−0.0138 (1.0127)
女子 (79人)	55.38 (9.84)	0.8959 (1.0127)

人は，その因子による影響が強いといえる。

　因子得点は統計ソフトで求めることができる。因子得点を用いずに因子に含まれる項目（観測変数）の粗点（の合計）を用いて分析を行っても，因子 1 におけるグループの違い（表 10-2 の場合は性差）を検討することはできる。ただし，項目（観測変数）の粗点を用いた分析には因子 1 の影響（図 10-1 の因子から観測変数への実線の矢印が示す影響）しか含まれていない（と考えられる）。一方，因子得点を用いて分析を行った場合，因子得点には因子 1 の影響だけではなく，因子 1 以外の因子の影響（図 10-1 の因子から観測変数への点線の矢印が示す影響）も含まれている。グループの違いを検討する場合，項目（観測変数）の粗点を用いた分析に比べて，因子得点を用いた分析は情報量が多いといえる。ただし，因子得点は意味が分かりにくいこと，また，他の研究との比較がしにくいことから，因子に関係のある項目（観測変数）だけを対象に分析することが多い。

2-8　因子分析の結果の読み方のまとめ

　因子分析の結果は，おおよそ次の 3 段階で書かれている。まずは分析対象となった尺度とその尺度を構成する項目への反応データ（観測変数）をチェックする段階である。

　因子分析を行うにあたっては，間隔尺度以上のデータを対象とした他の分析と同様に，データに散らばり（分散）があることを前提としている。当然，回答が「はい（1 点）」と「いいえ（0 点）」だけの質問項目は，（平均値が）十分な散らばりをもたないので因子分析の対象としては不適当である。また，質問紙の項目で回答が 5 件法の場合などでも，例えば，すべての回答者が「どちらともいえない（3 点）」と答えている場合，分析の対象とすることはできない。加えて，回答が（5 件法で）「（全く）当てはまらない（1 点）」や「よく当てはまる（5 点）」といった端の方に集中している場合，データの散らばり（分散）が小さくなってしまう（「**床〈フロア〉効果**」とか「**天井効果**」と呼ばれる）。こ

うした項目は因子分析の対象（観測変数）から除かれる必要がある。

　項目のチェックの後，因子分析が実行され，因子の抽出が行われる。因子数を確認し，因子分析表も含めて，採用された因子構造が妥当なものなのかを検討する。この検討には各因子の命名（が妥当かの検討）も含まれる。最後に各因子の信頼性などを確認することになる。

3　確証的（確認的）因子分析

　探索的因子分析を行う際には，因子抽出や因子の回転を行った段階で出力される固有値や因子負荷量，もしくは共通性などの値を見ながら，妥当だと思われる結果が得られるまで何度も分析を繰り返す。論文などで示されている因子分析の「結果」は，分析を繰り返した末に最終的に採用されたものである。探索的因子分析は，あくまで探索的なものであり，データのパターンを見つけることで仮説（モデル）を立てたり，データを分類することで予測につなげたりといった使い方が望ましい。

3-1　確証的因子分析のモデル

　現象のモデル（仮説）を検証するためには，探索的因子分析ではなく確証的（確認的）因子分析を用いる。**確証的因子分析**を行う場合というのは，観測変数に対していくつの因子がどのように関連しているかがすでに分かっている時である。つまり，測定されたデータが仮定された因子構造（モデル）と一致しているかを検証するために行われる。

　確証的因子分析では，因子数やその観測変数がどの因子に含まれるかについては仮説（モデル）が設定されている（図10-3）。

　探索的因子分析（図10-1）との違いは，点線の矢印がなく，1つの観測変数は特定の因子に含まれるように関連を示す矢印が引かれていることである。

3-2　確証的因子分析の結果——因子分析表

　確証的因子分析でも因子負荷量や共通性は求めるが，仮説（モデル）として

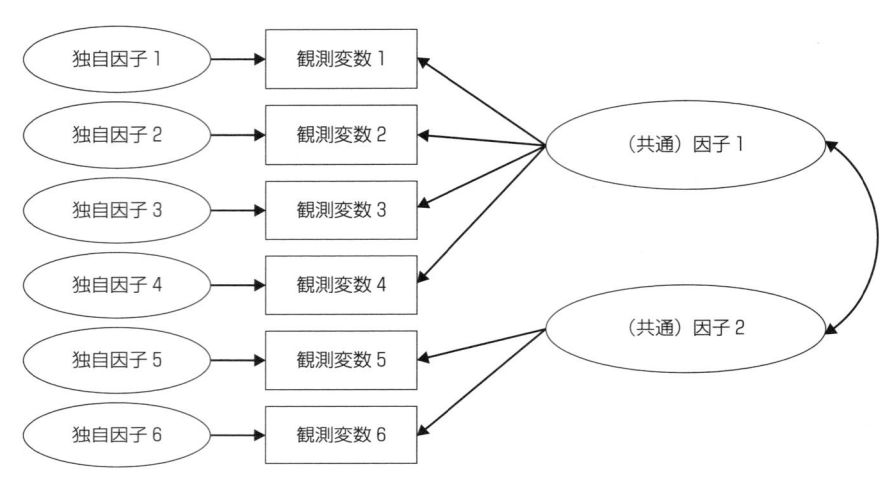

図 10-3　確証的因子分析の概念図（もしくは仮説のモデルの例）

設定された因子数や因子構造に従ったものとなる。図 10-3 のようなモデルが仮定されている場合には，表 10-3 のような形式で示されるだろう。

　確証的因子分析では，そもそも因子数や因子構造は事前に設定されているので，因子分析表はそれに従った形になる。したがって，因子分析表を見ても，仮説（モデル）の妥当性については判断できない（ことが多い）。事前の設定

表 10-3　確証的因子分析の結果の例（因子負荷量，共通性，独自性）

項目	因子1	因子2	共通性	独自性
11	0.840	—	0.698	0.302
8	0.753	—	0.542	0.458
10	0.729	—	0.538	0.462
1	0.726	—	0.495	0.505
7	0.702	—	0.519	0.481
9	0.648	—	0.439	0.561
19	—	0.855	0.693	0.307
20	—	0.807	0.630	0.37
12	—	0.736	0.603	0.397
16	—	0.721	0.505	0.495
18	—	0.672	0.438	0.562

（注）—（ダーシ）の部分は母数を 0 に固定してある。

（仮説のモデル）と異なる結果，ある観測変数の因子負荷量が小さいといったことがあれば，仮説と異なり，その観測変数は（仮説で想定した）特定の因子と関連しない，ということになる。その場合は，仮説（モデル）の妥当性が疑われる。少なくとも，当初の仮説（モデル）は，そのままでは採用できない。

3-3　確証的因子分析の結果——適合度指標

確証的因子分析においては，因子負荷量以外に適合度指標に基づいて仮説の妥当性を判断する。因子負荷量が，ある観測変数と（その観測変数と関係する）因子の関係を個々に評価するのに対し，**適合度指標**は仮説のモデル全体が測定データと適合しているかを示す。

適合度指標としては様々なものがあるが，代表的なものとしてはχ^2値[9]，CFI（comparative fit index）[10]，RMSEA（root mean square error of approximation），SRMR（standardized root mean-square residual）[11]などがある（適合度指標については，第12章も参照）。適合度指標の値からモデルの当てはまりの良さを判断する。なお，一般的に適合度の判断には，複数の適合度指標を総合的に検討する。

想定される仮説（モデル）が複数あり，それらの仮説（モデル）を比較するような研究もある。そうした研究では，複数の仮説（モデル）に基づいた確証的因子分析を行い，適合度指標を比較することで，どの仮説（モデル）が妥当かを評価する。特に複数の仮説（モデル）を比較する場合には，AIC（Akaike information criterion）などの情報量基準と呼ばれる指標を用いる。同じデータに対してAICなどの**情報量基準**の値が小さくなる仮説（モデル）ほど，データと仮説（モデル）の当てはまりが良いことを示している。

適合度指標の値は仮説の正しさを保証するわけではなく，仮説を支持する根

➡ 9　χ^2検定は帰無仮説（モデルはデータに適合している）が棄却されない方が望ましい。

➡ 10　CFIは0.9以上でモデルがデータに適合していると判断されることが多い（0.95を基準にするべきという主張もある〈Hu & Bentler, 1998〉）。

➡ 11　RMSEA，SRMRは0.05以下でモデルがデータに適合していると判断され，0.1以上でモデルへの適合が良くないと判断されることが多い（RMSEAは0.06，SRMRは0.08を基準にするべきという主張もある〈Hu & Bentler, 1998〉）。

拠の一つにすぎないことは十分に認識すべきである。

4　因子分析と主成分分析の違い

　因子分析と似た分析に**主成分分析**がある。主成分分析はたくさんの量的な変数（因子分析の観測変数に当たる）を，より少ない指標や合成変数（複数の変数が合体したもの）に要約する手法である。要約した合成変数のことを「主成分」と呼ぶ。

　例えば，6科目のテストの結果を主成分分析によって要約すると，第1主成分に全般的な学力，第2主成分に文系科目成績／理系科目成績という指標で要約されるかもしれない。すると，ある学生の全般的な学力がどのくらいなのか，文系と理系のどちらの能力が高いのかを可視化できる（図10-4）。

　因子分析と主成分分析は複数の変数を少数の変数に要約するという点でよく似ているが，違いもある。両者の最大の違いは，分析目的である。因子分析は（観測）変数間の共通部分を探索する分析である。一方，主成分分析はすべての変数の情報を使って，データ全体を表す成分（主成分）を探索する分析である。因子分析もデータの縮約を目的として行われる場合がある。ただし，因子

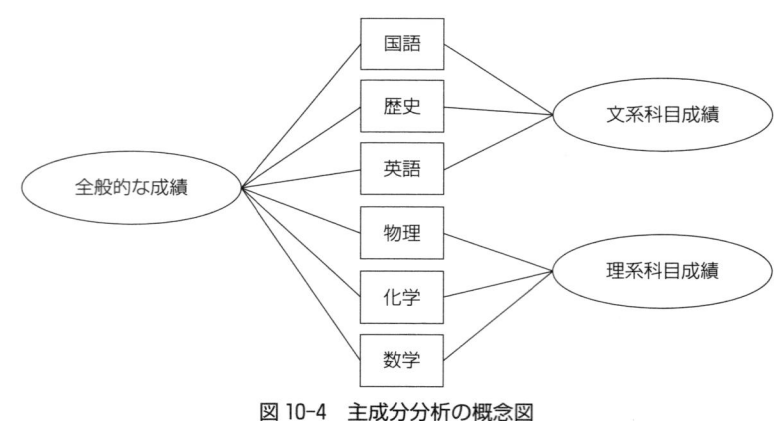

図 10-4　主成分分析の概念図

（注）この概念図では，科目名の長方形が観測変数（科目の得点や偏差値），楕円のうち，「全般的な成績」が第1主成分，「文系科目成績」と「理解科目成績」が第2主成分を示す。

分析の場合は，多くの観測変数を少数のカテゴリに分類する形になる。一方，主成分分析の場合，基本的にすべての変数を1つの変数（第1主成分）にまとめる。主成分分析と因子分析のどちらを使うべきかは，分析する目的によって変わってくるため，事前に目的を明確にしておくことが重要である。

❖考えてみよう

　知能に関しては，本章で紹介したキャッテルの2因子説（Horn & Cattell, 1967）以外にも様々な因子を想定する理論が提案されている。どのようなものがあるか調べてみよう。また，従来の知能に，いわゆる EQ（emotional intelligence quotient：心の知能指数）やコミュニケーション能力といったものを加えた知能を考えた場合，どのような因子構造になるか，特に潜在因子を中心に考えてみよう。

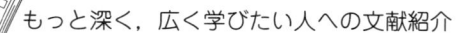 もっと深く，広く学びたい人への文献紹介

高橋　信（著）井上　いろは（作画）トレンド・プロ（制作）（2006）．マンガでわかる統計学［因子分析篇］　オーム社

☞マンガ形式なので因子分析を学ぶ入門書として，最も敷居が低いだろう。因子分析は言葉で説明されても概念的な理解が難しい部分がある。本書はマンガの具体例と図などによって，因子分析の枠組みをつかむことができる。解説が少ないので，この本だけでは因子分析を理解するには不十分だが，最初の1冊としてはおすすめ。シリーズには他に「統計学」「回帰分析編」「ベイズ統計学」などがある。

豊田　秀樹（2012）．因子分析入門——Rで学ぶ最新データ解析——　東京図書

☞因子分析だけでなく，具体的な統計手法については，実際に自分でデータを分析してみることが最も手っとり早い理解の方法である。本書はフリーのソフトウェア（プログラミング言語）であるRを用いて実際に分析を行いながら，因子分析を学ぶことができる。入門解説書ではあるが，因子分析に関する応用的な話題も随所に散りばめられている。

引用文献

Horn, J. L., & Cattell, R. B. (1967). Age differences in fluid and crystallized intelligence. *Acta Psychologica, 26*, 107-129.

Hu, L. T., & Bentler, P. M. (1998). Fit indices in covariance structure modeling: Sensitivity to underparameterized model misspecification. *Psychological*

Methods, 3, 424-453.

松尾太加志・中村知靖（2002）．誰も教えてくれなかった因子分析——数式が絶対に出てこない因子分析入門——　北大路書房

第11章　様々な多変量解析

水 野 君 平

　多くの変数から構成されるデータを分析する方法が多変量解析である。使用頻度の高い重回帰分析，因子分析以外にも多変量解析には様々な手法がある。重回帰分析の発展として媒介分析，一般化線形モデル（ロジスティック回帰分析やポアソン回帰分析），階層線形モデル（それを包含する一般化線形混合効果モデル）などがある。また，その他の多変量解析で調査対象者を似た者同士のグループに分けるクラスター分析や，説明変数からカテゴリを予測する判別分析，複数の変数を合成した変数同士の相関を調べる正準相関分析といった手法がある。

1　媒介分析

　媒介分析（mediation analysis）は回帰分析の応用的手法の一つである。回帰分析は説明変数Xと目的変数Yの関係性を表すものであったが，媒介分析はXとYの間に媒介変数Mを想定するモデルである。すなわち，$X \rightarrow M \rightarrow Y$といった一連のプロセスを分析することになり，主に説明変数と目的変数の間にある媒介変数を通して何らかのメカニズムを明らかにする時によく使われる。媒介分析では，媒介変数MがXとYを仲介する効果を**間接効果**と呼ぶ。間接効果はXがMに与える効果とMがYに与える効果を積算した（$X \rightarrow M \times M \rightarrow Y$）ものである。なお，媒介変数の影響を除いた（統制した），XのYへの影響（$X \rightarrow Y$）を**直接効果**と呼ぶ。媒介分析で関心があるのは主に間接効果だが，直接効果と間接効果を合わせた総合効果も評価する。例えば，睡眠不足が授業の理解

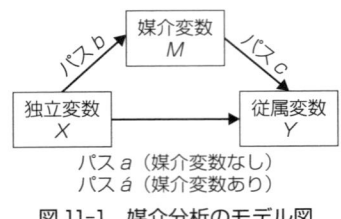

パス *a*（媒介変数なし）
パス *á*（媒介変数あり）

図 11-1 媒介分析のモデル図

度に与える影響のメカニズムとして、睡眠不足だと授業での集中力が低下し、授業の内容をよく理解できないと想定したとする（集中力をどう測定するかは置いておく）。この場合、X が睡眠時間、Y が授業の理解度、M が集中力となり、睡眠時間の集中力への影響（$X \rightarrow M$）、集中力の理解度への影響（睡眠時間を統制した $M \rightarrow Y$）をそれぞれ求める。その後、両者の効果を掛け合わせることで間接効果が求められる。

　媒介分析の代表的な分析手法としては、Baron & Kenny（1986）の方法が存在する。これについて図 11-1 で簡単に説明すると、まず X から Y への影響（パス *a*）を確かめる。次に直接効果、すなわち、M を統制した場合の X から Y への影響（パス *á*）、X から M への影響（パス *b*）および（X を統制した場合の）M から Y への影響（パス *c*）を検討する。さらに、間接効果（パス *b* とパス *c* の積）の検定を行う。この際、ソベル（Sobel）検定[1]とブートストラップ検定[2]がよく用いられる。ここで、間接効果が有意であれば媒介変数 M が X と Y の関係を媒介していたことが分かる。最後に、パス *a* とパス *á* を比較してどの程度パス *á* の効果が減衰したかを評価する。通常、パス *a* に M を投入した際のパスが *á* であるので、パス *a* よりもパス *á* の値は小さくなる。ここでパス *á* が有意でなければ、M は X と Y を完全に媒介したことになる。つまり、X から Y への直接の影響はない。なお、パス *á* が有意であれば、M は X と Y を部分的に媒介したこと、すなわち、X から Y への影響は、X から Y への直接の影響以外に M を介した $X \rightarrow M \rightarrow Y$ が含まれることを意味する。

　各パス係数や効果は、自身で計算することもできるが、現在では便利なソフ

➡ **1** 間接効果の標準誤差を求め（間接効果の標準誤差 = $\sqrt{パス b^2 \times (パス c の標準誤差)^2 + パス c^2 \times (パス b の標準誤差)^2}$）、間接効果とその標準誤差から z 値を計算し（z 値 = $\dfrac{間接効果}{間接効果の標準誤差}$）、有意性検定を行う。

➡ **2** ブートストラップ検定は復元抽出（リサンプリング）というシミュレーションを行う。リサンプリングによって間接効果を求め、分布の95％信頼区間を求める。間接効果の95％信頼区間に 0 が含まれなければ、5％水準で有意な間接効果が示されたことになる。

トウェアの発達により個別に計算することはあまりない。媒介分析専用の分析オプションや共分散構造分析（SEM）（第12章参照）を利用した手法で，一気に媒介分析を行うことが多い。

媒介分析の応用的手法

　もちろん，上記で紹介した媒介分析は一番単純な場合であり，さらに複雑な分析も可能である。例えば，年齢や性別などの調査対象者のデモグラフィックな要素（共変量）を統制した間接効果を検討したい場合や，媒介変数が複数個考えられる場合，媒介変数自体がさらなる変数によって調整される（交互作用）場合も考えられるかもしれない。媒介分析では，統制変数（共変量）を含めること，媒介変数を複数同時に投入し複数の間接効果を検討すること，交互作用を投入することも可能である。これらについては，専門的なソフトウェアを使うことで簡単に行うことができる。媒介分析について詳しく解説した文献などを参照されたい（例えば，清水・荘島〈2017〉を参照）。

2　一般化線形モデル

2-1　一般化線形モデルと回帰分析

　重回帰分析において，目的変数は正規分布に従う連続変量（量的データ）であることを前提としている（第9章参照）。しかし，目的変数が正規分布に従わない場合も多い。例えば，目的変数が「はい・いいえ」のような2値データや，学校の欠席日数などの明らかに正規分布しない自然数しかとりえない整数データの場合である。こうした場合，適切な回帰直線（回帰係数）を求めることができない。このような場合には，第9章で述べたように目的変数（の残差）が正規分布以外の分布をすることを仮定して，分析する必要がある。こうした分析が，**一般化線形モデル**（generalized linear model：GLM）である。回帰分析では最小二乗法という計算方法を用いて回帰係数などを推定していたが，一般化線形モデルでは最尤法という手法を用いて回帰係数などを推定していく。

　一般化線形モデルで重要になる要素が確率分布，線形予測子，リンク関数である。まず，目的変数（の残差）が正規分布以外の場合，二項分布やポワソン

分布と呼ばれるような正規分布以外の分布が想定される。次に，目的変数を予測するための線形予測子（例えば $\eta = b_0 + b_1 \times x_1$）が必要になる。線形予測子は回帰分析と同様に，切片，傾き，説明変数から構成され，（傾きの係数を掛け合わせた）説明変数と切片を足し合わせた（線形一次結合）形になる[3]。最後に，線形予測子をうまく目的変数の範囲に収める変換式をリンク関数と呼び，一般的に確率分布が決まればそれに対応するリンク関数を用いることになる。特に，統計ソフトウェアでは目的変数の分布に応じたリンク関数がデフォルトで決められていることが多く，明示的に指定することは少ない。

　例えば，（重）回帰分析は $y = b_0 + b_1 \times x_1 + \epsilon$ という式で表される（第9章参照。また，分散分析については第5・6章も参照）。（重）回帰分析の場合，目的変数（の残差）の分布は正規分布が仮定されている。先の例の場合，線形予測子は $\eta = b_0 + b_1 \times x_1$ と設定されている。回帰分析の場合には，リンク関数は恒等リンク関数が用いられる。恒等リンク関数は $y = \eta$ なので，通常，回帰分析の際には意識されない（$y = \eta = b_0 + b_1 \times x_1$ となるからである）。

　このことから分かるように，一般化線形モデルは回帰分析などの線形モデルを包含する概念となるし，目的変数の分布や特徴に柔軟に対応できる回帰分析の発展的分析として理解できる。本章では，一般化線形モデルの中でもよく用いられるロジスティック回帰分析とポアソン回帰分析について解説していく。

2-2　ロジスティック回帰分析

　目的変数が正解か不正解かといった2値の場合，一般には**ロジスティック回帰分析**が用いられる。ある事象（例えば，正解）が起こる確率を p とする時，起こらない（つまり，不正解の）確率は $1-p$ である。そして，説明変数によって，p の確率に対する予測を調べることができる。

　ここでは，1学期の友人の有無（0＝なし，1＝あり）が2学期の登校状態（登校しているか，不登校か）を予測するという簡単な架空データを考えてみる。この時，（2学期の）登校の状態を 0＝不登校，1＝登校としてロジスティック

　➡ 3　例では説明変数が1つだけの場合を示したが，もちろん重回帰分析のように任意の数の説明変数を線形予測子に入れることができる。

回帰分析を行った。確率分布は二項分布，リンク関数はロジット関数となり，モデル式は次のようになる。

$$\log \frac{p}{1-p}=b_0+b_1\times x_1 \quad \cdots\cdots 式1$$

> p：登校の生起確率　　b_0：切片
> b_1：友人の有無の偏回帰係数　　x_1：（1学期の）友人の有無

$\log \dfrac{p}{1-p}$ はロジット（関数）[4]，$b_0+b_1\times x_1$ は線形予測子で，x_1 が1単位増えればロジット（関数）の値（ロジット得点）がどれだけ増えるかを表している。この式を変形するとロジスティック関数と呼ばれる $p=\dfrac{1}{1+e^{-(b_0+b_1\times x_1)}}$ の形となる[5]。ロジスティック関数を見ると，x がどれだけ変化しようが p の範囲は0から1に収まる。このようにロジスティック回帰分析では，リンク関数によって線形予測子が0〜1の間の値をとる確率（p）に対応するようにうまく変換されていることが分かる。そして，$p=\dfrac{1}{1+e^{-(b_0+b_1\times x_1)}}$ を用いて，1学期の友人の有無から登校の確率を計算することができる。例えば，切片が2.0，偏回帰係数が2.0，友人の有無が有（1）だとすると，登校の生起確率は $p=0.982$ で約98％となる。このように，ロジスティック回帰分析は，いくつかの要因から登校（状態）か不登校（状態）か，正解か不正解かといった2値の結果が起こる確率を説明・予測するのに役立つ。

オッズとオッズ比

式1の中の $\dfrac{p}{1-p}$ はオッズとも呼ばれている。オッズはある事象 P が生起する確率を生起しない確率で割った比である。値が1より小さければ事象 P が生起しない確率が高く（生起率＜50％），値が1であれば両者の確率が等しく

➡ 4　ロジット関数はロジスティック関数の逆関数である。つまり，すべての p と x_1 の値について，ロジット関数をロジスティック関数に変形できるし，その逆もできる。

➡ 5　e とは自然対数の底やネイピア数と呼ばれており，$e\fallingdotseq2.72$ である。

（生起率＝50％），値が1より大きければ生起する確率が高いこと（生起率＞50％）を示している。例えば，友人がいない（0）場合に，登校している割合が70％だったとすると，オッズは $0.70 \div (1-0.70) = 2.33$ となり，1より大きいため，登校する確率のほうが高いことが分かる。

　今求めたオッズは，友人がいない（0）場合の登校のオッズであったが，友人がいる（1）場合の登校のオッズを別に求めることができる。ここでは仮に，友人がいる（1）場合の登校の割合を90％だったとすると，オッズは $0.90 \div (1-0.90) = 9.00$ となる。この友人がいない（0）場合から友人がいる（1）場合に変化した時の登校のオッズの比をとることを，**オッズ比**（odds ratio：OR）という。[6] ここでのオッズ比を計算すると $9.00 \div 2.33 = 3.86$ となる。オッズ比が1より小さければ友人がいない方がより登校の生起確率が高く，1であれば友人がいてもいなくても登校の生起確率は同じで，1より大きければ友人がいる方がより登校の生起確率が高いことを示している。今回は3.86なので，友人がいる方がより登校の生起確率が高いと解釈できる。さらには，この3.86という値は，友人がいる（1）場合の登校のオッズが，友人がいない（0）場合の登校のオッズの3.86倍であることを表している。[7]

　ちなみに，友人がいる場合（事象 P）の登校の確率を p，友人がいない場合（事象 Q）の登校の確率を q とした場合，$P : \log \dfrac{p}{1-p} = b_0 + b_1$ と $Q : \log \dfrac{q}{1-q} = b_0$ が求められる（友人がいない場合 $x=0$ なので傾きの項は0）。事象 P のモデルから事象 Q のモデルを引くと $\log \dfrac{p}{1-p} - \log \dfrac{q}{1-q} = b_1$ となり，この式を変形すると $\log \dfrac{p/(1-p)}{q/(1-q)} = b_1$ となる。さらに $\dfrac{p/(1-p)}{q/(1-q)} = e^{b1}$ と変形できる。[8] b_1 は偏回帰係数を表すため，説明変数が0から1に変化した

➡ 6　オッズ比は，より一般的には，2つの事象 P と事象 Q の（生起）確率 p と q における各オッズの比をとることと説明できる（$OR = \dfrac{p/(1-p)}{q/(1-q)}$）。

➡ 7　オッズが3.86倍なのであって，友人がいる場合に3.86倍登校する人が増えるわけではないので注意しよう。

際，すなわちある説明変数が1単位増加した際のオッズ比は，eの偏回帰係数乗で求められる。このように，偏回帰係数を変換するとオッズ比を求められるという便利な性質をロジスティック回帰分析はもっている。

2-3　ロジスティック回帰分析の偏回帰係数の解釈と検定

　ロジスティック回帰分析で現れる偏回帰係数は，説明変数が1単位増加した際にロジット得点が何点増えるかを表している。分析対象の事象とロジット得点の関係が分かりにくいため，符号がプラスなら確率が生起しやすく，符号がマイナスなら確率が生起しにくいことまでは解釈できるが，それ以上の具体的な解釈がしにくい。そのため，回帰分析のように標準化係数を算出することが一応は可能ではあるが，ほとんど使われることはない。しかし，前述のオッズ比を使用すると，結果の具体的な解釈が容易になる。

　偏回帰係数には，帰無仮説は傾きが0，対立仮説は傾きが0ではないとして有意性検定を行う[9]。また，偏回帰係数の有意性検定だけでなく，オッズ比の95%信頼区間も算出する研究が多い。オッズ比の95%信頼区間が1をまたがなければ5%水準で有意であることと同じになる。なお，説明変数が複数存在する場合は，重回帰分析と同じで他の説明変数の効果を統制した場合の目的変数に対する効果を検討することができ，その時に算出されるオッズ比は調整オッズ比とも呼ばれる。

2-4　ロジスティック回帰分析の応用的手法

　上記で解説した目的変数が2値のロジスティック回帰分析は，一般に二項ロジスティック回帰分析と呼ばれる。その他，尺度水準が順序尺度の変数を目的変数とした順序ロジスティック回帰分析や2値以上の名義尺度を目的変数とした名義ロジスティック回帰分析（もしくは多項ロジスティック回帰分析）も存在

➡ 8　e^{b1}は自然対数eを底とする指数関数。つまり，eのb_1乗ということ。
➡ 9　統計検定量としては偏回帰係数を標準誤差で割った値を2乗するワルド検定を行う（ワルド統計量＝$\left(\frac{偏回帰係数}{標準誤差}\right)^2$）。

する。

　順序ロジスティック回帰分析では，例えば，説明変数が性別（0＝男子，1＝女子）で，目的変数が体育が好きかどうか（0＝嫌い，1＝普通，2＝好き）についての3水準の順序尺度で，性別によって体育が好きどうかが異なるかを検討する場合が考えられる。この場合，目的変数が3水準で順序性があることから，順序ロジスティック回帰分析を用いる。

　名義ロジスティック回帰分析では，例えば，説明変数が性別（0＝男子，1＝女子），目的変数が主要3教科（0＝国語，1＝数学，2＝英語）といった3水準の名義尺度で，性別によって主要3教科の中で一番好きな教科が異なるかを検討する場合が考えられる。この時，あるカテゴリを参照として，そのカテゴリに比べた確率が計算される。例えば，国語を選択する確率と比べて，性別によって数学もしくは英語を選択する確率が異なるかの確率が分かる。

2-5　ポアソン回帰分析

　目的変数が1日に嘘をついた回数や親友の人数などのカウントデータの場合，一般には**ポアソン**（Poisson）**回帰分析**が用いられる。ここでは，Big Five のうちの協調性（思いやりなどの性格特性）（第9章参照）が親友の人数を予測するかどうかのポアソン回帰分析を行う例を考える。確率分布はポアソン分布，リンク関数は対数関数となり，ある事象の平均生起回数を y_i とした時，モデル式は次のようになる。[10]

$$y_i＝\exp(b_0＋b_1×x_{i1}) \quad ……式2$$
を変形して
$$\log(y_i)＝b_0＋b_1×x_{i1}$$

y_i：友人の平均人数　　b_0：切片　　b_1：協調性の偏回帰係数
x_{i1}：協調性の得点

　ここで，ポアソン分布は平均と分散が等しいという仮定を置く。[11]偏回帰係数の解釈としては，説明変数が1単位分増えると平均生起回数の対数が偏回帰係

　➡10　式2中の exp は自然対数 e を底とする指数関数であることを示している。

数の分だけ変化することを意味するので分かりづらい。そこで式2に戻ると，式2はある説明変数が1単位増加した時，「eの偏回帰係数乗」倍，目的変数の回数が変化することを示している。ポアソン回帰分析においてeの偏回帰係数乗はリスク比と呼ばれることがあり，ロジスティック回帰係数のオッズ比のように，偏回帰係数を変形することで具体的な解釈がしやすくなる特徴がある。なお，生起確率が低い事象に対して，オッズ比はリスク比に近似することが知られているが，そうでない場合には，オッズ比はリスク比とは異なる値を示す。

2-6　モデル評価

回帰分析ではモデルの評価の検定（F検定）や分散説明率を算出することでモデル評価を行っていた。もちろん，一般化線形モデルにおいてもモデル評価を行う。そこでよく使用されるのは尤度比検定，疑似決定係数，情報量基準，であろう。

尤度比検定では切片だけのモデル（null model）と説明変数を含んだモデルを比較し，説明変数を含んだモデルの方がデータの当てはまりの良いことを調べる。そのために，残差逸脱度（residual deviance）と呼ばれる，モデルとデータの回帰分析でいうところの残差を求める。逸脱度が小さいほど相対的に当てはまりが良いことを意味する。[12]切片だけのモデルの残差逸脱度から分析モデルの残差逸脱度を引くことでχ^2値を算出することができ，これの有意性検定を行うことで，分析モデルが切片だけのモデルよりも当てはまりが良いかを検討できる。その他，尤度比検定ではある変数x_{i2}を含むモデル（$b_0+b_1 \times x_{i1}+b_2 \times x_{i2}$）とそうでないモデル（$b_0+b_1 \times x_{i1}$）のどちらがより当てはまりが良いかなど，モデル間比較に使用できる。

疑似決定係数とはモデルの当てはまりの良さを0から1で示した指標である。

➡**11**　平均より分散が大きい場合（過分散），ポアソン分布のままだと標準誤差の推定に誤りが出るため，負の二項回帰分析が用いられる。また，生起回数で0が極端に多い場合は，ゼロ過剰ポアソン分析やハードルモデルといった分析が用いられる。

➡**12**　残差逸脱度＝−2(log(分析モデルの尤度)−log(フルモデルの尤度))。フルモデルとは実際のデータを完全に説明したモデルのことを指す。統計ソフトウェアでは残差逸脱度だけが算出される事が多い。

マクファデン（McFadden）の疑似決定係数，コックス・スネル（Cox-Snell）の疑似決定係数やナゲルケルケ（Nagelkerke）の疑似決定係数などいくつかの指標が存在し，それぞれ違う特徴をもっている。

その他，AIC（第9章参照）[13]やBICと呼ばれる情報量基準を用いることもできる。情報量基準は値が小さいほど当てはまりが良いとされている。複数のモデルについて情報量基準が小さいモデルを選択するという方法も用いられることがある。

3 階層線形モデル

3-1 ネストされたデータの分析

基本的にほとんどの研究における統計的な分析において，標本の無作為抽出が前提となっている。もちろん，無作為抽出して標本（データ）を得るのが正しいが，現実的な問題として，時間や費用，参加者へのアクセスなどの方法的な問題が多く，実施するのは難しい。

例えば，中学生を対象とする質問紙調査の例を考えてみる。いくつかの学校に調査を依頼し，各学校で学級ごとに生徒に回答してもらい，データを収集するコンビニエンス・サンプリングと呼ばれるサンプリング法を使用することがよくある。このようにして得られたデータは入れ子構造になっている。具体的には，1年1組に30名の生徒がいて，1年2組にも30人がいて……というように，学級と生徒が階層構造となっている。あるいは，1人を複数回追跡する縦断データの場合は，ある参加者Aさんの1時点目データ，2時点目データ，Bさんの1時点目データ，2時点目データ……というように各測定時点のデータは個人に紐づいている。

このようなデータに対して，第9章のようなBig Fiveと学校での楽しさを目的変数とした重回帰分析を行う場合，学級によっては学校での楽しさの平均値や切片（目的変数の値）に違いがあるかもしれない。また，ある学級では性

> **➡13** AIC＝−2log(モデルの最大尤度)＋2(モデルのパラメーター数)。尤度が大きく，パラメーター数が小さいモデルほどAICの値が小さくなる。

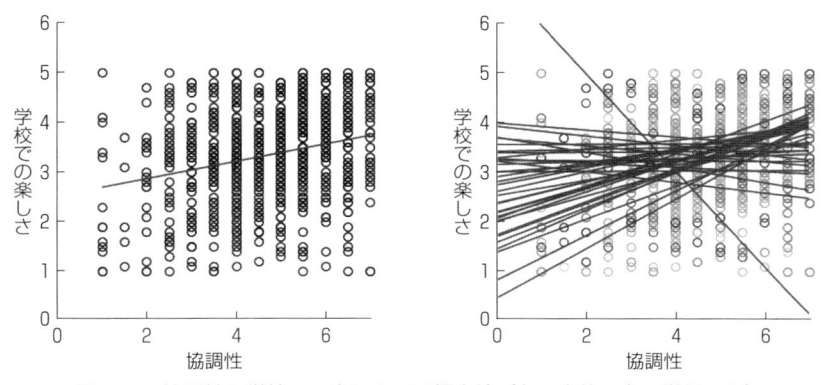

図11-2　協調性と学校での楽しさの回帰直線（左：全体，右：学級ごと）

格特性が学校での楽しさに強く関連するが，他の学級ではどんな性格の生徒も同じくらいの学校生活享受感をもっており，回帰係数（傾き）に学級で違いがあるかもしれない（図11-2）。こうした場合，データの構造から残差の独立性が保たれていない可能性があり，通常の重回帰分析を行うのは適切ではなくなる。そのため，学級ごとに異なる偏回帰係数（の値）や切片（の値）を想定する必要がある。この想定に基づいた分析方法がマルチレベルモデルであり，その1つに**階層線形モデル**（hierarchical linear model：HLM）がある。

3-2　分析の流れ①ヌルモデル

　まず，集団内でどれだけデータに類似性があるかを調べる必要がある。そのためには扱いたい目的変数について級内相関係数（$ICC(1)$）[14]という指標を算出する。$ICC(1)$ は，データ全体の変動のうち何％が集団に影響されるかを意味する。値の基準としては明確なものはないが，0.05以上や0.1以上あれば階層線形モデルを行う方が良いとされている。なお，$ICC(1)$ はヌルモデルと呼ばれる切片のみで変量効果を許すモデルからも計算できる[15]。ヌルモデルとは以下のような式となる。

→14　$ICC(1) = \dfrac{\text{級間分散}}{\text{級間分散＋級内分散}}$

→15　$ICC(1) = \dfrac{\text{切片分散}(\tau_{0j})}{\text{切片分散}(\tau_{0j})+\text{誤差分散}(e_{ij})}$

〈レベル 1 ：個人レベル〉 $Y_{ij}=\beta_{0j}+e_{ij}$

〈レベル 2 ：集団レベル〉 $\beta_{0j}=\gamma_{00}+u_{0j}$

なお，u_{0j} は平均 0 ，分散 τ_{0j} の正規分布に従う。

　ここで，Y は目的変数，添字の i は個人，j は集団を表す。β_{0j} は平均値（切片）を表し，その値は $\gamma_{00}+u_{0j}$ に分解できる。γ_{00} は全体の平均値（切片），u_{0j} は集団レベルの誤差であり，u_{0j} の分散は τ_{0j} と表す。切片は全体の平均値と集団によって異なる値（誤差）に分かれることになる。最後に e_{ij} は個人レベルの誤差である。つまり，ある集団のある個人の得点は，全体の平均値と集団レベルの誤差と個人レベルの誤差を足し合わせたものとなる。また，$ICC(1)$ からデザインエフェクト[16]と呼ばれる指標も算出することができる。デザインエフェクトが 2 より高いと HLM を行うことが推奨される。

3-3　分析の流れ②ランダム切片とランダム傾きモデル

　第 9 章の仮想データを使用して，切片について学級ごとの変動を許すランダム切片モデルを考えてみよう。ここでは，簡単にするため，説明変数を協調性，目的変数を学校での楽しさとし，学級によって学校での楽しさの切片に違いがあるかについて分析する。この場合，モデル式は以下のようになる。

〈レベル 1 ：生徒レベル〉 $Y_{ij}=\beta_{0j}+\beta_{1j}\times x_{ij}+e_{ij}$

〈レベル 2 ：学級レベル〉 $\beta_{0j}=\gamma_{00}+u_{0j}$

なお，u_{0j} は平均 0 ，分散 τ_{0j} の正規分布に従う。

> β_{1j}：協調性の偏回帰係数　　　x_{ij}：協調性の得点

　先程のヌルモデルの式に説明変数の項（$\beta_{ij}\times x_{ij}$）が加わっただけである。このモデルについて階層線形モデルで分析する。出力される結果は統計ソフトウェアによって少し異なるが，まとめると表 11-1 のようになる。表 11-1 の固定効果とは全体に共通する推定値を指し，変量効果とは学級などの集団で変動する推定値を指す。表 11-1 を見ると，固定効果の推定値は通常の回帰分析の切片や回帰係数と同じである。そのため協調性が高い生徒ほど学校も楽しいと感

➡16　デザインエフェクト＝1＋（集団内の平均人数－1）×$ICC(1)$

表11-1　学校生活享受感を目的変数とした HLM（切片変動モデル）

		推定値	標準誤差	t 値	p 値
固定効果	切片（γ_{00}）	2.55	0.12	20.83	.000
	協調性（β_{1j}）	0.17	0.02	8.50	.000
変量効果	切片（τ_{0j}）	0.02			0.01

じていることが分かる。そして、変量効果に着目すると有意な値となっている。すなわち、切片の値は学級によって有意に異なることが示唆される。

それでは次に、切片に加え回帰係数も変動を許すランダム切片・傾きモデルを考えよう。すなわち、学校での楽しさの楽しさの値は学級によって異なり、協調性と学校生活享受感の関連も学級で異なることを分析する。モデル式は以下になる。

〈レベル1：生徒レベル〉 $Y_{ij} = \beta_{0j} + \beta_{1j} \times x_{ij} + e_{ij}$
〈レベル2：学級レベル〉 $\beta_{0j} = \gamma_{00} + u_{0j}$
$\beta_{1j} = \gamma_{10} + u_{1j}$

$$\begin{bmatrix} u_{0j} \\ u_{1j} \end{bmatrix} \sim N \left(\begin{bmatrix} 0 \\ 0 \end{bmatrix}, \begin{bmatrix} \tau_{00} & \tau_{01} \\ \tau_{10} & \tau_{11} \end{bmatrix} \right)$$

先程のランダム切片モデルの式に学級レベルの式（$\beta_{1j} = \gamma_{10} + u_{1j}$）が加わっただけである。なお、モデル式下の行列は「u_{0j} と u_{1j} は平均0の多変量正規分布に従う」ことを意味しており、τ_{10} と τ_{01} は共分散の誤差である。γ_{10} は協調性の傾きの固定効果であり、u_{1j} は協調性の傾きの学級レベルの傾きとなる（変量効果）。このモデルについて階層線形モデルで分析する。出力される結果は統計ソフトウェアによって少し異なるが、まとめると表11-2のように なる。表11-2を見ると、変量効果が新たに1つ加わっている ことが分かり、切片と協調性の傾きは 変量効果は2つとも有意に異なる値となっている。すなわち、切片と協調性の傾きは学級によって有意に異なることが示唆される。

数式が続くと HLM は難しく見えるが、回帰分析の発展的な分析である。例えば、$Y_{ij} = \beta_{0j} + \beta_{1j} \times x_{ij} + e_{ij}$ は「レベル2（学級レベル）」の式を代入すると、$Y_{ij} = (\gamma_{00} + u_{0j}) + (\gamma_{10} + u_{1j}) \times x_{ij} + e_{ij}$ となり、切片および傾きの項（パラメーターが1つ増えただけである。そのため回帰分析の考えを理解することが重要となる。

表11-2　学校生活享受感を目的変数としたHLM（切片・傾き変動モデル）

		推定値	標準誤差	t 値	p 値
固定効果	切片（γ_{00}）	2.57	0.14	16.21	0.00
	協調性（γ_{10}）	0.16	0.03	5.33	0.00
変量効果	切片（τ_{0j}）	0.21			0.01
	協調性の傾き（τ_{1j}）	0.01			0.01

3-4　分析の流れ③集団レベル変数の導入と中心化，交互作用

　階層線形モデルでは，個人レベルの固定効果と集団レベルの変量効果だけでなく，集団レベルの固定効果もモデルに加えることができる。上記の例ではあまり考えることはないと思うが，学級単位の協調性（集団平均値）が集団レベルの固定効果になる。協調性が高いといった時に，生徒個人の協調性（個人レベルの固定効果）が高いのか，学級集団として協調性（集団レベルの固定効果）が高いのかを分けて，それらが学校生活享受感に与える効果を分析する[17]。

　加えて，HLMでは交互作用を検討することもできる。個人レベル同士の交互作用，集団レベル同士の交互作用はもちろん，集団レベルの変数が個人レベルの変数と目的変数の関連を変化させるレベルのクロス水準交互作用を検討することができるが，クロス水準の交互作用に関心がある研究が多い。

3-5　階層線形モデルと一般化線形混合効果モデル

　ここまでHLMの簡単な解説を行ったが，HLMは回帰分析と同様に目的変数の残差が正規分布するという前提がある。GLMのように多様な目的変数に応じた分析はできないが，実は**一般化線形混合効果モデル**（generalized linear

---

→**17**　集団平均値を作成したい個人レベルの変数の $ICC(2)$ を求める。$ICC(2)=$ $\dfrac{\text{集団内の平均サンプルサイズ}\times ICC(1)}{1+(\text{集団内の平均サンプルサイズ}-1)\times ICC(1)}$ で求まる値が0.7以上あれば良いとされている。その後，集団ごとに集団平均値を作成し，個人・集団レベルの変数それぞれに対して中心化（第9章参照）の処理を行う。ただし，個人レベルの変数に対しては集団平均値で中心化し，集団平均値に対しては全体平均値で中心化する。これによって例えば「学級内で協調性が高い人」というように個人レベルの変数がもつ集団レベルの情報を消すことができ，個人レベルと集団レベルの効果を切り分けて分析できる。

mixed model：GLMM）という GLM や HLM を包含する上位の概念が存在する。GLMM は，GLM の要素に加えて変量効果を推定するモデルである。例えば，本章で紹介したロジスティック回帰分析のモデルにランダム切片を加えるというようなことができる。詳細な内容は久保（2012）などの文献を参照されたい。

4　その他の多変量解析

4-1　クラスター分析

クラスター分析は，データ全体の中から似たもの同士をグループ分けする方法である。調査対象者や項目をいくつかの似通った特徴をもつグループに分類することができる。クラスター分析には，大きく階層クラスター分析と非階層クラスター分析の2つの手法がある（図11-3）。階層クラスター分析は似ている対象を順々にいくつかのクラスター（集団）にまとめる方法で，グルーピングする過程が視覚的に描かれるデンドログラム（樹形図）からグループの特徴を把握する。しかし階層クラスター分析は多くのデータを扱うことには向いていない。非階層クラスター分析は複数の変数のパターンで似たもの同士が同じグループ（クラスター）に含まれるように分ける方法で，図11-3では Big Five 尺度の回答傾向で分類している。[18]これはサンプルサイズが多い場合に適している。ただし，クラスター分析ではクラスター数・分類の基準などは分析者が判断して行うため，恣意的になりやすく，注意が必要である。

4-2　判別分析

判別分析は，質的な目的変数（登校・不登校など）を複数の量的な説明変数（友人の数，学業成績など）で予測・説明する方法である。ロジスティック回帰分析と異なる部分は，推定法，説明変数の尺度水準，回帰係数の解釈であろう。推定法は最小二乗法，説明変数は連続変量，結果は判別に関心があるので回帰係数の解釈は主立って行わない。分類にのみ関心がある際は判別分析を用いる

➡**18**　Big Five 特性をいくつかのタイプに分類する議論として，パーソナリティ・プロトタイプというものがある。

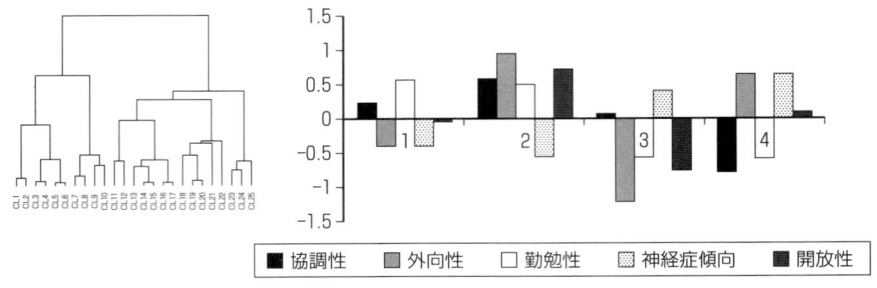

図11-3　クラスター分析の結果（左：デンドログラム，右：非階層的分析）

ことも必要だろう。

4-3　正準相関分析

　身長，体重，握力，50 m 走のタイムなど複数の変数間の相関を調べる時，総当たりで1対1の相関分析を行うか，1つの目的変数に対し複数の説明変数で予測するか，様々な方法がある。しかし，身長と体重を合成した変数と握力と 50 m 走タイムを合成した変数同士の相関に関心がある場合，上記の分析法では対応できず，**正準相関分析**を使うことが適切となる。

❖考えてみよう

　「小学校高学年50学級を対象にした調査で，学年や男女によって授業中の挙手回数が違うか」を調べるためには，どのようなモデルによる分析があるだろうか。複数考えてみよう。

📖 もっと深く，広く学びたい人への文献紹介

　荘島 宏二郎（編）（2017）．計量パーソナリティ心理学　ナカニシヤ出版
　　　☞本章で解説した媒介分析や階層線形モデルを含め，様々な多変量解析について解説している。各章は例えば「学習方略の仕様に対する学習動機づけの効果は教師の指導次第？」というように1つの研究テーマを例にして分析手法を解説されているため，分析内容が具体的で理解の助けになる。役に立つ1冊だろう。
　尾崎 幸謙・川端 一光・山田 剛史（編著）（2018）．Rで学ぶマルチレベルモデル［入門編］　朝倉書店

☞マルチレベル分析について丁寧に解説されている。またRを使用したコードが掲載され，演習用データも用意されているため，Rを使って手を動かしながらマルチレベル分析を学習するにも最適である。

引用文献

Baron, R. M., & Kenny, D. A. (1986). The moderator-mediator variable distinction in social psychological research: Conceptual, strategic, and statistical considerations. *Journal of Personality and Social Psychology, 51*, 1173-1182.

久保 拓弥 (2012). データ解析のための統計モデリング入門——一般化線形モデル・階層ベイズモデル・MCMC ——　岩波書店

清水 裕士・荘島 宏二郎 (2017). 社会心理学のための統計学　誠信書房

[付記] 本章の執筆に際して，徳岡大先生（人間環境大学）にご助言を賜りました。ここに記して感謝申し上げます。

第12章　共分散構造分析

徳　岡　　大
徳　岡　　大

尺度を複数用いると，尺度ごとに複数回の因子分析を行うことになり，そこで推定した因子得点を取り出して重回帰分析を行うと，誤差に関する情報がデータから消えてしまう。データに含まれる情報をできるだけ多く扱うためには，分析を分けずに一度に行う必要がある。本章では，このような時に一度に分析を行うことのできるパス解析や構造方程式モデリング（共分散構造分析）について学ぶ。これらの分析では，重回帰分析や因子分析を統合した分析を行うことができ，分析したモデルがデータ全体をカバーできているのかを適合度という観点から判断することが可能となる。

1　共分散構造分析の概要

共分散構造分析（covariance structure analysis：CSA）とは，**構造方程式モデリング**（structural equation modeling：SEM）とも呼ばれ，分散共分散行列や相関行列を用いて，多変量データの関連性を一度に分析する手法である。端的にいうと，重回帰分析（第9章参照）や因子分析（第10章参照）を行う時に，別々に分析するのではなく，一度の分析で行う手法である。

一般的には，観測変数のみ（ただし，潜在変数として誤差変数は含まれる）で構成されるモデルの場合は**パス解析**と呼ばれ，観測変数と潜在変数で構成されるモデルの場合は，構造方程式モデリングや共分散構造分析と呼ばれている。そして，これらの分析では，モデルとデータがどの程度フィットしているのかを，複数の適合度から検討していくことになる。

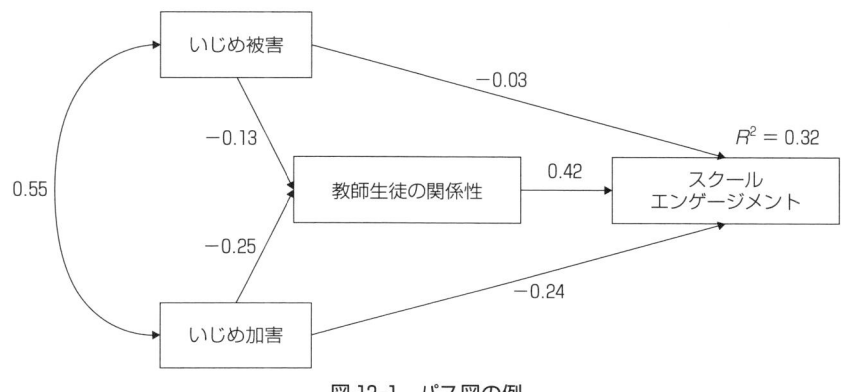

図 12-1　パス図の例

（出所）Valle et al.（2018）をもとに筆者作成。

　パス解析や構造方程式モデリングのメリットの一つに，分析されたモデルを**パス図**（path diagram）で表現することで理解しやすくなる点がある。詳細は次節で説明するが，パス図とは，変数同士の関係をグラフィカルに記述したものである。媒介分析や因子分析を実施するパス解析や共分散構造分析について，モデルを数式で表現すると，一目ではどのような関係を表現しているのか理解するのは困難となる。その一方で，パス図を使って表現すると，どのような関係性を検討したのかが直感的に理解しやすくなる。

　例えば，図 12-1 は，中学生におけるいじめの被害と加害，生徒教師間の関係性，スクールエンゲージメント[1]の関連性を示したパス図である（Valle et al., 2018）。このパス図を見ると，いじめ被害と加害は正の相関関係にあること，生徒と教師の関係性が良い状態になれば，スクールエンゲージメントも高まる

――――――――――
➡ **1**　学校生活に関わる様々な活動に対して主体的に，そして，積極的に関わりを多面的に捉える概念である。特に，以下の３つの側面から捉えられる概念とされている。１つ目は，行動的エンゲージメントであり，学校のルールを守ること，学習活動への積極的な参加，課外活動への参加などで定義される。２つ目は，感情的エンゲージメントであり，学校や教師に対する感情的反応や学校に対する帰属意識，価値観などで定義される。３つ目は，認知的エンゲージメントであり，学習に対して戦略的に取り組もうとしたり，自己調整して取り組もうとしているか，といった観点から定義される（Fredricks et al., 2004）。

ことが読み取れる。また，パス図からは，いじめ被害は，スクールエンゲージメントに直接影響するのではなく，教師との関係性を媒介してスクールエンゲージメントに影響していること，その一方で，いじめ加害は，スクールエンゲージメントを直接下げる経路と，教師との関係性を介する経路の2つの経路から影響していること，そして，$R^2 = 0.32$ を見れば，このモデルではスクールエンゲージメントの32%の分散を説明できていることを，視覚的に読み取れるようになっている。

　パス解析や共分散構造分析を用いる他のメリットとしては，分析を不用意に繰り返す必要がなく，一度に分析できる点にある。複数の目的変数がある場合に，必要なデータを取り出して，重回帰分析を繰り返すことが多いが，データを何度も切り貼りすることによるデータの水増しの問題が生じる。図12-1についてパス解析を用いない場合であれば，スクールエンゲージメントを目的変数，いじめ被害，いじめ加害，教師生徒間の関係性を説明変数とする重回帰分析に加え，教師生徒間の関係性を目的変数とし，いじめ被害といじめ加害を説明変数とする重回帰分析を行い，さらにいじめ被害と加害の関連を相関分析によって確認する必要がある。

　また，因子分析を行って因子得点として取り出し，その得点を用いて別の分析を行うと，分散の過小推定の問題が生じてしまう。パス解析や共分散構造分析では，重回帰分析では繰り返し分析を行うようなモデルであっても一度に分析することができるため，推定のバイアスを小さくすることが可能である。

2　パス図の見方とモデル適合度

　共分散構造分析では，パス図を用いてモデルが表現される。パス図では，様々な変数が表現され，変数同士の関連が描画されていく。パス図を読み取る時，以下のような観点から見ると，モデルが何を表現しているのか，より理解しやすくなる。

2-1　変数の分類――観測変数と潜在変数

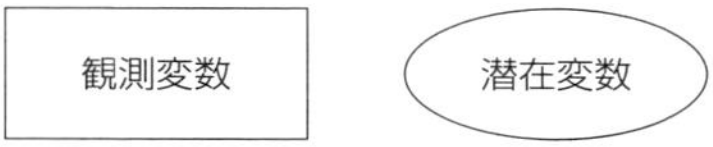

観測変数とは、実際に測定した値の得られているデータのことを指す。例えば、国語、数学、英語のテストが行われ、これら3科目のテスト点数が得られたとする。この場合、これらのテスト点数それぞれが観測変数であり、3つの観測変数があることになる。観測変数は、図12-2のように、パス図の中では長方形で表現される。

潜在変数とは、直接には測定されていない変数のことを指す。例えば、国語、数学、英語のそれぞれのテスト点数が得られた時、この3つのテスト点数の背後に「学力」という直接は測定されていない変数が想定される場合に、潜在変数を用いる。つまり、因子分析で抽出される因子は潜在変数である。それぞれのテスト点数には、たまたま点数がとれた、たまたま点数がとれなかったなどの偶然の要因の誤差も含まれる。こうした偶然の要因である誤差も潜在変数として表現されていないため、共分散構造分析では誤差も潜在変数として表現される。潜在変数は、図12-2のように、パス図の中では楕円や円で表現される。

図12-2　パス図における観測変数と潜在変数

構造変数と誤差変数

共分散構造分析では、**構造変数**を解釈することになる。構造変数を解釈する際に関係してくる観測変数と、因子として表現される潜在変数を、上述したように誤差も直接測定されていないため潜在変数であるが、誤差を表現する潜在変数は、**誤差変数**と呼ばれ、誤差変数は、共分散構造分析で推定されることがほとんどである。誤差変数は、パス図を描画して示す時に省略されていることもある。

内生変数と外生変数

内生変数とは、検討しているモデルの中で一度は何かの結果（従属変数や媒介変数）となっている変数である。パス図でいえば、1回は矢印が刺さっている変数が内生変数である。モデルの中で一度も何かの結果にならず、モデルの中では何らかの原因としてしか機能していない変数として表現される潜在変数は、共分散構造分析では解釈されない。

外生変数とは、モデルの中で一度も何かの結果とならない変数である。パス図でいえば、1回も矢印が刺さっていない変数が外生変数である。外生変数同士は相関を仮定することができるが、内生変数同士に

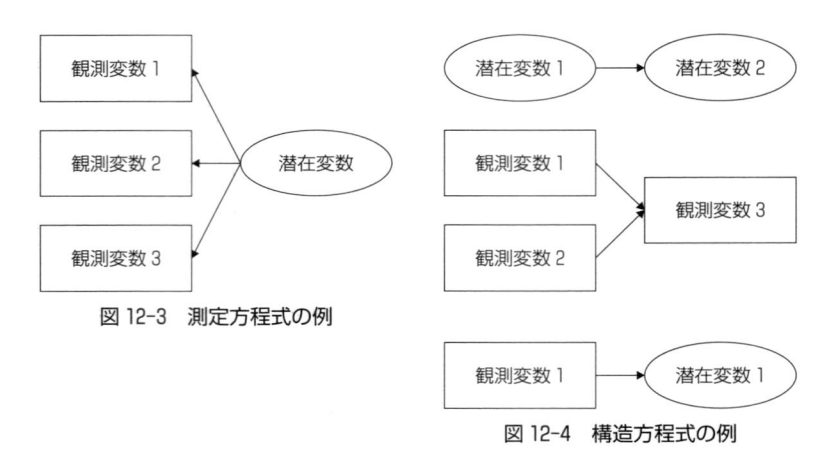

図 12-3　測定方程式の例

図 12-4　構造方程式の例

直接相関を仮定することはできず，相関を仮定する場合は誤差間に相関を仮定することになるといった違いがある。

2-2　関係性の表現と分類

パス図では，矢印を使って変数の関係性が記述される。単方向の矢印は，回帰分析における説明変数と目的変数の関係性のように，矢印の始点にある変数から矢印の終点にある変数への影響を意味する。双方向の矢印は，変数間の相関関係を意味する。ただし，矢印の意味は，以下で説明する測定方程式なのか構造方程式なのかによって解釈のされ方が異なるため，注意が必要である。

2-3　測定方程式と構造方程式

測定方程式は，共通する潜在変数が複数の観測変数に影響を与えているように表現される方程式である（図12-3）。具体的には，確認的因子分析（第10章参照）で示されるように，複数の項目から何らかの構成概念を測定する際に用いられるものが測定方程式である。測定したい構成概念を潜在変数とし，その潜在変数を原因とし，各測定項目である観測変数に影響を及ぼすものとして考えられる。

構造方程式は，変数間の原因と結果の関係を表現する方程式である（図

12-4)。具体的には，重回帰分析のように説明変数と目的変数の関係性を示すものであり，潜在変数間の因果，観測変数間の因果，観測変数から潜在変数への因果を示すものが構造方程式である。パス解析や構造方程式モデリングにおける関心の中心となるのは，構造方程式の部分であることが多いだろう。

　構造方程式の矢印のことをパスとも呼び，単方向のパスの場合は，偏回帰係数のような意味をもつものとして解釈できる。この単方向のパスに付与された数値のことをパス係数と呼ぶこともある。

2-4　モデル適合度

　パス解析や構造方程式モデリングでは，分析したモデルが，測定されたデータにどの程度当てはまっているかを適合度指標から判断することが可能である。ここでの当てはまりは，分析したモデルから想定される分散共分散行列と，測定されたデータの分散共分散行列から推定されることになる。モデル適合度として χ^2 値が報告されることが多い。パス解析や構造方程式モデリングでは，分析するモデルによって推定するパラメータ（第13章参照）（パス係数や相関係数など）の数は異なるので，χ^2 値の自由度に着目しておく必要がある。しかし，χ^2 値は，たいていの場合，有意となり，帰無仮説として設定されたモデルが棄却されてしまうため，モデルの良さを評価したり，比較するには適しておらず，複数の指標から検討することが望ましい。特に，Mueller & Hancock (2019) では，構造方程式モデリングを行った際には，**絶対的指標**（absolute indices），**倹約的指標**（parsimonious indices），**増大的指標**（incremental indices）の３種類の適合度指標を報告することが推奨されている。

絶対的指標

　観測された分散共分散行列とモデルに基づく分散共分散行列との全体的な乖離度を評価する指標である。ただし，推定するパラメータが多いと適合しやすくなる特徴も有する。代表的な指標としては，SRMR（standardized root mean square residual）があり，0.08より小さいと良いモデルとされる。他にも，GFI（goodness of fit index）や AGFI（adjusted goodness of fit index）といった指標もあり，これらは１に近いほどデータへの当てはまりが良いとされる。

倹約的指標

　モデルの複雑性を考慮したうえで，観測された分散共分散行列とモデルに基づく分散共分散行列との全体的な乖離度を評価する指標である。モデルが複雑でも，データに当てはまらないと適合度は悪くなる傾向にある。代表的な指標として，RMSEA（root mean square error of approximation）があり，90％信頼区間が0.08よりも小さいと望ましく，0.05より小さいと良いモデルとされる。

増大的指標

　すべての変数間に関連を想定しないベースラインのモデルと比較して，分析したモデルはどのくらいデータに当てはまっているかを評価する指標である。代表的な指標として，CFI（comparative fit index），NFI（normed fit index），TLI（Tucker-Lewis index）などがある。0.95よりも大きいと良いモデルとされる。

2-5　情報量規準

　共分散構造分析では，複数のモデルを比較したいこともある。複数のモデルから相対的に優れたモデルを選択する際に有用な指標が AIC（Akaike information criterion）と呼ばれる情報量規準である。AIC は，新たにデータを取った時に，モデルが新たなデータを予測する力をどの程度もっているかを意味する指標とされる。AIC が小さいほど，良いモデルとされる。AIC は単独ではその値に意味をもたないことに留意する必要がある。

3　パス解析や構造方程式モデリングと結果の見方

3-1　パス解析

　パス解析を利用して Beck の認知モデルを検証した研究を取り上げる（Tanaka et al., 2006）。この研究では，日本人の大学生を対象に，否定的な自己スキーマ（非機能的態度）が自動思考を喚起し，自動思考が抑うつを予測する，というベックの認知モデルを検証した。最終的に報告されたパス図を図12-5に示す。このパス図のモデル適合度は，GFI＝0.997，AGFI＝0.987，CFI

＝1.00，RMSEA＝0.00 と報告されている。

それぞれのパスに与えられた値は，重回帰分析における標準化偏回帰係数と同様に，そのパスの影響として解釈できる。図12-5であれば，抑うつを有意に予測するものとして自動思考が機能しており，非機能的態度は自動思考を有

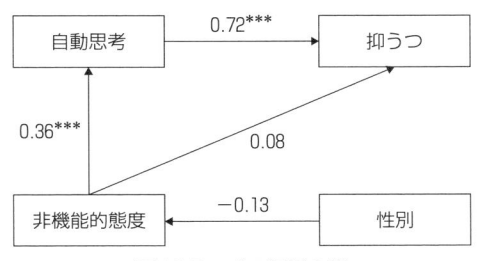

図 12-5　パス解析の例
(注)　＊＊＊は，推定値の p 値が 0.001 未満であることを意味している。
(出所)　Tanaka et al. (2006) をもとに筆者作成。

意に予測するが，抑うつを直接予測しない，ということが示されている。また，性別についても非機能的態度には影響しないことが示されている。

なお，図12-5に示した Tanaka et al. (2006) では報告されていないが，図12-1のように，分散説明率（R^2）を示す場合もある。分散説明率をパス図中に示す場合は，内生変数のそばに示されたり，文章中に示される。この値は，重回帰分析における分散説明率と同様の性質のものであり，その内生変数とパスでつなげられている変数によって，分散が何％説明できるのかが示されている。

3-2　構造方程式モデリング

パス解析は，尺度に含まれる項目について，1項目あたりの平均値や合計値を用いて1つの観測変数にまとめて，構造方程式のみを用いて分析をしていた。**構造方程式モデリング**は，尺度に含まれる項目をそのまま用いて確認的因子分析による潜在変数を仮定し，その潜在変数からの影響を検討できる。つまり，因子分析で行う測定方程式を用いて，パス解析で行っていた構造方程式を組むモデルを検討しているのが構造方程式モデリングである。端的に表現すれば，因子分析と回帰分析を組み合わせたものであるといえる。構造方程式モデリングでは柔軟に多様なモデルを表現できるため，単に因子分析と回帰分析を組み合わせるだけではなく，主成分分析と回帰分析の組み合わせであったり，カテゴリカル変数と回帰分析を組み合わせたり，様々なバリエーションがある。

　図 12-6 は，自尊感情，自己効力感，ソーシャルサポート，ストレス，感情的な疲労，および身体症状の関係性を構造方程式モデリングで検討した時のパス図である（Ayán et al., 2009）。図 12-6 は，ストレス，感情的な疲労，および身体症状ついては各 3 項目を[2]，自尊感情，自己効力感，ソーシャルサポートについては複数の項目で測定したものの平均値の 1 項目を観測変数として扱っている。ストレス，感情的な疲労，および身体症状については，観測変数の背景として潜在因子を仮定する因子分析が行われている。そして，自尊感情，自己効力感，ソーシャルサポートがストレスを予測するという重回帰分析，ストレスから感情的な疲労を予測する回帰分析，ストレスと感情的な疲労が身体症状を予測する重回帰分析が行われている。これらすべてを組み合わせて一度に実施する構造方程式モデリングを可視化したものが，図 12-6 のパス図である。

　パス解析と異なり，構造方程式モデリングには測定方程式が組み込まれているため，パスに与えられた値をすべて同じように解釈することはできない。パス図に示された観測変数と潜在変数の関係が回帰分析を意味する構造方程式なのか，因子分析を意味する測定方程式なのかを区別することで，解釈が容易になってくる。

　まず，図 12-6 の測定方程式の部分に着目する。ストレス 1 〜 3 の 3 つの観測変数は，ストレスという潜在因子を構成する因子分析として理解できる。パスに与えられた値は，ストレス因子から 3 つの観測変数に及ぼす影響であり，因子負荷量に類似するものとして解釈できる。ストレス因子以外にストレス 1 〜 3 の観測変数に影響を与えている $ee1$〜$ee3$ は，それぞれの項目がストレス因子によって説明されない誤差である。ストレス 1，ストレス 2，ストレス 3 の観測変数の右肩に記されている数値は分散説明率であり，ストレス因子によってどの程度それぞれの項目が説明されているかという割合である。感情的な疲労因子を構成する感情的疲労 1 〜 3 と，身体症状を構成する身体症状 1 〜 3 についても同様である。これらが図 12-6 のパス図における因子分析を構成す

➡ **2**　Ayán et al.（2009）では，実際にはより多くの項目で測定し，いくつかの項目で平均値を算出して観測変数の数を減らす小包化（perceling）を行って，各因子の観測変数を 3 項目にしている。

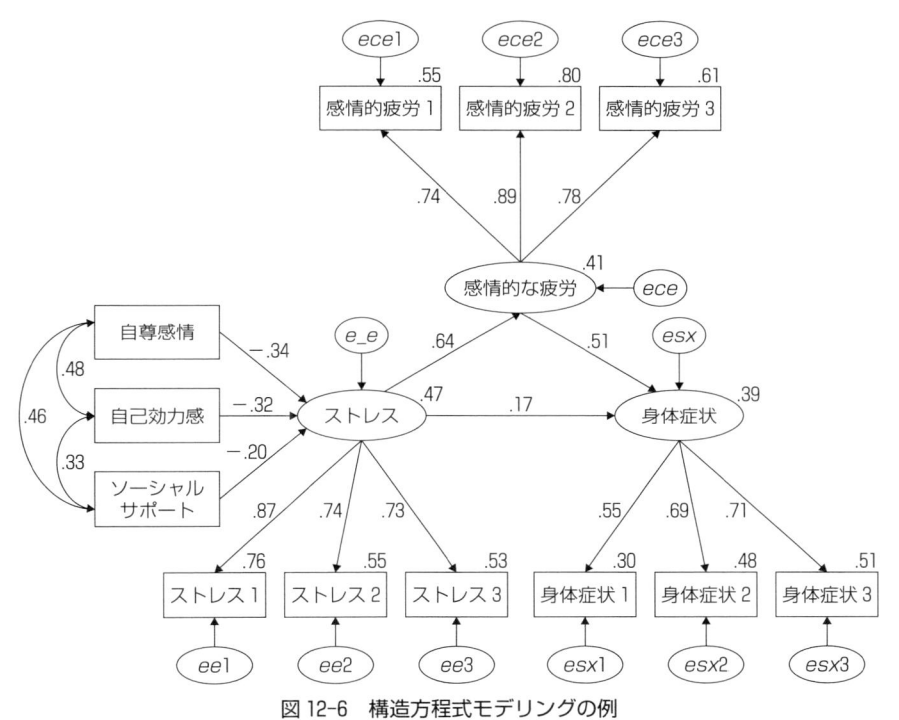

図 12-6　構造方程式モデリングの例

（出所）Ayán et al.（2009）をもとに筆者作成。

る測定方程式の部分である。

　次に図 12-6 における構造方程式，つまり構造方程式モデリングにおける回
帰分析部分について確認していく。まず，外生変数である自尊感情，自己効力
感，およびソーシャルサポートが，ストレス因子に及ぼす影響について確認す
る。ストレスに対して，自尊感情，自己効力感，およびソーシャルサポートは
すべて負の影響を示しており，これらの値が低いと，ストレス因子の値が高い
という関係性にあることが分かる。ストレス因子の右肩に .47 という値が記さ
れているが，これは分散説明率であり，自尊感情，自己効力感，およびソーシ
ャルサポートによってストレス因子の47％が説明できていることが分かる。ス
トレスに矢印が刺さっている e_e という潜在変数は，この重回帰モデルによ
って説明されない誤差を意味している。ストレス因子から感情的な疲労因子へ

のパスや，身体症状に対するストレス因子や感情的な疲労からのパス，因子の
そばに記されている分散説明率，誤差についても同様に解釈できる。つまり，
身体症状に対しては，ストレスから直接の影響も確認されたが，ストレスから
感情的な疲労という因子を媒介して影響を及ぼしていることが示されている。

　外生変数である自尊感情，自己効力感，およびソーシャルサポートについて
は，双方向の矢印が示されていることから，相互に相関が仮定されている。双
方向の矢印に与えられた値から，それぞれの相関係数が.33〜.48であるとわか
る。

　このパス図全体のモデル適合度は，$\chi^2(48)=179.39$，GFI＝.924，AGFI＝
.876，RMSEA の90％信頼区間 [.073−.100]，NFI＝.903，CFI＝.926 であ
ることが報告されている。全体のモデル適合度としては，適合はあまり良くな
いが，悪いモデルであるとも言い切れない値となっている。この時，特定の指
標1つだけに頼るのではなく，絶対的指標，倹約的指標，増大的指標の3つの
観点からの適合度を示してモデルを検討することが必要である。

4　パス解析や構造方程式モデリングの留意事項

　パス解析や，特に構造方程式モデリングは，従来の多変量解析を統合的に実
施できるだけでなく，質問紙や実験などで得られたデータから，非常に柔軟に
モデルを組むことが可能であり，魅力的な分析方法であるといえよう。しかし，
その一方で，柔軟に，そして，容易にモデルを構築し検証できることから，分
析の実施や，結果の読み取りにおいても誤用や誤解が多い分析でもある。パス
解析や構造方程式モデリングを実施する時や，活用した研究結果を読み取る際
には，これから述べることに留意する必要があるだろう。

　また，構造方程式モデリングについては，実際にどのように分析を行うのか
というマニュアル的な解説書から，数学的な意味をも説明した高度に専門的な
解説書まで多くの書籍が出版されている。特に，構造方程式モデリングを実際
のデータに適用するという方は，そうした書籍も参考にしてもらいたい。

4-1　因果関係に対する解釈

　構造方程式モデリングの構造方程式やパス解析のパスの係数は，変数間の因果関係を示すものではない，ということを理解しておく必要がある。この点は，重回帰分析と同様ではあるが，パス解析や構造方程式モデリングを実施する時の方が，仮説とするモデルや，もしくは分析者がより複雑な因果関係を想定していたり，パス図によって関係性が可視化されやすいせいか，因果関係として解釈されるケースが少なくない。

　構造方程式やパス解析のパスは，あくまで重回帰分析のような線形回帰を複数に行っているだけであり，データで示された分散共分散行列から，変数間の関連性を推定したものである。想定したモデルとデータが適合していることは，適合度指標から知ることができるが，そのモデルで示された因果関係が正しいことを保証するものではない。想定したモデルとは矛盾するような，分析では検討していない他のモデルの方が適合度が高い可能性もありうる。単に構造方程式モデリングやパス解析を実施したから即座に因果関係が示されることなどないことは意識しておく方が良い。

　因果関係について言及するためには，単に変数の関連を線形に当てはめるのではなく，現象の発生メカニズムを組み込んだ数理モデルの検討や，傾向スコアマッチングなどを行ったよく統制された実験などが必要となる。因果関係に関心がある場合は，関心のある領域の先行研究を十分に検討することに加えて，統計モデリングや因果推論といった知識が必要となるだろう（例えば，パール〈2009〉やインベンス・ルービン〈2023〉を参照）。

4-2　探索的研究に対する使用

　パス解析や構造方程式モデリングの利点は，統計量に従って，モデルを柔軟に修正できる点にもあるが，探索的になりすぎないように留意する必要がある。基本的に，これらの解析は，仮説とする理論モデルが存在し，それを検証するための分析である。柔軟に修正できるからといって，探索的に有意となるパスを探してモデルを構築することはすべきではない。パス解析や構造方程式モデリングを活用した研究を読む時や，実際に用いる時には，検証すべきモデルが

どのようなものになっているか，分析時にはどのようなモデルが検証されたのかを確認した方が良い。

　モデル比較についても，そのように探索したモデルをありうるパターンすべてと比較するのではなく，先行研究から考えられる仮説モデル間の比較を行うようにすべきである。また，モデル比較の際には，理論的に考えて妥当なものであるかということに加え，モデル全体ができるだけシンプルなものの方が望ましいとされる。

　探索的に関連を検討したい場合は，パス解析や構造方程式モデリングではなく，変数間の関連について方向性を仮定しないネットワーク分析[3]の方が適しているように思われる。パス解析や構造方程式モデリングは検証的な目的をもつデータに対して使用する方が良い。

4-3　サンプルサイズと検定力

　パス解析や，特に構造方程式モデリングを行う時に，パス係数などの推定値を安定させるためにはかなり大きなサンプルサイズが必要となる。多くの場合，パス係数等の推定に**最尤法**が用いられている。最尤法は，無限母集団を前提とした時に正しく真値が推定できる推定方法であるため，分散共分散行列の値がサンプリングによってあまり変動しないような大きなサンプルサイズを前提とした推定方法であるといえる。

　仮説を検証するのに必要となるサンプルサイズがいくつなのかを知る方法として**検定力分析**がある。しかし，パス解析や構造方程式モデリングで想定するモデルは複雑であり，分析に必要な検定力を保有するサンプルサイズの計算は，

➡ **3**　ここでは特に，心理ネットワーク分析のことを指す。ネットワーク分析は，構造方程式モデリングにおけるパス図のように，ノードと呼ばれる円と，エッジと呼ばれる線分によって，変数同士の関係性を視覚化するものである。変数同士の関係の大きさは，偏相関係数を用いて表現されることが多い。偏相関によってノード間の関連性を評価しているため，因果の方向性については考慮しない分析となる。ネットワーク分析では，視覚化されたネットワーク図を用いて，各ノードがどの程度中心的な役割を果たしているかについて，中心性指標と呼ばれる統計量を算出することで判断することが可能となる。心理ネットワーク分析についての詳細は，樫原・伊藤（2022）を参照してほしい。

重回帰分析や分散分析と比較して難しい。さらに，データに最適なモデルは，元々想定したモデルとも異なる可能性もあり，モデル比較の際にはそれぞれのモデルにおけるサンプルサイズを求める必要がある。こうした理由のため，データの取得前に，必要なサンプルサイズを計算することは困難となる。また，調査する領域によっては，必要となるサンプルサイズが分かっても，そのような人数に調査を実施することが難しいということもあるだろう。

　実際に十分な検定力をもつサンプルサイズでの構造方程式モデリングを行った研究はそこまで多くない。パス解析や構造方程式モデリングを適用した研究結果を見る時には，サンプルサイズも確認し，そこまで大きくないサンプルサイズの場合の結果の一般化については留意しておく必要があるだろう。

❖考えてみよう
　重回帰分析や分散分析よりもパス解析や構造方程式モデリングを用いたほうが良い例を考えてみよう。また，そのモデルをパス図で表現してみよう。

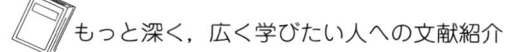

もっと深く，広く学びたい人への文献紹介

豊田　秀樹・前田　忠彦・柳井　春夫（1992）．原因をさぐる統計学——共分散構造分析入門——　講談社
　　☞一般向け科学シリーズの一冊であり，共分散構造分析の基本的なところから平易に説明がなされている。因果関係の説明や回帰モデルについて基本を解説してから，共分散構造分析について解説されている。本書で紹介される解析方法は，すべて具体的な分析事例をもとに解説されているため，共分散構造分析がどのように利用できるのかをイメージしながら読むことができる。

小杉　考司・清水　裕士（編著）（2014）．M-plus と R による構造方程式モデリング入門　北大路書房
　　☞共分散構造分析の様々なバリエーションが，それらの分析についてMplus と R という分析ソフトを用いて，分析を実行するためのコードとサンプルデータとともに紹介されている。Mplus は有償ソフトウェアだが，R はフリーソフトウェアであるため，R をインストールすれば実際に分析を実行してみることができる。共分散構造分析に関心をもったならば，試しに分析を実行させながら理解していってみてほしい。

引用文献

Ayán, M., Ramirez, M., & Díaz, M. (2009). Path analysis models versus latent variable models: Examples from educational and health approaches. *International Journal of Hispanic Psychology, 2*, 91-110.

Fredricks, J. A., Blumenfeld, P. C., & Paris, A. H. (2004). School engagement: Potential of the concept, state of the evidence. *Review of Educational Research, 74*, 59-109.

インベンス，G. W. & ルービン，D. B.（著）星野 崇宏・繁桝 算男（監訳）（2023）．インベンス・ルービン統計的因果推論（上）（下）　朝倉書店（Imbens, G. W., & Rubin, D. B. (2015). *Causal Inference for Statistics, Social, and Biomedical Sciences: An Introduction.* Cambridge University Press.）

樫原 潤・伊藤 正哉（2022）．心理ネットワークアプローチがもたらす「臨床革命」——認知行動療法の文脈に基づく展望——　認知行動療法研究，*48*(1), 35-45.

川端 一光（2009）．検定力分析　豊田 秀樹（編著）共分散構造分析［実践編］——構造方程式モデリング——（pp. 54-66）　朝倉書店

Mueller, R. O., & Hancock, G. R. (2019). Structural equation modeling. In G. R. Hancock, L. M. Stapleton, & R. O. Mueller (Eds.), *The Reviewer's Guide to Quantitative Methods in The Social Sciences* (2nd ed.) (pp. 445-456). Routledge.

パール，J.（著）．黒木 学（訳）（2009）．統計的因果推論——モデル・推論・推測——　共立出版（Pearl, J. (2000). *Causality: Models, Reasoning, and Inference.* Cambridge university press.）

Tanaka, N., Uji, M., Hiramura, H., Chen, Z., Shikai, N., & Kitamura, T. (2006). Cognitive patterns and depression: Study of a Japanese university student population. *Psychiatry and Clinical Neurosciences, 60*, 358-364.

Valle, J. E., Stelko-Pereira, A. C., Peixoto, E. M., & WIlliams, L. C. A. (2018). Influence of bullying and teacher-student relationship on school engagement: Analysis of an explanatory model. *Estudos de Psicologia (Campinas), 35*(4), 411-420.

第13章 心理統計のパラダイムシフト

郷 式 　 徹

> 科学における発見とは，いくつもの研究（成果）が積み重なった末の（現在の）到達点である。本章では個々の研究（結果）を評価したり，統合したりする方法として，テスト理論，メタ分析，ベイズ統計を簡単に紹介する。
>
> 　心理学では心を理解するための測定方法の一つとして，数多くの心理尺度・テストをつくってきた。そうしてつくられた数多くの尺度・テストが臨床の場面で用いられている。心理尺度・テストの品質を評価し，ある心理状態を測定できるかどうかを検証する方法をテーマとする研究領域にテスト理論がある。
>
> 　また，ある1つの研究で，何らかの知見が得られたとしても，他の研究で同じ結果が得られるとは限らない。同じテーマを扱った過去の複数の研究を統合するため，統計的分析のなされた複数の研究を収集し，色々な角度からそれらを統合したり比較したりする分析研究方法がメタ分析である。
>
> 　本書で取り扱ってきた統計的な分析方法の多くは，測定されたデータが母集団からどれくらいの頻度（確率）で発生するのか，ということを基本的な考え方とする理論（頻度論）に基づいている。それに対し，測定されたデータがある母集団に属する確率を考える統計学の一分野がベイズ統計である。

1　古典的テスト理論と項目反応理論

1-1　テスト理論とは

　臨床現場では，様々な心理尺度・テストを用いる。そうした心理尺度・テストの品質を評価し，ある心理状態を測定できるかを検証する必要がある。尺度・テストを対象に研究する学問分野が**テスト理論**である。

　臨床場面で用いられる尺度・テストは標準化されている必要がある。テストの標準化には，尺度化と等化が含まれる。**尺度化**は，対象とする（測りたい）心理状態を正しく測定するための項目をつくる手続きである。**等化**は，異なるテストや異なる受験者に対するテストの結果を同じように判断する方法である。例えば，2人の試験官がある面接者を評価した際に，試験官Aは80点をつけ，もう一人の試験官Bは60点をつけたとする。この場合，Aの点数は甘すぎると考えて，Bの採点を基準にして，Aの採点から20点減点して60点と再配点するような手順を等化処理と呼ぶ（もちろん，実際の尺度・テストに対する等化処理はこのように雑で主観的なものではなく，データに基づいて統計的に行われる）。標準化を含めて，尺度・テストを適切につくるための方法，もしくは（つくられた）尺度・テストが適切かどうかを評価する方法を研究するのがテスト理論である。

　テスト理論には大きく**古典的テスト理論**と**項目反応理論**（item response theory：IRT）がある。古典的テスト理論は複数の項目の合計得点に関する測定誤差に注目して，その尺度やテストの信頼性や妥当性を検討するものである。それに対して，項目反応理論は個々の項目に対する正答や誤答，もしくは選んだ選択肢などの反応に対する分析によって，その項目の難易度や受験者の能力の高低などを適切に識別できるかを検討するものである。

　後から発展してきた項目反応理論に対して，先にあったテスト理論を区別するために古典的テスト理論と呼ぶようになった。そのため，項目反応理論は現代的テスト理論と呼ばれることもある。なお，新しい方（項目反応理論）が優れているというわけではなく，古典的テスト理論と項目反応理論は適用場面などが異なるため，実際の尺度・テストの作成において，古典的テスト理論の方が役に立つ場面も多い。

1-2　古典的テスト理論

　古典的テスト理論では，尺度・テストの得点（測定された得点）は真の得点と誤差から構成される，すなわち，測定された得点＝真の得点＋誤差と考える。そのため，誤差が小さいほど，その尺度・テストは精度が高いと考える。

　また，測定された得点はばらつき（分散）をもつが，真の得点と誤差の間に相関がないという仮定に基づいて，測定された得点の分散＝真の得点の分散＋誤差の分散という関係が想定される。この想定では，測定された得点の分散のほとんどが誤差の分散ならば，測定された得点は誤差（つまり正規分布に基づくランダムな数値）ということになる。もちろん，そのような尺度・テストの結果に意味はない。一方，測定された得点の分散のほとんどが真の得点の分散ならば，得点の分散は回答者の反応の違いの大きさを示していると考えられる。それは精度の高い尺度・テストということができる。古典的テスト理論では，測定された得点の分散のうち，真の得点の分散が占める割合のことを，そのテストの**信頼性**と呼ぶ（信頼性＝真の得点の分散／測定された得点の分散）。古典的テスト理論は，例えば，項目を増やすことによって信頼性が向上するといった信頼性についての様々な知見を提供してくれる。

1-3　項目反応理論

　古典的テスト理論は複数の項目の合計点に関して信頼性や妥当性を考える統計的理論であった。それに対して，**項目反応理論**では，各項目に対する反応から，その項目が適切かどうか（回答者の特性に対応した回答がなされるか）や回答者の特性を評価することを考える。

　項目反応理論では，ある項目に対する反応はその項目の難しさや当てはまりの程度（その項目の質問内容に「当てはまる」とか「はい〈Yes〉」と回答しやすさ）と回答者の特性から成り立っていると考える。例えば，外向性に関する尺度（外向性尺度）の各項目は，質問の内容は違っているが外向性に関連する行動について尋ねているはずである。「多くの人と知り合いになるのが楽しみである」という項目の場合，外向的な人（外向的な特性の高い人）は「はい」と答えやすい一方で，内向的な人（外向的でない人）は「はい」とは答えにくい（「いいえ」と答えやすい）だろう。そして，内向的とも外向的ともいえない特性が平均くらいの人たちは，ちょうど半分くらいの人が「はい」と答えるのではないだろうか。そして，項目反応理論では図13-1のように回答者の特性に応じて「はい」と答える割合が変わるのではないかと考えている。図13-1の

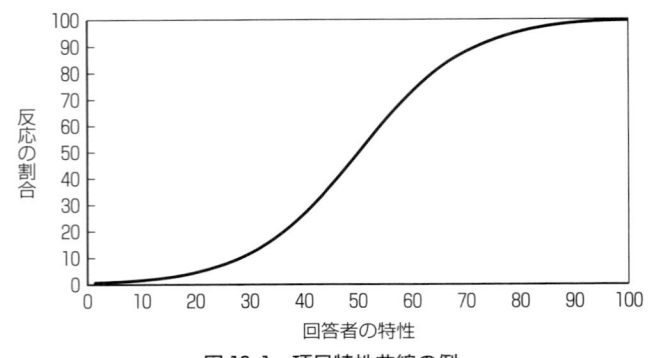

図 13-1　項目特性曲線の例

(注) 横軸は回答者の特性（例えば，ある試験の得点）を，縦軸は回答者の反応の割合（例えば，ある質問に「はい」と答えた割合）を示す。

曲線は**項目特性曲線**と呼ばれるが，これはロジスティック方程式の解として得られる曲線（ロジスティック曲線）に似た曲線である。なぜこのような曲線になるかの説明は難しいので割愛するが，回答者の特性（潜在特性 θ）が回答者の集団に関係なく（標準）正規分布に従うことを想定した場合，回答者の特性（潜在特性 θ）と反応の割合は図 13-1 のようになると思ってもらえば良い。

　項目特性曲線の形を決める変数として，項目の困難度，識別力，当て推量といったいくつかの変数があり，項目反応理論ではそれらの変数を推定していく。また，そうした変数から曲線の形が決まるわけだが，その特性の程度の偏りが激しい回答者，例えば，外向的な人ほど「多くの人と知り合いになるのが楽しみである」という項目に「はい」と答える可能性が高い，という仮定を置けば，項目特性曲線がきれいなＳ字に近いほど，その特性（先述の例の場合だと外向性）の見きわめに適した良い項目だといえる。特にＳ字になった曲線の中央部分の斜めの傾斜が急な項目ほど，特性の見きわめに適している。

　項目反応理論では，各項目の当てはまりの程度や課題の難しさを推定するとともに，各回答者の特性の本当の程度を推定することができる。ただし，それ以上に重要なのは，各項目・課題の特徴が把握できることによって，当てはまりの程度の異なる項目や難しさの異なる課題を数多くプールし，新たな尺度や

テストを作成することが可能になることである。そして，その応用として，コンピュータ適応型テスト（computer-adaptive testing, computerized adaptive test：**CAT**）がある。CAT では，基本的にある項目（問題）に対して回答者が正答した場合には，次にはより難しい項目（問題）を提示し，誤答した場合には，次にはより易しい項目（問題）を提示するという手続きを繰り返す。プールされているすべての項目（問題）について項目特性曲線が得られていれば，各回答者の能力や特性に応じた問題を出題し，どのレベルまで分かっているのかを詳細に見きわめることができる。

　また，面接で，常に一人の面接官の評価は厳しく，もう一人の面接官が甘いといった場合に，項目特性曲線で面接官の配点の特性が分かっていれば，どの人が面接官になっても面接者の真の評価を求めることができる。このように異なるテスト（評価者）や異なる回答者の差を平準化し，共通の基準で測れるようにすることを**等化**と呼ぶ。等化は項目反応理論にとって重要な応用である。

　豊田（2002）は，項目反応理論でできることとして，「複数のテスト間の結果が容易に比較できる」「測定精度をきめ細かく確認できる」「平均点をテスト実施前に制御できる」「テスト得点の対応表が作成できる」「受験者毎に最適な問題を瞬時に選び，その場で出題できる」を挙げている。

　加えて，項目反応理論では，標本のデータから母集団の平均や分散を推定して尺度を標準化しているのではなく，回答者の特性（潜在特性）が母集団に関係なく（標準）正規分布に従うことを前提としているため，（正規分布に従う）母集団からの標本の無作為抽出を気にする必要がなくなる。本来，推測統計や多変量解析は母集団から標本が無作為抽出されたことを前提としている。心理学でよく見られる，大学の大講義を受講している学生を対象としたような研究はこの前提が満たされていない。この前提が満たされていない統計分析の結果には問題がある。その点から，無作為抽出を気にする必要のない項目反応理論は心理学においてもっと注目されても良いだろう。

2　メタ分析

2-1　エビデンスに基づく実践

　今日，医療，心理，教育，福祉，行政など幅広い分野において，実践や臨床の際には科学的根拠に基づくことが求められている。これはエビデンスに基づく実践（evidence-based practice：EBP）と呼ばれている。当たり前のように思うかもしれないが，心理臨床の現場では，いまだに臨床家の勘や経験に基づいた臨床活動が蔓延している。

　心理学領域において，アメリカ心理学会のワーキンググループは EBP を支援対象者の特徴，文化，価値観に照らして，利用可能な最良の研究知見と臨床的な専門性を統合することと定義している（APA Presidential Task Force on Evidence-Based Practice, 2006）。「利用可能な最良の研究知見」とは，対象の臨床的問題に関わる先行研究を指す。そのため，心理臨床に関わる公認心理師には，心理学の専門書や論文を読むことのできる専門知識が必要である。そうした知識の中には，論文中の統計分析に関するものも含まれる。

　臨床に携わる人に先行研究の知見を探索，読解，評価する能力が必要なのはもちろんだが，先行研究のエビデンスとしての程度はそれぞれの研究で異なっている。どんなに優れた研究でも，その研究だけでは最終的な結論に至ることはできない。[1]研究デザイン，実験条件（介入の手続き），被験者（群）の違いといった各研究の特定の状況を考慮したうえで，ある心理学的な知見（例えば，ある精神的な問題への特定の心理療法の効果）を検討しなければならない。そのために複数の研究の結果を統合することが必要になる。そこで，多くの研究結果を統合するために，研究（論文）を整理し，概要を示すことで，その知見に関する歴史的経緯や全体像を示す**記述的レビュー**（narrative review）[2]が行われ

→ 1　重大な研究（結果）に対しては，追試を行って，その知見を確かにすべきだが，追試研究が評価されにくいといった現状がある（伊藤，2021／郷式，2011）。

→ 2　学術雑誌では展望，資料，評論などの原著論文とは異なるカテゴリとして掲載されていることが多い。

てきた。しかし，記述的レビューでは，研究（論文）の収集や結果の価値の判断を含め，レビューの手続きが主観的であることが批判されてきた。

　ところで，ある研究の結果は母集団から取り出された標本のデータから得られたものである。その研究では，標本（データ）から母集団について推測して結論に至っているが，標本は母集団からの抽出に伴う標本誤差の影響を受けている。多くの研究結果を統合することで，こうした標本誤差の影響を減らすことができる。しかし，記述的レビューでは各研究の重要性が著者の主観的な判断に委ねられていたり，そこまではひどくなくても，すべての研究の重要性を同程度に見積もっていることが批判されている。例えば，ある心理療法に対し，7つの研究は効果を認めており，3つの研究は効果を認めていないという場合に，単純に「効果あり」という判断を示すことはできない。そのような判断はすべての研究の結果を同等の重みがあるものと考えてしまっているが，対象者が10人の研究の結果と1000人の研究の結果を同列に扱うべきではない。研究結果を統合するだけで，正しい結論に至ることができるわけではない。そこで，記述的レビューの問題点を克服する方法として，複数の研究結果を統計的な方法を用いて統合するメタ分析（meta-analysis）が生まれてきた。

2-2　メタ分析

　メタ分析とは，ある概念もしくはテーマに関する複数の研究結果の分析のことであり，また，そうした（統計）手法の集まりともいえる。例えば，睡眠に対するスマートフォンの影響を調べた研究を探したところ，20の研究が見つかったとする。これらの研究結果は細部では異なるし，時には全く反対の結果を示す研究もあるかもしれない。メタ分析では，これらの研究結果を，研究によって異なる標本の大きさなどを調整したうえで数値的に要約，統合する。通常の統計分析が実験参加者や質問紙の回答者一人ひとりの反応を対象とするのに対して，メタ分析は（あるテーマに関する）複数の研究それぞれを対象とした統計的な分析法である。

　メタ分析は分析手法なので，手順が定まっている。例えば，Cooper（1982）は次のような5段階の手順を提案している[3]。まずは，メタ分析の対象とする

（研究が扱う）概念の定義を明確にする「問題の定式化」を行う。次に「データ収集」を行う。ここでいうデータとは，対象とする概念について数量的なデータを収集し，統計分析を行った研究（論文）のことである。そして，収集された研究からメタ分析に必要な情報を取り出す。この作業は**コーディング**と呼ばれるが，その際に各研究の質を客観的な基準に従って評価する必要がある。そのため，この段階は「データの評価」と呼ばれる。その後，「データの評価」の段階でコーディングされた情報を対象に，ようやく統計解析を行う「分析と解釈」の段階へと至る。分析を行い解釈した結果を公表（「研究の公表」）してメタ分析は完結する。なお，こうした段階を経る一連の流れ全体がメタ分析であるが，統計解析の観点からは複数の研究結果（がコーディングされた情報）を統計的に分析する「分析と解釈」の段階のみを（狭義の）メタ分析としている場合もある。

2-3　効果量

　メタ分析の中心となるのは狭義のメタ分析，すなわち，「分析と解釈」における複数の研究結果（がコーディングされた情報）の統計的分析である。ところで，収集された研究はそれぞれ異なる分析手法を用いているかもしれない。例えば，ある研究では分散分析が，他の研究では χ^2 検定が用いられているかもしれない。メタ分析では，個々の研究で示された t 値，F 値，χ^2 値などの異なる統計値を標準化することで，研究間の比較や結果の統合を行う。

　t 値，F 値といった統計値は標本の大きさに影響される。標本が大きい，つまり，データ数が多いと統計値が大きく，有意になりやすい。メタ分析の対象となる各研究の標本の大きさはそれぞれ異なる。そのため，各研究から得られた p 値（有意確率）や p 値を求めるための t 値，F 値といった統計値をそのまま比較すると，小さな標本で有意になった研究の影響が大きくなりすぎる。

　そこで，メタ分析では標本の大きさの影響を受けない**効果量**（標準化効果量）という統計値を各研究の結果——例えば，実験群と統制群の平均値の差に与え

➡ **3**　Cooper は2009年には段階を 7 段階に改訂している（Cooper, 2009）。

た介入の効果——の指標として扱うことが多い。効果量には様々なものがあり，平均値の差の大きさを表す効果量としてd，$\overset{\text{デルタ}}{\varDelta}$，$g$などがある。また，（ピアソンの積率）相関係数（$r$）は効果量の一つであり，相関関係の効果量として$r$，$R^2$，$\eta^2$などがある。また，データが質的変数の場合には，効果量としてϕやオッズ比が用いられる。なお，t値，F値といった統計値はdやr（相関係数）のような効果量に変換することができる。相関係数が効果量であることから分かるように，効果量はt値やF値（および，そこから導かれるp値）のように効果の有無を検定するものではなく，平均値の差の程度や変数間の関連の度合いを示すものであり，各研究（結果）における従属変数に対する独立変数の効果（影響）の程度を示す指標ともいえる。

2-4　メタ分析に用いられるモデル——固定効果モデルと変量効果モデル

　メタ分析では研究ごとに異なる標本の大きさ（データ数）の影響などを排除した効果量を求め，独立変数の影響が個別の研究の結果を越えて一般化できるかを検討していく。その際，各研究の実験群と統制群それぞれの平均効果量を求め，従属変数に対する効果量の変動（分散）の大きさを求めることがポイントになる。ところで，平均効果量は各研究の効果量を足して研究の数で割ったものではない。というのは，研究ごとに重要性（「重み」と呼ばれる）に違いがあると考えられるためである。そこで，重要な研究の効果量は大きく，あまり重要でない研究の効果量は小さくなるように調整したうえで効果量の平均値（「重みつき平均効果量」と呼ばれることがある）を求める。重みつき平均効果量は，各研究の効果量に重みを掛けたものの合計をすべての研究の重みの合計で割って求められる（重みつき平均効果量$=\dfrac{\sum（各研究の重み \times 各研究の効果量）}{\sum 各研究の重み}$）。

　重みは，勝手に「こっちの研究は重要そう！　こっちはあんまり〜」などと主観的に決めるわけではなく，各研究の効果量と標本の大きさ（データ数）に基づいて計算される。もう少し厳密にいうと，重みは効果量の誤差，もしくはばらつき（分散）の逆数として求められる（重み$=\dfrac{1}{効果量の分散}$）。そして，効

果量の誤差分散を求めるのに，主に**固定効果モデル**（fixed effect model）と**変量効果モデル**（random effects model）の2つの考え方（モデル）が使われている。

　固定効果モデルでは，本当の効果量（母集団の効果量）は一定なのだが，各研究の効果量の違いはランダムな誤差（標本誤差）であると考える。一方，変量効果モデルでは，本当の効果量自体がある値（平均）を中心に一定のばらつき（分散）をもつと考える。すなわち，各研究の効果量の違いは本当の効果量（母集団の効果量）のばらつき（分散）とランダムな誤差（標本誤差）の合わさったものであると考える。言い換えると，変量効果モデルは，ランダムな誤差（標本誤差）では説明できない研究間の効果量の違いを考慮に入れて，平均効果量，すなわち，母集団の効果量の平均値を推定しているといえる。

　実際のところ，研究によって対象者の発達段階や性別といった特性や文化的背景，研究のデザイン，介入の種類や実験手続きなど様々な要因が異なっている。そうした要因の違いによって，研究ごとに本当の効果量が異なると考える方が自然である。Borenstein et al.（2009）は，同じ研究者が同じ母集団から標本抽出した複数のデータを統合する場合を除いて，多くの場合で変量効果モデルを適用することを勧めている。

　固定効果モデルではすべての研究が同じ効果をもつことを前提としている。それに対して，変量効果モデルでは様々な要因によって研究ごとに効果が異なることを仮定した。とはいえ，個々の研究の効果は1つの値（母集団の本当の効果量）に決まると考えている。このように母集団の（本当の）効果量や効果量の分散が1つに決まると見なす考え方を**頻度主義**と呼ぶ。

　頻度主義に対して，母集団の様々な値（パラメータ）が何らかの分布に従う確率的な値であると考える**ベイズ統計**がある（ベイズ統計については次節を参照）。ベイズ統計の考え方では，変量モデルにおける個々の研究の効果は1つに決まるわけではなく，さらに根底にある分布に従って確率的に変動する（バラつく）と考える。したがって，変量効果モデルの個々の研究の効果の違いにベイズ統計を適用することにより，さらに自由度の高い分析を行うことができる。ベイズ統計を用いた分析は変量効果モデルの一種だと考えられるが，階層

ベイズモデルとして区別されることもある。

　ただし，ベイズ統計は従来の頻度主義に基づいた確率統計とかなり異なるため，理解や運用が難しい。また，個々の研究の効果の違いの根底にある分布（事前分布と呼ばれる）の仮定やその妥当性の問題がつきまとう。結局，固定効果モデルを選ぶのか，変量効果モデルを選ぶのか，変量効果モデルでベイズ統計を用いるのかといった選択は分析者に任される。判断基準はデータの性質と分析対象の概念・テーマに関する研究者の知識と理解に依存している。

2-5　メタ分析の長所と短所

　メタ分析では，複数の研究結果を統合する構造化された手順を明確に示すことが求められる。そのため，メタ分析を用いた研究で研究者が置いた仮定が明確になり，その仮定を支持する根拠やどのように支持するに至ったかを客観的に評価することが可能になっている。こうした点は記述的レビューに対して優れている点であるといえよう。

　メタ分析では効果量を用いることで，各研究の標本の大きさの影響による誤った判断を避けることができる。また，数量的なデータ（効果量）を対象とした統計的な分析を行うことで，記述的レビューに比べて正確な結果を得ることができる（Cooper & Rosenthal, 1980）。ある概念やテーマに対するメタ分析で得られた結論は，他の人が同じ研究を対象として，同じ手順で研究結果を統合しても同じになるという再現可能性が保障されている点も科学として重要だろう。また，それぞれの研究が扱っている（独立）変数は様々であるが，メタ分析では，個々の研究では捉えきれなかった（独立）変数を発見できるかもしれない。

　メタ分析を行うためには，対象の研究分野に対する専門的知識が必要である。この点は記述的レビューにおいても同様である。ただし，メタ分析のためには記述的レビューでは（それほど）必要のない効果量や統計解析に関する知識と技術が必要となる。メタ分析を用いた研究（論文）の読み手にも効果量や（メタ分析で用いられる）統計解析に関する知識を要求する点は，メタ分析の短所といえるかもしれない。

　メタ分析の短所として大きなものは，数量的なデータを分析した研究しか対

象にすることができず，質的研究を対象にすることができない点である。また，メタ分析に対しては，「リンゴとオレンジ問題」「ゴミを入れたらゴミが出てくる問題」「引き出し問題」という3つの批判がある。「リンゴとオレンジ問題」は，質的に異なる多様な研究をごちゃ混ぜにしているという批判である。「ゴミを入れたらゴミが出てくる問題」とは，分析対象に質の低い研究を含めてしまうという批判である。「引き出し問題」とは，公表されている研究は統計的に有意なものが多く，仮説を支持する有意な結果が得られなかった研究は報告されることがないために，メタ分析が分析対象としている研究には偏りがあるという批判である。

3　ベイズ統計学

　近年，従来の統計学の枠組みとは異なる考え方に基づく**ベイズ統計**が注目されている。従来の統計学の枠組みは**頻度主義**と呼ばれる。なお，この本でここまで扱ってきた内容も基本的に頻度主義統計学である。本節では，頻度主義統計とは異なるベイズ統計について簡単に触れる。

3-1　頻度主義

　統計学は，事象の生じる確率，つまり，ある出来事がどの程度生じるかを考える。頻度主義ではこの確率を「ある行為をものすごくたくさん（無限回）繰り返した時に，特定の出来事（事象）が起こる頻度」と考えている。具体例でいうと，サイコロを振るという行為を繰り返すと6の目が出るという出来事（事象）はおおよそ6回中1回の頻度（1/6の確率）になる。頻度主義では**母集団**において事象が生じる確率はある値に定まっていると考えている。先ほどのサイコロの例ならば，無限回サイコロを振ると6の目が出る確率は必ず1/6である。また，平均点が70点で標準偏差が10点のテストを行った場合，たまたま選んだ答案用紙の点数が95点である確率は5％未満のはずである。これも，ものすごくたくさんの受験者（母集団）の得点が正規分布に従い，平均点が70点で標準偏差が10点と「定まっている」（と考える）からである。

　実際の統計分析の場面では，母集団を完全に測定できることはほとんどない。そこで，実際には標本から母集団の分布を推定することになる。頻度主義では，定まった分布の母集団から標本は取り出されたと考えるので，標本から推定される母集団の分布の形を決める値（**パラメータ**と呼ばれ，正規分布の場合，〈母〉平均や〈母〉分散）は1つに決まるはずである。もちろん，本当のパラメータはわからないので推定値（不偏量）になる。さすがに一点に決め打ちすることには難があると考えると，パラメータの含まれる範囲として区間推定（第3章第1節参照）を行うことになる。

　いずれにせよ，頻度主義においては（分布が）固定された母集団というものを前提としている。そして，確率とは（固定された）母集団から（無限回）取り出された標本が示す頻度である。言い換えると，固定された確率（を示す分布）から，データは生じている。そのため，頻度主義において知りたいのは母集団の状態（分布の形を決めるパラメータ）となる。それを完全に知るためには，母集団全体を調べる必要がある。しかし，普通は母集団を完全に調査することは難しかったり，コストがかかりすぎたりする。そこで，母集団から一部（標本）をランダムに取り出して，そこから母集団の状態（分布の形を決めるパラメータ）を推定する。そこでは，標本の取り出し，つまり調査や実験，が無限に繰り返すことができることを前提としている。

3-2　ベイズ主義

　私たちが日常生活で確率について語る時，例えば，「明日の試験の合格可能性は五分五分」といった使い方をする。この場合，「合格という事象が生じる確率は50％」を意味するわけだが，母集団の姿はどのようなものだろうか。明日の試験という事象は1回きりで繰り返すことはできない。頻度主義が前提とするような母集団は存在しないのである。

　そもそも「明日の試験の合格可能性は五分五分」というのは，その人がそう思っているだけの，その人の信念もしくは確信である。しかし，その人の信念にすぎないからといって，まったくでたらめというわけではない（ことも多い）。例えば，これまでの模試の成績や判定に基づいての「明日の試験の合格可能性

は五分五分」という発言には一定の信頼性がある。私たちの日常で語る確率と同様に，**ベイズ主義**では，確率を「ある事象が生じる信念や確信の度合い」と見なす。

　ベイズ主義では，次のように考える。タロウさんがミネルヴァ大学の入試に合格する確率について考える時，タロウさんがどんな人か全く知らないし，ミネルヴァ大学の入試の難易度についても知らないという状態の時には，合格の確率はほぼ分からない。そこでとりあえず50％と予想する。次に，タロウさんは高校3年生の5月に受けた模試でミネルヴァ大学の予想合格率が20％以下だったという情報を得た。そこで，合格率の予想を30％に下げる。その後，タロウさんが夏に受けた模試でミネルヴァ大学の予想合格率が80％だったという情報を得た。そこで，合格率の予想を70％に上げた。

　このように，ベイズ主義では，確率をその時もっている情報（証拠もしくは根拠）に基づいて更新していく。ベイズ主義による統計（ベイズ統計）では，次のような手順で確率（に関する信念）は更新されていく。ある事象Aが生じる確率（に関する信念）を $P(A)$ と表記し，これを**事前確率**と呼ぶ。先ほどの例でいえば，当初の何の情報もない時点での合格率50％がそれである。P（ミネルヴァ大学合格）＝50（％）である。ある情報Xが得られた時，事象Aが生じる確率（に関する信念）は更新される。これを情報Xが与えられた時のAが生じる確率として $P(A|X)$ と表記し，**事後確率**と呼ぶ。先ほどの例でいえば，5月の模試の結果（ミネルヴァ大学の予想合格率が20％以下）が情報Xであり，タロウさんの合格の可能性に対する予想は30％に下げられた。情報Xを得た後の事後確率 P（ミネルヴァ大学合格|予想合格率が20％以下）＝30（％）である。事前とか事後というのは，ある情報を入手する前と後ということである。なので，5月の模試の結果（情報）を受けての合格の可能性30％は，夏の模試でミネルヴァ大学の予想合格率が80％という情報に対して事前確率となり，その情報によって，合格可能性70％という事後確率に更新される。

3-3　ベイズの定理

　確率に関する信念という言い方をしているが，ベイズ統計もれっきとした統

計理論（統計学）なので，勘で確率〇％などというわけではない。事前確率と事後確率，そして得られた情報（証拠）の間には次の関係がある。この関係は**ベイズの定理**や**ベイズ則**と呼ばれる数学的事実（定理）である。

$$P(A|X) = \frac{P(X|A)P(A)}{P(X)}$$

すでに説明したように $P(A|X)$ は事後確率であり，Xという情報が得られた時にAが生じる確率（に関する信念）を示す。$P(A)$ は事前確率であり，情報Xが得られる以前のAが生じる確率（に関する信念）を示す。

$P(X|A)$ は**尤度**（ゆうど）と呼ばれるが，事象Aが生じる（Aが正しい）場合に情報X（のような状態）が生じる確率である。タロウさんのミネルヴァ大学受験の例を考えると，タロウさんがミネルヴァ大学に合格できる場合に5月の模試で20％以下の予想合格率をとってしまう可能性（確率）である。タロウさんがミネルヴァ大学に合格できるにもかかわらず20％以下の予想合格率ということはそんなに起こらないはずなので，低い数値（可能性）になるだろう。

$P(X)$ は**周辺尤度**と呼ばれ，事象Aが生じようが生じまいが情報X（のような状態）が生じる確率である。タロウさんのミネルヴァ大学受験の例を考えると，ミネルヴァ大学に合格する人が5月の模試で20％以下の予想合格率をとってしまう可能性（確率）と不合格の人が20％以下の予想合格率をとってしまう可能性を足したものである。

ベイズ統計においても，実験や調査で得たデータに分析を行うということについては，従来の頻度主義に基づいた統計手法と違いはない。ただし，ベイズ統計においては，仮説が正しい可能性（事前確率）が，データを得ることで事後確率へと改められる。ある国語のテストの得点について考える場合，まず，母集団が平均70点・標準偏差10点の正規分布に従うという仮説を立てる。なお，母集団の分布についての推定の場合には，事前確率ではなく**事前分布**と呼ぶ。事前分布で母集団の分布が正規分布かどうかとか，正規分布ならば平均や標準偏差がいくつくらいかということは分析者が決める。もちろん適当に決めていいわけではなく，分析対象となる現象がどのようなものであるか，また，得られたデータの性質などに基づき決めるべきである。ただし，ベイズ統計では，

確率とは「信念や確信の度合い」であるのだから，事前分布には，その時点でそうであると信じる分布（や分布のパラメータ）が採用される（正確には事前分布は〈データが得られる前に仮定された〉母数 θ の確率分布である）。

　事前分布と得られたデータから，**事後分布**として，母集団が平均75点・標準偏差12点の正規分布に従うといった，修正された仮説が得られる（正確には，事後分布はデータが得られた後の母数 θ の確率分布である）。新たなデータを得るたびに母集団の分布は更新される。事前分布の設定が不適切なら，新たなデータによる更新を繰り返さなければ，事後分布はなかなか一定のものに定まらない。正しい結論になるべく早くたどり着くためにも，事前分布の設定は重要である。

3-4　従来の統計（頻度主義）とベイズ統計の違い

　頻度主義統計では母集団の分布（とパラメータ）は１つに決まっていることが前提であるが，ベイズ統計では母集団の分布のパラメータは確率的に変動すると考える。頻度主義統計では固定された母集団から確率的に標本が取り出されると考えるのに対し，ベイズ統計では標本から母集団（のパラメータ）が確率的に推定できると考える。母集団（のパラメータ）と標本の関係の考え方がほぼ逆方向なのである。とはいえ，従来の頻度主義に基づいた統計学とベイズ統計学のどちらが正しいというわけではない。無限回の試行（実験）を繰り返した場合など，理論上は従来の統計学による結論とベイズ統計学による結論は一致する。

　従来の頻度主義統計とベイズ統計はどちらも正しいとはいえ，確率による考え方は全く異なっており，様々な違いが生じる。最大の違いは，すでに述べた母集団（のパラメータ）に関するものである。そして，有意水準（p 値）や区間推定に関する考え方も両者では異なる。

　ベイズ統計では頻度主義に基づく統計手法では扱えないような複雑なモデルを扱えたり，標本が小さい場合や偏りのある分布に対しても（正確な）推定を行うことができるといった利点がある。一方で，多くの頻度主義に基づく統計手法よりもベイズ統計での推定の計算は莫大なものになりがちである。ただし，

計算の大変さは近年のコンピュータの性能向上により解消されつつある。というより，コンピュータの性能向上がベイズ統計を実際のデータに適用することを可能にし，頻度主義統計とは異なる（統計の）可能性を示したといえよう。

　近年，様々な場面でベイズ統計は利用されている。身近なところでは，迷惑メールの判別に利用されているし，Google や Microsoft の検索エンジンは**ベイジアンフィルタ**と呼ばれるベイズ統計を利用した手法を組み込んでいる。ベイズ統計が知られ，そして利用されるようになってきたのは「ビッグデータ」が知られ，利用されるようになってきた時期と重なる。そのため，ベイズ統計はビッグデータに適用するものと誤解されることがあるが，それは誤りである。ビッグデータは（ビッグというくらいなので）当然標本の規模が大きい。大きな標本に対しては頻度主義統計をかなり有効に適用することができるし，その際用いる手法やモデルも比較的単純なもので済むことが多い。[4]

　データ数の少ない小さな標本こそ（特に頻度主義的な考え方では）統計的に処理することが難しい。心理学の扱うデータの多くがサイズ的には小標本であり，分布が偏っていることも多い。また，人の心や行動を対象にしている以上，そこに働く仕組み（モデル）は複雑なものが想定される場合も多い。そういう意味では，心理学においてこそ，ベイズ統計は有効に活用されることができるだろう。なお，ベイズ統計は頻度主義統計が適用できない場合やより複雑なモデルを考えたい場合に用いると考えた方が良く，頻度主義にとって代わるものではない。両者は相補うものであり，特に心理学を学ぶうえではどちらも学ぶ必要があるだろう。

❖考えてみよう
　臨床の現場で用いられる支援方法について，効果がある（という）ならば，その根拠は何か（もしくは，どのように示せばいいか）考えてみよう。可能であれば，臨床心理学的支援に関する効果研究について調べてみよう。

➡ 4　実際にビッグデータを扱うことの難しさは，適用する統計手法やモデルではない。ビッグデータの莫大なデータ量を保存したり，処理する部分を読み出したりといった分析前の準備の部分にあるといっても過言ではない。

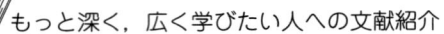

もっと深く，広く学びたい人への文献紹介

高橋 信（2021）．IRT 項目反応理論入門——統計学の基礎から学ぶ良質なテストの作り方——　オーム社

☞本書の著者は，マンガでわかる統計学のシリーズ（オーム社）も手がけており，本書も入門書として初学者にも分かりやすい。項目反応理論を用いた研究（論文）を理解するために，本書を読むことをおすすめする。

山田 剛史・井上 俊哉（2012）．メタ分析入門——心理・教育研究の系統的レビューのために——　東京大学出版会

☞メタ分析に関する書籍は何冊かあるが，本書は副題に「心理・教育研究の系統的レビューのために」とあるように，心理系の読者が対象である。メタ分析やメタ分析での効果量による分析を理解するためにおすすめの一冊である。

豊田 秀樹（2020）．瀕死の統計学を救え！——有意性検定から「仮説が正しい確率」へ——　朝倉書店

☞これまでの（頻度主義の）統計学（というより有意性検定）を批判したのが本書である。そして，これまでの統計に代わるものとして，ベイズ統計が紹介されている。本書を読むと，従来の（頻度主義の）統計（有意性検定）の問題点を理解できるとともに，ベイズ統計の概要に触れることができる。

引用文献

APA Presidential Task Force on Evidence-Based Practice (2006). Evidence-based practice in psychology. *The American Psychologist, 61*(4), 271-285.

Borenstein, M., Hedges, L. V., Higgins, J. P. T., & Rothstein, H. R. (2009). *Introduction to Meta-Analysis*. Wiley.

Cooper, H. M. (1982). Scientific guidelines for conducting integrative research reviews. *Review of Educational Research, 52*, 191-302.

Cooper, H. M. (2009). *Research Synthesis and Meta-analysis: A Step-by-step Approach* (4th ed.). Sage.

Cooper, H. M. & Rosenthal, R. (1980). Statistical versus traditional procedures for summarizing research findings. *Psychological Bulletin, 87*, 442-449.

郷式 徹（2011）．論文投稿への道　岩立 志津夫・西野 泰広（編）　研究法と尺度（発達科学ハンドブック 2）（pp. 247-257）　新曜社

伊藤 大幸（2021）．新しい時代の研究と統計　石井 秀宗・滝沢 龍（編）　臨床統計学（pp. 212-229）　医歯薬出版

高橋　信（2021）．IRT 項目反応理論入門——統計学の基礎から学ぶ良質なテスト
　　トの作り方—— オーム社

豊田　秀樹（2002）．項目反応理論［入門編］ 朝倉書店

豊田　秀樹（2020）．瀕死の統計学を救え！——有意性検定から「仮説が正しい確
　　率」へ—— 朝倉書店

山田　剛史・井上　俊哉（2012）．メタ分析入門——心理・教育研究の系統的レビ
　　ューのために—— 東京大学出版会

索　引

あ　行

イェーツの連続性の補正　124
1 要因 2 条件分散分析　77
1 要因分散分析　76
一般化線形混合効果モデル　186
一般化線形モデル　148, 153, 175
因果関係　65
因子得点　165
因子負荷行列　162
因子負荷量　162
因子分析　5, 158
オッズ比　178

か　行

回帰係数　67
回帰直線　67
外生変数　193
階層線形モデル　183
　　——分析　154
階層的重回帰分析　150
確証的因子分析　167
仮説　48
カットライン　33
合併効果　63
加法モデル　132
刈り込み平均　23
間隔尺度　13
間接効果　173
観測変数　193
危険率（有意水準）　52, 53
疑似相関　63
疑似無相関　67
記述的レビュー　210
記述統計　3, 16
期待値　112, 123
帰無仮説　48
強制投入法　144
共通性　164
共分散構造分析　5, 190

　

寄与率　164
区間推定　4, 42
クラスター分析　187
クラメールの連関係数　125
クロス集計表　112
クロス表　18
結晶性知能　157
決定係数　68, 146
検定力分析　202
ケンドールの順位相関係数　62
倹約的指標　195
効果量　55, 212
交互作用　4, 89
構成概念　47
構造変数　193
構造方程式　194
　　——モデリング　190, 197
項目特性曲線　208
項目反応理論　206, 207
交絡変数　63
コーディング　10, 212
コクランの Q 検定　126
誤差変数　193
固定効果モデル　214
古典的テスト理論　206
ゴミを入れたらゴミが出てくる問題　216
固有値　160

さ　行

再現性　46
最頻値（モード）　21
最尤法　202
残差　128, 146
　　——分析　128
散布図　57
散布度　3, 25
サンプルサイズ　115
事後確率　218
事後分布　220
事前確率　218

事前分布　219
実証性　46
質的データ　14
四分位範囲　27
尺度化　206
尺度水準　3
斜交回転　161
重回帰分析　5
重相関係数　146
従属変数　→目的変数（従属変数）
自由度　110,123
　　──調整済み決定係数　147
周辺尤度　219
主効果　92
主成分分析　170
順位相関　59,61
順序尺度　13
情報量基準　169
剰余変数　12
信頼区間　42,143
信頼性　165,207
推測統計　3
ステップワイズ法　144
スピアマンの順位相関係数　61
正規性　81,153
正規分布　3,22,31,32
正準相関分析　188
正の相関　58
積率相関　59
絶対的指標　195
切断効果　63
説明変数（独立変数）　11,12,67,139
線形関係　59
線型モデル　96
潜在変数　158,193
尖度　34
相関係数　60
操作的定義　47
増大的指標　195
測定方程式　194
ソベル検定　174

た　行

第一種の過誤　53
対数線型モデル分析　131
第二種の過誤　53
代表値　3,21
対立仮説　48
多重共線性　152
多重比較　84,111,130
多変量解析　5
ダミー変数　148
単回帰式　67,139
単回帰分析　68
単純交互作用　98
単純主効果　92,99
単純単純主効果　99
単調関係　59
中央値　21
中心極限定理　31,36,77
直接効果　173
直交回転　161
適合度指標　169
適正処遇交互作用　90
テスト理論　6,205
天井効果　166
点推定　4,42
等化　206,209
統計的仮説検定　4,48
統制　12
等分散性　82,153
独自因子　159,164
独立性　153
　　──の検定　112
独立変数　→説明変数（独立変数）
度数分布表　17

な　行

内生変数　193
ノンパラメトリック検定　4

は　行

媒介分析　173
背理法　48

箱ひげ図　28
パス解析　190
パス図　159,191
パラメータ　217
バリマックス回転　162
範囲　27
反証可能性　45
判別分析　187
ピアソンの積率相関係数　60
引き出し問題　216
被験者間要因　78
被験者内要因　78
ヒストグラム　19,20
標準化　35
　――得点　35
標準誤差　38,143
標準正規分布　35
標準偏差　26,27
標本　29
　――分散　30
比率尺度　14
頻度主義　214,216
フィッシャーの直接法　116,124
ブートストラップ検定　174
負の相関　58
不偏分散　30
プロマックス回転　162
分散　26
　――分析　4
分布　17
平均値　21
ベイジアンフィルタ　221
ベイズ主義　218
ベイズ則　219
ベイズ統計　6,214,216
ベイズの定理　219
偏差値　36
変数　9,11
　――の種類　3
偏相関　66

変量効果モデル　214
ポアソン回帰分析　180
飽和モデル　132
母集団　3,29,216
ボンフェローニ法　130

ま 行

マクネマー検定　118,126,130
無作為抽出　51,81
無相関検定　61
名義尺度　13
メタ分析　6,211
目的変数（従属変数）　11,12,67,139

や 行

有意水準　→危険率（有意水準）
尤度　219
床効果　166

ら・わ行

離散変量　14,107
流動性知能　157
量的データ　14
リンゴとオレンジ問題　216
累積寄与率　164
連関係数　115
連続変量　14,108
ローデータ　10
ロジスティック回帰分析　134,153,176
歪度　34

アルファベット

AIC　196
CAT　209
EBP　210
t 検定　4,73,77
χ^2 検定　109
χ^2 分布　110
Z 得点　35

《監修者紹介》

川畑直人（かわばた　なおと）
　京都大学大学院教育学研究科博士後期課程中退　博士（教育学）
　William Alanson White Institute, Psychoanalytic Training Program 卒業
　公認心理師カリキュラム等検討会構成員，同ワーキングチーム構成員
　公認心理師養成機関連盟　事務局長
　現　在　京都文教大学臨床心理学部　教授　公認心理師・臨床心理士
　主　著　『臨床心理学——心の専門家の教育と心の支援』（共著）培風館，2009年
　　　　　『対人関係精神分析の心理臨床』（監修・共著）誠信書房，2019年　ほか

大島　　剛（おおしま　つよし）
　京都大学大学院教育学研究科修士課程修了　修士（教育学）
　17年間の児童相談所心理判定員を経て現職
　現　在　神戸親和大学文学部　教授　公認心理師・臨床心理士
　主　著　『発達相談と新版K式発達検査——子ども・家族支援に役立つ知恵と工夫』（共著）明石書
　　　　　店，2013年
　　　　　『臨床心理検査バッテリーの実際　改訂版』（共著）遠見書房，2023年　ほか

郷式　　徹（ごうしき　とおる）
　京都大学大学院教育学研究科博士後期課程修了　博士（教育学）
　現　在　龍谷大学文学部　教授　公認心理師
　主　著　『幼児期の自己理解の発達——3歳児はなぜ自分の誤った信念を思い出せないのか？』（単
　　　　　著）ナカニシヤ出版，2005年
　　　　　『心の理論——第2世代の研究へ』（共編著）新曜社，2016年　ほか

《編著者紹介》

郷式　　徹（ごうしき　とおる）
　＊監修者紹介参照

浅川淳司（あさかわ　あつし）
　広島大学大学院教育学研究科博士課程後期修了　博士（心理学）
　現　在　愛媛大学教育学部　准教授
　主　著　『新・育ちあう乳幼児心理学——保育実践とともに未来へ』（共編著）有斐閣，2019年
　　　　　『心理学論文解体新書——論文の読み方・まとめ方活用ガイド』（共編著）ミネルヴァ書房，
　　　　　2022年

《執筆者紹介》

郷式　徹（ごうしき　とおる）編者，第 1 〜 8 章，第10章，第13章
　　龍谷大学文学部　教授　公認心理師

浅川淳司（あさかわ　あつし）編者，序章，第 7 章，第 8 章
　　愛媛大学教育学部　准教授

山田真世（やまだ　まよ）第 7 章，第 8 章
　　福山市立大学教育学部　准教授

水野君平（みずの　くんぺい）第 9 章，第11章
　　北海道教育大学教育学部旭川校　准教授　公認心理師

徳岡　大（とくおか　まさる）第12章
　　人間環境大学総合心理学部　講師　公認心理師

公認心理師の基本を学ぶテキスト⑤

心理学統計法
──データを読み解き，正しい理解につなげるために──

| 2024年12月30日　初版第1刷発行 | 〈検印省略〉 |

定価はカバーに
表示しています

監 修 者	川	畑	直	人
	大	島		剛
	郷	式		徹
編 著 者	郷	式		徹
	浅	川	淳	司
発 行 者	杉	田	啓	三
印 刷 者	田	中	雅	博

発行所　株式会社　ミネルヴァ書房

607-8494　京都市山科区日ノ岡堤谷町1
電話代表　(075)581-5191
振替口座　01020-0-8076

ISBN978-4-623-08707-5

Printed in Japan

公認心理師の基本を学ぶテキスト

川畑直人・大島　剛・郷式　徹　監修

全23巻

A 5 判・並製・各巻平均220頁・各巻予価2200円（税別）・＊は既刊

①公認心理師の職責　　　　　　　　　　　　　　　　川畑直人 編著

＊②心理学概論　　　　　　　　　　　　　　加藤弘通・川田　学 編著

③臨床心理学概論　　　　　　　　　　　　川畑直人・馬場天信 編著

④心理学研究法　　　　　　　　　　　　　　　　　編著者検討中

＊⑤心理学統計法　　　　　　　　　　　　　郷式　徹・浅川淳司 編著

⑥心理学実験　　　　　　　　　　　　　　　　　郷式　徹 編著

＊⑦知覚・認知心理学　　　　　　　　　　　萱村俊哉・郷式　徹 編著

＊⑧学習・言語心理学　　　　　　　　　　　郷式　徹・西垣順子 編著

＊⑨感情・人格心理学　　　　　　　　　　　　　　中間玲子 編著

＊⑩神経・生理心理学　　　　　　　　　　　中島恵子・矢島潤平 編著

⑪社会・集団・家族心理学　　　　　　　　興津真理子・水野邦夫 編著

⑫発達心理学　　　　　　　　　　　　　　郷式　徹・川畑直人 編著

⑬障害者（児）心理学　　　　　　　　　　　　　　大島　剛 編著

＊⑭心理的アセスメント　　　　　　　　　　大島　剛・青柳寛之 編著

⑮心理学的支援法　　　　　　　　　　　　川畑直人・馬場天信 編著

＊⑯健康・医療心理学　　　　　　　　　　古賀恵里子・今井たよか 編著

＊⑰福祉心理学　　　　　　川畑　隆・笹川宏樹・宮井研治 編著

＊⑱教育・学校心理学　　　　　　　　　　　水野治久・串崎真志 編著

＊⑲司法・犯罪心理学　　　　　　　　　　　　　　門本　泉 編著

＊⑳産業・組織心理学　　　　　　　　　　　加藤容子・三宅美樹 編著

㉑人体の構造と機能及び疾病　　　　　　　　　　岸　信之 編著

㉒精神疾患とその治療　　　　　　　　　　横井公一・岸　信之 編著

㉓関係行政論　　　　　　　　　　　　　　　　　大島　剛 編著

————————ミネルヴァ書房————————

https://www.minervashobo.co.jp/